GÜTERSLOHER
VERLAGSHAUS

Gütersloher Verlagshaus. Dem Leben vertrauen

Du fehlst, Sir Michael
† 03. Oktober 2010

SILKE FRINK

MUTTERSÖHNCHEN

VOM SCHADEN
WEIBLICHER ERZIEHUNG

GÜTERSLOHER VERLAGSHAUS

Bibliografische Information der Deutschen Nationalbibliothek

Die Deutsche Nationalbibliothek verzeichnet diese Publikation in der Deutschen Nationalbibliografie; detaillierte bibliografische Daten sind im Internet über http://dnb.d-nb.de abrufbar.

FSC
www.fsc.org
MIX
Papier aus verantwortungsvollen Quellen
FSC® C005833

Verlagsgruppe Random House FSC-DEU-0100
Das für dieses Buch verwendete FSC-zertifizierte Papier *Munken Premium Cream* liefert Arctic Paper Munkedals AB, Schweden.

1. Auflage

Umschlagmotiv: Funny man © pressmaster fotolia.com
Redaktionelle Mitarbeit: Jens C. Winner, Elke von der Heyden
Satz: Satz!zeichen, Landesbergen
Druck und Einband: Těšínská tiskárna, a.s., Český Těšín
Printed in Czech Republic
ISBN 978-3-579-06741-4

www.gtvh.de

INHALT

MENSCHLICHES

EIN MÄNNLEIN SCHREIT IM SAALE

ANSPRUCH AUF BEWÄHRUNG

»Im Namen des Volkes ergeht folgendes Urteil: Der Anspruch auf Erziehung des Sohnes wird zur Bewährung ausgesetzt.«

Die Luft im Saal ist stickig. Der Ventilator an der Decke verteilt nur die Hitze. Dabei friere ich. Es ist die Atmosphäre, die mich frösteln lässt, eine Atmosphäre absoluter Sachlichkeit, die jede Mutter frösteln ließe. Keine Spur von Anteilnahme. Die wollen mich hier fertigmachen. Nur weil ich das getan habe, was jede Mutter für ihren Sohn tut. Aber die Männer in den roten Roben glauben mir nicht. Weil sie mir nicht glauben wollen. Jedes Wort drehen sie mir im Munde um. Es ist wie ein Albtraum.

»Bitte setzen Sie sich!«

Mein Kleid klebt am Körper, ich rieche den Schweiß unter meinen Achseln.

»Begründung: Der Erste Senat des Bundesfamiliengerichts hat entschieden, dass die Lebensstellung der Mutter nicht im Sinne einer Bestandsgarantie unwandelbar ist. Vielmehr ist schon ihr Erziehungsbedarf durch den Grundsatz der Elternteilung begrenzt, den die Rechtsprechung der Vorinstanzen des Senats für die nachgeburtliche Müttererziehung aufgestellt hat.«

Jetzt schaut auch mein Anwalt ganz streng. Ich möchte etwas sagen, aber mit einer knappen Handbewegung wehrt er ab: »Pssst!«

Der Richter spricht mit sonorer Stimme: »Maßgeblich dafür ist, dass der Gesetzgeber den Erziehungsanspruch der Mutter auf ihren Sohn aus Gründen des Kindeswohls dem Anspruch des Vaters darauf nach § 1570 BGB immer mehr bevorzugt hat. Auch der emanzipierten Mutter sollte es möglich sein, sich ganz der Pflege und Erziehung des Sohnes zu widmen, ohne seine Bedürfnisse zu ignorieren oder zu leugnen. Insoweit unterscheidet sich der Erziehungsanspruch nach seiner Zweckrichtung nicht von dem der Tochter.«

Will mich denn keiner verstehen? Ich fühle mich so einsam wie noch nie in meinem Leben.

»Allerdings beruht der geschlechtsspezifische Erziehungsansatz zusätzlich auf einer fortwirkenden ehelichen Polarität«, fährt der Richter fort, »und ist deswegen, insbesondere hinsichtlich der Dauer, stärker ausgestaltet. Wenn aber der stärker ausgestaltete Betreuungsansatz stets durch den Halbteilungsgrundsatz begrenzt ist, muss dies erst recht für das Mitspracherecht des Vaters gelten.«

Von dem Juristendeutsch wird mir ganz schwindelig. Und mir fehlt es an Unrechtsbewusstsein.

»Die Lebensstellung der Mutter und damit ihr Erziehungsanspruch auf Söhne ist deswegen durch den Halbteilungsgrundsatz begrenzt, wenn der sprechmündige Vater nicht über so hohe männliche Eigenschaften verfügt, dass er dem Einfluss der Mutter ungeschmälert entgegentreten kann.«

Ich tippe meinen Verteidiger an. »Bin ich jetzt vorbestraft?« Er reagiert nicht, sondern zieht ein Blatt Spielkarten aus dem Jackett und fängt an auszugeben. Die Tür öffnet sich, mehrere Jungen unterschiedlichen Alters fahren mit großem Getöse auf Bobby Cars, Rutscherädern und Spielzeugtreckern durch den Gerichtssaal. Einer steuert einen kleinen Hubschrauber, aus dem Barbies Ken mit dem Fallschirm abspringt. Mein Anwalt steht auf, sucht hastig die Karten zusammen und steigt bei einem der Jungen auf den Traktor. Ich erkenne meinen Sohn, der sein Lieblingskuscheltier dem Vorsitzenden Richter zuwirft.

»Mama.«

Da ist noch mal mein Sohn. Diesmal älter, mit gegelten Haaren und der Hose unterm Schritt. Er geht zu Klein-Maiki auf dem Bobby

Car und herzt ihn ab. Ich will zu ihnen. Zwei Vollzugsbeamte mit Schlagstöcken hindern mich. Einer von ihnen ist meine Tochter.

»Mama!«

Ich will endlich auch etwas sagen, aber in diesem Gewusel hört mich niemand. Die beiden Beamten schauen routiniert teilnahmslos. Dann klicken die Handschellen.

»Mama, warum hast Du mich nicht geweckt?«

Maik steht vor mir, jetzt hellwach, aber noch nicht angezogen. Er ist entrüstet.

»Ich muss jetzt das Auto nehmen, sonst pack' ich es nicht mehr.«

Ich reibe mir erst die Handgelenke, dann die Augen. Das Klicken der Handschellen hallt noch nach und vermischt sich mit seiner Aufregung. Mein Auto? Himmel, es ist zwanzig nach sieben, die Schule liegt einen einzigen Kilometer von unserem Haus entfernt. Traumtaumelig wäge ich zwischen den beiden Möglichkeiten ab, die es immer gibt.

1. Ich gebe ihm das Auto nicht: Maik eilt knapp geduscht und unter Absingen schmutziger Lieder im Laufschritt zur Schule, wo er fast noch pünktlich ankommt.

2. Ich gebe ihm das Auto: Maik entspannt sich schlagartig und zieht sein Morgenprogramm wie gewohnt durch. Er erreicht die Schule fein duftend, aber deutlich zu spät. Das krawallige Liedgut entfällt.

Maik kann viel schneller laufen als sich fertig machen, einen Parkplatz findet er um diese Zeit auf die Schnelle ohnehin nicht und trotzdem entscheide ich mich für Möglichkeit zwei, was ein klares pädagogisches 1:0 für ihn ergibt. Mein Ruhebedürfnis ist enorm groß geworden und heute bin ich auch noch froh, dass ich nicht ins Gefängnis muss. Zum Glück hat Lysa – meine Tochter – das Bad schon freigegeben.

Die Generation Golf pflanzt sich fort. Nur ein paar aus der Bildungs- und Lifestyleelite haben dem Gedanken an Kinder abgeschworen, andere überlegen noch. Viel Zeit bleibt ihnen nicht mehr. Aber mit Entscheidungen tat sich diese Generation schon immer schwer. Florian Illies hat es in seinem Buch präzise beobachtet, inzwischen hat die Realität seine Beobachtungen sogar noch überholt. Das liegt daran, dass diese Männer und Frauen noch mehr Übung darin bekommen haben, sich alles so zurechtzulegen, wie es ihnen in den Kram passt. Die Golffahrer sind auf den Golfplatz gewechselt. Sie haben die Generation der Babyboomer abgelöst, die Jahrgänge stetig steigender Geburtenraten zwischen 1950 und 1965, deren Eltern noch ohne Familienplanung auskommen mussten. Illies hat die Nachgeborenen beschrieben, deren Mütter bereits die Pille hätten nehmen können. Er beschreibt die Wunschkinder, eben seine eigene Generation. Und fast schon meine.

Anfang der 90er sind wir große, starke Mädchen geworden und haben es nicht einmal gemerkt. Wir waren ehrgeizig im Beruf, liberal in unseren Anschauungen und maßlos im Konsum. Wir wollten das eine tun und das andere nicht lassen. Wir sahen Zeugung, Schwangerschaft und das Gebären als Leistung, als ehrgeiziges privates Projekt, dem wir uns freiwillig eine zeitlang zuwendeten. Dafür wollten wir mindestens genauso viel Applaus wie für unsere Karriere. Während bei der Arbeit schon mal die Anerkennung von Kollegen ausreicht und uns das Lob vom Boss einen seltenen Höhepunkt beschert, muss es hier das große Publikum sein: Eltern, Freunde, Bekannte und die Nachbarn sollten jedem Zentimeter Bauchumfang freudig applaudieren und damit unserem Entschluss, im Hier und Jetzt eine Familie zu gründen. Wenn wir uns denn schon mal dazu durchgerungen haben, möge es die ganze Welt bemerken. Das waren wir von klein auf so gewohnt. Alles andere verunsicherte uns.

Wir sind aufgewachsen mit weiblichen Vorteilen und männlichen Ansprüchen. Die Fußstapfen, in die wir treten konnten, waren so gut vorgezeichnet, dass wir viele feministische Errungenschaften im privaten Miteinander nicht mehr als solche erkannt haben. Sie waren vorrätig wie lila Latzhosen. Aber die mussten wir nicht mehr anziehen, um als tough erkannt zu werden. Das ging auch mit Flower-Power-Kleidern, mit Ökolatschen, Jeans und Parka. Oder im Gegenentwurf mit Kaschmirpullover, geerbter Perlenkette und Nikituch. Hippie oder Yuppie? Beides stand zur Disposition und auch das Recht zu wechseln, ohne Angabe von Gründen. Nur die, die sich an John Travoltas »Saturday Night Fever« hielten, hatten sich disqualifiziert: Ein aufgebrezelter Style und emanzipatorisch schlaue Gedanken schließen einander aus, fanden wir.

Die Jungs redeten wir in Sozialkunde an die Wand und rechneten sie in Einzelfällen auch schon in Mathe unter den Tisch. Wir gaben ihnen Pausenbrote und Hausaufgaben, wenn sie dafür unsere alten Mofas reparierten oder versprachen, uns nach Hause zu bringen. Wir konnten hemmungslos weinen, wenn sie uns im Sport mit dem Medizinball erwischten, damit sie inständig um Entschuldigung baten. Wir konnten aber auch tapfer sein, ganz nach Bedarf.

Nach dem Abitur machten wir selbst Karriere und/oder heirateten einen Mann, der das schaffte. Im Unterschied zu unseren Müttern hatten wir mehrere ernsthafte Optionen. Das erachteten wir als selbstverständlichen, aber vorübergehenden Vorteil. Wir wussten, dass die Jungs uns überholen würden, wenn wir eine Familie gründeten, denn wir hatten davon gehört, dass die Vereinbarkeit von Kindern, Küche und echter Karriere nicht einfach sei. Und in der Tat: Halbtagsstellen gab es kaum, keinen Rechtsanspruch auf Kindergartenplätze, und die gesetzlich geregelten Erziehungszeiten mit Elterngeld wurden gerade erst ausgebaut. Heute wird die großzügige Elternzeit auch gern als Reisezeit genutzt. Wenn sich die besser Verdienenden unter den Liebenden bereits in der Babyplanung über die Voraussetzungen maximaler Zuwendungen gut informieren, haben sie als junges Elternglück soviel übrig, dass es für einen langen Traumtrip in die Ferne reicht.

Wir zählten auf die Unterstützung unserer Männer und forderten eine Partnerschaft auf Augenhöhe, die in der Umsetzung einer Entmündigung gleichkam: Wir Frauen bestimmten, was geht oder nicht. Zum Beispiel, ob wir noch zu jung sind oder noch jung genug, um ein Kind zu bekommen.

Das war die zentrale Frage schon zu meiner Zeit, aber inzwischen bereitet sie schon den 20-Jährigen Stress. Bei uns führte das zu intensiven Gesprächen mit dem Mann an unserer Seite. Erst weich gezeichnet, später grell ausgeleuchtet diskutieren wir unseren Standort, miteinander und zueinander. Wir fragen uns, ob wir einem Kind überhaupt gerecht werden könnten, und meinten damit, ob es uns gerecht werden kann: Familienausflug statt Expedition ist ein Schicksalsschlag, der verkraftet sein will. Schon in der Theorie. In uns gärte die weibliche Bestimmung. Wir wollten auch Mutter werden. Komplementär zu allem, was uns sonst noch umtrieb. Wir wollen etwas weitergeben, und wenn es nur Eitelkeiten, Unpässlichkeiten und Empfindlichkeiten waren.

In den 90er-Jahren war eine Frau mit 36 Jahren spätgebärend, medizinisch betrachtet. Sie war eine Risikoschwangere, die ihrem Frauenarzt ein paar Sorgenfalten und unbegrenzt abzurechnende Ultraschalluntersuchungen bescherte. Das hat sich geändert. Wir fühlen uns viel länger fertil, als wir uns schön finden. Das Alter der Erstgebärenden steigt kontinuierlich: Ende absehbar, aber nicht akzeptiert. Dass eine Frau in die Wechseljahre kommt, während ihr Kind noch die Schultüte im Arm hält, ist schon lange keine Sensation mehr. Mein lieber Freund Matthias, der im Internet nach einer neuen Partnerin sucht, fragte mich neulich: »Weißt du«, meinte er letzthin, »was mir wirklich Angst macht?« Und gab die Antwort, bevor ich nachfragen konnte: »Frauen ab 40 mit unentschlossenem Kinderwunsch.« Da kann er ja mal froh sein, wenn er das schon dem Online-Profil entnehmen kann und nicht erst einem rosa Teststreifen.

Männer sind naturgemäß zögerlich in der Frage aller Fragen nach Sinn und Kind. Für sie es ist es immer früh genug und nie zu spät. Das war immer schon so, auch, als eine Schwangerschaft noch eine echte Überraschung war. Als ich in das Alter kam, in dem meine Großmutter dachte, ich sei nun reif für ein paar Wahrheiten, klärte sie mich darüber auf, woran man die Liebe eines Mannes wirklich erkennen könne. Nämlich an seiner Reaktion auf die ultimative Botschaft. Ein verlegenes »Wie, so schnell?« oder ein »Jetzt schon?« seien noch verzeihlich, schließlich komme auf die Männer jede Menge Verantwortung zu. Entgleiste Gesichtszüge indes disqualifizierten ihn vollständig. Sekunden der Offenbarung, die an der Sachlage nichts änderten. Geheiratet wurde so oder so. Und die Ehe war ein Leben nach den Regeln des Mannes. Deswegen war es für Oma so wichtig, sorgfältig auszuwählen.

Für uns sind das Geschichten von früher, dennoch benutzen wir immer noch den Begriff des Auserwählten: des auserwählten Spermas. Nur eine Frau weiß genau, von wem sie sich hat befruchten lassen. *Mother's baby, father's maybe.* Oder ob sie immer verhütet oder gerade ihren Eisprung hat. Nur sie entscheidet über Austragen oder Abtreiben, über Leben oder Tod. *Mother's destination, father's destiny.* Anschließend definiert die Frau seine Zuständigkeiten im gemeinsamen Alltag und, wenn es schief läuft, nach der Düsseldorfer Tabelle. Darauf achten seit Anfang der 90er auch die Ostfrauen, denen man ein unkompliziertes Verhältnis zum Sex nachsagt und die in der Deutschen Demokratischen Republik immer irgendwo arbeiten gegangen sind. Ein Mann war für sie noch nie ein Vermögen. Im vereinigten Deutschland änderte sich alles für sie. Mit Anfang 20 schon Kinder und mit Mitte 20 wieder geschieden sein, ganz entspannt und in aller Freundschaft, das geht jetzt nicht mehr.

Ich war 27 Jahre alt, mein Mann 32, als wir 1990 Eltern wurden. Das ist älter als unsere Eltern waren und jünger als der Durchschnitt heute. Ich mit abgebrochenem Lehramtsstudium und Meisterprüfung im Friseurhandwerk, mein Mann mit großartig abgeschlossenem Studium der Psychologie und fester Anstellung in einer Beratungsstelle. Eine recht solide Grundlage, auf der wir uns wenige Jahre später Hausbaupläne zu 8,6% effektiv erlaubten, sehr zur Freude der Eltern. Alles auf Nestbau, alles im Lot. Nicht, dass wir uns schon lange ein Kind gewünscht hätten. Wir hatten gerade einmal darüber gesprochen, dass wir es jetzt ja zulassen könnten – und schon war ich schwanger.

»Die Hebamme nennt das Baby Männlein, als sie es mit geübtem Griff auf meinem Bauch platziert. Da muss es ganz schnell hin. Und auch unbedingt naturgebelassen wie in der Steinzeit: ungewaschen, verschmiert, noch voller Fruchtwasser und Blut. Das sei wichtig für die Bindung, für die Familienbindung, hat sie mir gesagt.

Eigentlich wollte ich ja nur ein Baby. Jetzt habe ich ein Männlein. Und mein Mann muss nun die Nabelschnur durchtrennen. Das sei ganz wichtig für die Vater-Kind-Bindung, haben sie uns gesagt. Auch für unsere Ehe? Gewiss, sagten die Hebammen landauf, landab. Und die müssen es ja wissen. Während der Wehen wird mir der absolute Liebesbeweis zuteil: Mein Gatte begreift, was ich durchmachen muss. Und ich sehe, was er nun durchmacht. Er nimmt teil und Anteil. Wow, das bindet!«

Dabei wäre mindestens jeder zweite Mann froh, zu Hause bleiben zu dürfen, hätte er nur eine gescheite Ausrede parat. Aber die gab es seinerzeit nicht. Hätte Rolf gesagt: »Du Liebling, ich glaube, das ist nichts für mich« – ich hätte die Scheidung eingereicht. Seine Anwesenheit war zwingend. Alles andere wäre ein Desaster geworden, zumindest in meinem Kopf. Liebe zeigt sich oft und überall, so ganz richtig aber nur im Kreißsaal. Damals habe ich daran geglaubt.

Und jetzt habe ich die Szene im Kopf, als wäre sie nicht vor 20 Jahren sondern erst gestern gewesen, in einem deutschen Herbst, die Nacht sternenklar, die Mauer gefallen, die Wiedervereinigung organisiert. Es war die Zeit der Haus- und Wassergeburten und der PEKiP [=Prager-Eltern-Kind-Programm]-Gruppen. Impfen war out, Lammfelle waren in. Und Klein-Maik war da, zwei Wochen über die Zeit: ein Wonneproppen von 3700 Gramm. Alles sollte gut werden.

Ich hörte die Hebamme davon sprechen, dass der Vater ihr Partner sei, aber sie behandelte ihn wie ein ungeliebtes Mitbringsel. Andauernd fragte sie ihn, ob er noch könne, ob er das durchhielte. Und klärte ihn darüber auf, was er an ihrer Stelle bald zu tun haben würde. Im Nachhinein glaube ich, die Frau hat ihn gehasst. Und ich habe ihn nicht gebraucht. Ich wollte mich nur um mich selbst kümmern, niemandem dankbar sein müssen.

Heute weiß ich, dass ich nur Menschen um mich haben wollte, die dafür bezahlt werden, dass ich ihnen den Schlaf raube. Ärzte,

Schwestern, Hebammen, die schon tausend Geburten erlebt haben, während ich das Gebären gerade erst erfinde. Sie sollten mir sagen, was ich zu tun und zu lassen habe. Auf gar keinen Fall wollte ich meinem Mann ins Gesicht schreien, nicht in diesem Bett, schon gar nicht vor Schmerz.

Diese Überlegungen hatten im Vorfeld keine Rolle gespielt. Erst als ich in den Wehen lag, dachte ich: Könnte er jetzt nicht gehen? Von mir aus ein Bier trinken. Ich will nicht peinlich sein. Ihm nicht und mir schon gar nicht. Aber anno 1990 gehörten die Männer in den Kreißsaal, so sicher wie das Amen in die Kirche. Leider war meiner mir dort fremd. Und ich ihm wohl auch.

Rolf und ich wollten gute Eltern sein. Wir wollten alles richtig machen zum Besten unseres Kindes, und wir wollten uns die Rechte und Pflichten gerecht teilen. Oh je! Ich kürze den Bericht ab und fasse zusammen: Ich spielte die Königin Mutter, meinen Mann ernannte ich zum Mutterschaftsassistenten. Er sollte sich um das Kind kümmern, aber genauso wie ich es wollte. Das Fläschchen sollte er im 55-Grad-Winkel halten, den Sauger bitteschön etwas flacher, die Windel andersherum. Und dem Kind das berühmte Bäuerchen zu entlocken, traute ich ohnehin keinem Mann zu.

Rolf hat es ertragen, hat mich ertragen. Mein Wort war Gesetz, und so wurde binnen Wochen klar, dass ich der bessere Elternteil bin. Heute weiß ich, dass es viel besser gewesen wäre, wenn mein Mann den Befehl verweigert hätte. Er hätte mir klare Grenzen setzen sollen, mich stoppen müssen, wo ich nicht zu bremsen war: »Entweder fütterst du, oder ich tue es. Auf meine Art.« Damit hätte er seinen geliebten Sohn bestimmt weder erstickt noch ertränkt. Doch Rolf hat sich untergeordnet, funktionierte, wie ich das von ihm erwartete. Unserem Sohn hat das nicht geschadet, wohl aber uns. Seine wortlosen Zugeständnisse waren der Grundstein für unsere nachhaltig gestörten Dialoge. Ich blieb zu Hause, er ging arbeiten. Das klassische Modell. So war das nicht gedacht, aber finanziell unausweichlich. Während der Schwangerschaft war ich noch als freiberufliche Beraterin für einen Kosmetikkonzern unterwegs gewesen. Das ging jetzt nicht mehr.

Mit dem Kind zu Hause fand ich mich mühsam in meine neue Rolle ein. Und überlegte, was ich mit dem, was ich gelernt hatte, zukünftig anstellen konnte. Die Brutpflege erschöpfte mich. Wenn Rolf heimkam, war ich froh, den Kleinen abgeben zu können. Ich drückte ihm den Knaben auf den Arm, und er hatte den Rotz an der Backe. Im wahrsten Sinne des Wortes. Eltern und Schwiegereltern wohnten weit weg, wir waren auf uns allein gestellt. Wir redeten nur noch von und über das Kind, wir waren chronisch übermüdet, wir schliefen nur noch nebeneinander.

Das Übliche also. Die Welt dreht andersherum, sobald der eigene Winzling kräht. Rolf und mir wurde bewusst, dass das erste Kind, mit dem wir überhaupt je zu tun hatten, unser eigenes war. Wir hatten keine Vorlage in der Verwandtschaft, im Freundeskreis oder in der Nachbarschaft. Niemand da, der uns sein Kind mal hätte leihweise überlassen können. Wir hatten auch keine Geschwister in der Nähe, weder ältere noch jüngere, aber vor allem keine unverheiratete Schwester, die sich gern mal anbot, unser Kind zu hüten oder einfach als dritter Erwachsener unser kleines Universum stundenweise zu vergrößern. Wir waren immer allein mit dem Kind. Und wir waren ein für die damalige Zeit typisches Akademikerpaar mit viel bürgerlicher Mitte. Beseelt vom Sinn unserer Arbeit, deren Perspektive für mich unklar und unbefriedigend war, und pragmatisch genug, auskömmlich davon leben zu können. Aber heilig war uns der Wunsch, perfekte Eltern zu sein.

Das war Stress pur, körperliche Überlastung und mentale Panik. Ich hatte Angst, den Anschluss zu verpassen. Erst nach und nach ruckelte sich unsere kleine Familie doch noch ein. Maik entwickelte sich gut. Das wussten wir, weil wir keine Vorsorgeuntersuchung ausließen und kaum eines der zahlreichen Ratgeberbücher. Und weil wir uns mit anderen Paaren trafen, die mit uns über die Kaffeetassen hinweg die Kinder verglichen. Zum alltäglichen Frust kam Elternstolz. Das fühlte sich gut an. Wir waren glücklich darüber, wie unser Kleiner täglich wacher seine Umwelt wahrnahm, wie er greifen lernte, sich aufstützte und irgendwann auch saß.

Und in mir wuchs ein Gefühl heran, mit dem die Natur wohl ihren besten Haken schlägt: Mutterliebe. Das Wohl meines Sohnes war mir oberste Pflicht. Mir ging es gut, wenn es ihm gut ging. Das wollte ich mir beweisen und allen zeigen. Die tapferste Löwin war ich.

SMS von Maik: Die erste Stunde fällt aus.

1990: DEUTSCHLAND UND DIE WELT

KOMMUNISMUS

Knapp 70 Jahre nach ihrer Gründung zerfällt die Sowjetunion. Als erste spalten sich die baltischen Republiken Estland, Lettland und Litauen ab. In Moskau wird ein McDonald's-Restaurant eröffnet.

APARTHEID

In Südafrika markiert die Haftentlassung des schwarzen Nationalhelden Nelson Mandela den Anfang vom Ende der Apartheid.

ATTENTATE

Bei zwei Attentaten auf Wahlveranstaltungen werden der SPD-Politiker Oskar Lafontaine und wenige Monate später der CDU-Innenminister Wolfgang Schäuble schwer verletzt.

HOMOSEXUALITÄT

Die Weltgesundheitsorganisation streicht Homosexualität aus ihrem Diagnoseschlüssel der Krankheiten.

GRENZVERKEHR

Im Schengener Abkommen öffnen Deutschland, die Benelux-Staaten und Frankreich ihre Binnengrenzen.

PANIK

Eine Massenpanik in einem Fußgängertunnel kostet 1.427 Mekka-Pilger das Leben.

FUSSBALL

Mit einem 1:0-Sieg gegen Argentinien beim Finale in Rom wird die deutsche Nationalmannschaft zum dritten Mal Fußball-Weltmeister.

KRIEG

Irakische Truppen überfallen das kleine Nachbarland Kuwait und lösen damit den Zweiten Golfkrieg aus.

WIEDERVEREINIGUNG

Nach erfolgreichen Verhandlungen mit den vier Alliierten ist der Weg frei für die Wiedervereinigung der beiden deutschen Staaten. Der 3. Oktober wird zum Tag der Deutschen Einheit.

ENERGIE

Mit dem Stromeinspeisegesetz werden in Deutschland Investitionen in erneuerbare Energiequellen subventioniert.

WAHL

Bei der ersten gesamtdeutschen Bundestagswahl wird die Koalitionsregierung von Helmut Kohl im Amt bestätigt.

1990: FAMILY AFFAIRS

MEISTER

Ich lege die Meisterprüfung im Friseurhandwerk ab.

VERKEHR

Ich demoliere unser Auto, als ich rückwärts aus der Einfahrt eines Parkhauses herausfahren muss, weil ich das geschlossene Tor übersehen hatte.

NACHWUCHS

Zwei Wochen nach dem errechneten Termin wird unser Sohn Maik wird geboren.

MÖBEL

Wir kaufen drei neue Billy Regale, diesmal in weiß.

WEIHNACHTEN

Zum ersten Mal feiern wir Weihnachten ohne unsere Eltern.

TYPISCHES

MEIN ANDERTHALB RITTER ZU ENDE EMANZIPIERT

So kann es nicht weitergehen. Unter der Dusche beschließe ich mehr Konsequenz bei der Erziehung meines Sohnes, auf den letzten Metern. Maik ist 19 und im letzten Schuljahr. Da geht hoffentlich noch was. In neun Monaten macht er das Abitur, wenn er denn zugelassen wird. Er darf kein Defizit mehr haben, so nennen die Lehrer Noten unter fünf Punkten, und keine unentschuldigte Fehlstunde. Das könnte knapp für ihn werden.

Maik ist alt genug, um lange aufzubleiben. Maik kann Auto fahren. Maiks Hautbild hat sich beruhigt, und er muss sich rasieren. Warum ist die Pubertät nicht längst vorbei? So wie bei Lysa? Seine Schwester ist zwei Jahre jünger und die Erfinderin des vernünftigen Gedankens. Ihre Erinnerung an die Zeit, in der sie nur aus Knien und Ellenbogen zu bestehen schien, unberechenbar herumquengelte und viel Drama-Attitüde an den Tag legte, scheint ihr jetzt schon nur noch peinlich zu sein, und mir kommt es vor, als sei sie sehr kurz gewesen.

Lysa wächst und gedeiht prächtig. 17 Jahr, blondes Haar. Sie steht jetzt schon ihren Mann. Sie hat Leistungskurs Mathe und im Nebenfach Informatik gewählt. Sie singt, und sie schaut *Germany's Next Topmodel*, ohne sich mit Träumen aufzuhalten. Auch ihr ist Styling sehr wichtig, aber es reichen fünf Minuten, und sie ist »Ready for Take off«. Klugheit und Schönheit sind für sie kein Widerspruch. Sie verliebt sich, aber sie zerbricht nicht daran. Ein Junge muss ihr zur Seite stehen und niemals im Weg. So hatte es für uns den Anschein.

Morgens um sieben findet Lysa die Welt in Ordnung, wenn ihr Bruder sie doch nur unter die Dusche und vor den Spiegel lassen würde. Er blockiert das Bad morgens länger als wir alle zusammen. Er trägt Unterhosen ohne Eingriff und die Jeans unterm Schritt. Er styled sich vor dem Fußballspiel, und hinterher duscht er in der Badehose. Wie alle anderen Jungs auch. Wella macht neuen Umsatz mit den Männern, Gillette mit den Frauen. Das ist kein Witz, das ist Realsatire. Maik schreibt Balladen und spielt Klavier. Das machen nicht alle. Derweil gerät mein Weltbild durcheinander. Ich kann den Zeitgeist nicht aus dem Haus vertreiben und frage mich ständig, was ich falsch gemacht habe, was wir falsch gemacht haben.

Und wo wird die Reise noch hingehen? Meinen Mann habe ich in den Rückzug gedrängt, meinen Sohn habe ich verbogen und meine Tochter will alles anders machen. Ich selbst möchte von meiner eigenen Zukunft nichts mehr wissen, ich habe in den letzten zwei Jahrzehnten viel Zukunft gestaltet und jetzt den Traum von Mann und Familie ausgeträumt. Und unser Kater lebt auch nicht ewig. Im Alter werde ich einsam sein und dabei wollte ich nur alles richtig und vieles besser machen.

Im Bad hat sich der Geruch von Maiks Aftershave schon etwas verzogen. Ich halte mit meinem Parfum dagegen. Die beiden Düfte vermischen sich zu einer undefinierbaren Wolke, die weder süß noch herb ist, und irgendwie entspricht das auch der Situation. Lange bevor Maik männlich zu riechen begann, war er schon sehr auf Pflege und Styling bedacht. Zum 16. Geburtstag hatte ihm mein Bruder Falk eine Männerkiste geschenkt: eine Flasche Bier und eine Dose Ravioli, eine Bohrmaschine und einen Spaten, Kondome und ein imageträchtiges Rasierwasser. Dazu eine kleine und eine große Packung Pflaster. Die kleine für die äußeren Verletzungen, die große symbolisch für den Seelenschmerz, den ihm die Frauen zufügen werden. Mit Bier und Rasierwasser kam Falk zu spät, beides war Maik schon vertraut; er trank regelmäßig und duftete sich routiniert ein. Er gelte sich bereits das Haar, rasierte sich schon die Achseln und wer weiß, was sonst noch. Bohrmaschine und Spaten kamen rechtzeitig, sie konnten seinen *Fisher Price* Werkzeugkasten noch gut ersetzen.

Wir sind keine Heimwerkerfamilie, von uns konnte Maik kaum etwas lernen. Was kaputt geht, bleibt erstmal so. Wir fluchen eine zeitlang und lassen irgendwann einen Handwerker kommen, der es repariert. Dann fluchen wir über die Rechnung, weil wir denken, dass wir es auch mal selbst hätten probieren können. Wenn das Rad einen Platten hat, fühlt sich niemand dafür zuständig. Es passiert nichts, bis ich es wutentbrannt zum örtlichen Fahrradhändler schiebe und ihn bitte, auch gleich nach allem anderen zu schauen. So verdecke ich, wie dekadent ich es eigentlich finde, dass wir einen platten Reifen in die Reparatur geben. Aber ich brauche das Rad, seit die Kinder Auto fahren können, wieder häufiger. Bei den Kondomen war ich mir nicht sicher, ob Maik sie schon brauchen konnte, tippte aber auf nein, weil mir das sympathischer schien. Und bei den Ravioli musste ich ihn ermahnen, nicht die Dose in die Mikrowelle zu stellen, erst recht nicht die ungeöffnete. Die Pflaster aber waren der zentrale Inhalt, sie brauchte er wenige Monate nach dem Geburtstag, als seine erste feste Freundin ihm zu verstehen gab, wie recht es ihm geschähe, dass sie ihn nun verlassen würde.

Mein Bruder Falk ist ein ganzer Kerl. Er sah recht früh schon so aus, und er roch auch so. Meine Mutter musste ihm sehr lange sagen: »Geh und wasch dich.« Als politisches Statement trug er die Haare lang und aus Bequemlichkeit kämmte er sie nie. Haarspray war ihm zuwider. Als Mädchen interessant wurden, wusch er sich für sie, um es wieder dranzugeben, wenn er nicht mehr verliebt war. Maik wünschte sich indes zum elften Geburtstag, ohne Blick auf ein Mädchen, einen Friseurtermin. Na gut, nun bin ich Friseurmeisterin und verstehe sein Begehr nach Abwechslung vom mütterlichen Haarschnitt. Als er wiederkam, war es um ihn geschehen: Er trug das Haar kurz und das Gel darin mit Stolz. Seitdem benutzt er es täglich.

Für Falk waren Sportarten ohne Ball Weiberkram. Selbst Schwimmer und Leichtathleten beäugte er argwöhnisch: Warum rackern die sich allein ab? In der Gruppe gegen andere anzutreten, erschien ihm deutlich reizvoller. Spätestens mit 16 musste er dringend Moped fahren und es trotzdem hinkriegen, bis zu seinem 18. Geburtstag auf ein Auto zu sparen. Dafür stellte er sich in den Ferien regelmäßig bei VW ans Band und ließ sich von den gestandenen Arbeitern als verwöhntes Jüngelchen verspotten, wobei er lernte, sich dem Akkord zu stellen und sich in den Pausen zu behaupten.

Maik fand das Geschenk seines Onkels lustig. Darüber hinaus hatte es nicht viel mit ihm zu tun. Er ist als Teenager ganz anders als mein Bruder, nur in der Kleine-Jungs-Perspektive scheinen sie sich zu ähneln. Da war mein Sohn fasziniert von allem, was rollt, blinkt, piepst und sich dreht. Maik hatte in der einen Hand ein Auto und die andere in der Hosentasche, wo er sich sein Gemächt kraulte; das beruhigte, wenn er schwer nachdenken musste. Und ohne Bagger ging er grundsätzlich nicht aus dem Haus. Jede Puppe verwendete er bloß als Dummy für einen Crashtest, so oft wir ihm das Füttern, Wiegen und Wickeln auch zeigten. Er fuhr waghalsig Roller, früh Fahrrad ohne Stützräder und kannte auch beim Schwimmen keine Angst. So habe ich auch meinen Bruder in Erinnerung. Nur im Klettern war Maik im Nachteil, was aber daran lag, dass geeignete Bäume unerreichbar waren, weil sie auf privaten Grundstücken wuchsen. Denn die in Spielplatznähe wurden von der Gemeinde vorsorglich gefällt, um der Verletzungsgefahr vorzubeugen und Haftungsansprüche auszuschließen.

Jede Gefahr, die jemand anderes für mich bannte, war mir eine Erleichterung. Theoretisch mochte ich das Bild vom wilden Jungen, in der Praxis bevorzugte ich sicheres Terrain. Ich sehnte den mutigen Jungen herbei und hatte gleichzeitig Angst vor den Risiken, die ganz oft gar keine waren. Aber solange ich eingreifen konnte, hatte ich noch eine Aufgabe.

»Aupa!« war eines von Maiks ersten Worten. Seine Abkürzung für: Aufpassen!

Den Michel aus Lönneberga, der sich unerschrocken den Herausforderungen der Welt stellt, konnte ich nicht aushalten. Die Erwachsenen in Småland betrachteten sein Engagement als Unfug, für das sie ihn bestrafen mussten, nicht als Gefahr. Wenn er die Mausefalle unter dem Esstisch deponierte, in die dummerweise sein Vater trat oder ihn versehentlich ins Toilettenhäuschen einsperrte, heckte er keine hinterlistigen Streiche aus, sondern wollte einfach nur hilfsbereit sein. Aber die Großen verstanden das nicht und deshalb sperrten sie Michel nur immer in den Schuppen. Und weil es so oft passiert, hat er dort schon Holz und ein Messer deponiert, damit er Männchen schnitzen konnte.

Heute gibt es kaum noch Schuppen, aber Kinderpsychologen und das Jugendamt.

Den Buchtitel *Michel muss mehr Männchen machen* übersetzte ich ohnehin anders. Mein Junge musste das moderne Männchen machen. Er musste sich mit dem Schonraum begnügen, den ich ihm zugestand. Und der war übersichtlich, denn ich hatte nicht verstanden, dass nur der riskant lebt, der nichts riskiert. Maik durfte rabaukig aussehen, aber er durfte um Himmels Willen kein Rabauke werden. Meine Mutter glaubte noch an Schutzengel, die für Besoffene und kleine Kinder besonders schnell fliegen. Ich glaubte nur an das, was ich kontrollieren konnte.

Wie einfach machte es mir meine kleine Tochter. Sie war zufrieden, wenn sie auf einer Decke saß und mit Klötzchen spielte. Und wenn sie rumkletterte, sah es so aus, als hätte sie alles im Griff. Kein Wunder, bei ihren Aktionen war sie vergleichsweise älter als ihr Bruder und ihr Bewegungsdrang deutlich geringer. Sie erkundete die Welt, ohne dass ich ständig am Herzinfarkt vorbeischrammte und *Aufpassen!* schreien musste wie bei Maik. Der verletzte sich nur selten, und wenn, dann nur, weil mein Schrei ihm nicht bei der Entscheidung half, ob er der Gefahr trotzen oder weglaufen sollte. So gewöhnte er sich an, zu mir zu rennen, damit ich den Rest regelte. Und dabei wurde es ihm immer gleichgültiger, ob ein Hund oder ein fahrendes Auto seinen Weg verstellte. Heute weiß ich: Nicht weil ich auf ihn aufpasste, sondern obwohl, verletzte er sich nicht. Mein Abenteurer war kein Selbstmörder; ich hatte ihn nur verwirrt und er einen ziemlich guten Schutzengel.

Heute würde beim Lönneberga-Michel und bei meinem Maik ADHS diagnostiziert, das Aufmerksamkeits-Defizit-Hyperaktivitäts-Syndrom. Sie müssten gewiss zur Therapie gehen und womöglich *Ritalin* schlucken. Das brächte sie zur Vernunft und würde ihre überschüssige Energie in die richtige Richtung lenken. ADHS ist eine Jungenkrankheit, die ihre Väter noch nicht kannten. Die *Ritalin*-Abgabe hat sich in den letzten 15 Jahren verzehnfacht, die Zappelphillipe vermehren sich wie die Fliegen. Warum das so ist, weiß eigentlich keiner so genau, und bis es einer weiß, gilt der genetische Defekt im Stoffwechselsystem als beste Diagnose. Wir lieben physiologische Erklärungen, wenn sie uns davor bewahren, unser eigenes Tun überdenken zu müssen. Nach Muttermilch für die Immunabwehr und Biokarotten für eine gedeihliche Entwicklung verhilft der Wirkstoff Methylphenidat dem nervigen Rüpel zu einer positiv ausgerichteten Kommunikationsfähigkeit. Die großen naturbelassenen Ideen stehen im Mittelpunkt unserer liebevollen Betrachtung des Nachwuchses, doch wenn sie uns da im Wege stehen, machen wir lieber Frieden mit der Pharmaindustrie. Die 1000-Volt-Wirbler leiden derweil am meisten darunter, dass sie keinen Raum haben und keinen Halt finden, ruhelos irren sie umher im Niemandsland zwischen all den coolen und jung gebliebenen Erwachsenen.

Nur die Gnade der frühen Geburt bewahrte Michel davor, ein ADHS-Patient zu werden. Maik wurde durch die Profession seines Vaters geschützt: Einem Schulpsychologen redet man nicht ganz so schnell rein.

Nichts sollte an meine beiden Lieblinge drankommen, dabei empfand ich mich nicht als übertrieben ängstlich. Ich passte gut ins Bild der kreativen Elitemutter mit Macht. Um uns herum sah ich nur Väter, die mit ihren Kindern Brettspiele spielten, anstatt sie durch die Luft zu schleudern und erst die Haftungsbedingungen auf dem Spielplatz studierten, bevor sie ihr Kind auf die Rutsche setzten.

Und ich betrat Wohnungen, wo alle Ecken abgerundet waren, noch bevor der Nachwuchs überhaupt laufen konnte. Mein Mann war nur dann ein guter Vater, wenn er sich wie die bessere Mutter verhielt. Ständig rang ich ihm das nicht einlösbare Versprechen ab, dass immer alles gut gehen würde und er meinte, dass es dann wohl am besten wäre, ich wäre gleich überall mit dabei, um es zu überwachen. Ich sah andere Männer, die auch nicht gegen das haarkleine Fürsorge-Briefing ihrer Frauen argumentierten, sondern schwiegen, was ihre Frauen und ich als Zustimmung werteten. Und deshalb kam ich auf den Gedanken, die ganze Emanzipation sei im Grunde eine männliche Idee gewesen, nur damit sie es bequemer haben können.

So sehr ich meinen Jungen körperlich beschützte und auf ihn aufpasste, so sehr zog ich ihn mit rein, wenn es darum ging, die Welt durch meine Brille zu sehen. Ich ernannte meinen Kleinen zu meinem Ritter, dem ich beibrachte sich beim Pinkeln hinzusetzen. Heute erinnere ich mich nicht mehr, warum eigentlich. Wegen der Sauerei drumherum? Nur wer übt, trifft auch irgendwann. Der biologische Sinn des Stehpinkelns war mir damals nicht bewusst. Nur im aufrechten Stand entleert sich die männliche Blase vollständig. Dass sich der Mann beim Pinkeln setzt, war aber ein sehr wichtiges Symbol gleichberechtigter Partnerschaft: Er erhebt sich nicht länger über sein geliebtes Weib, und er mutet ihr auch die gelben Spritzer nicht länger zu. Oder er vertraut seiner eigenen Trefferquote nicht und weiß, dass er zur Strafe selbst putzen muss. So setzen sich zu Hause alle einvernehmlich hin und behaupten, das sähe man ganz entspannt. Nur im Wald darf der Mann noch Mann sein. Und in der Kneipe, aber da kommt er ja kaum noch hin.

Heute ist Maik innen wie außen verunsichert. In meiner Gegenwart zieht er die Schultern ein, aber er benutzt immer routinierter die Formeln, um mich zu beruhigen, die sein Vater schon lange verwendet. Dass er sehr vorsichtig mit dem Auto fährt (immer zu schnell) und dabei nicht trinkt (mehr als ein bisschen). Dass er nicht raucht (nur kifft) und dass er mit dem Taschengeld klarkommt (wenn Jannick ihm noch was leiht). Maik will auf keinen Fall eine offene Auseinandersetzung mit mir, meist ist er sogar dann noch höflich zu mir, wenn ich schon laut bin. Er behält sein freundliches Wesen und hasst Streit. Dafür liebe ich ihn und dafür lügt er. Er täuscht mich, um mich zu schonen, gar zu beschützen. Und er weiß, dass ich es weiß. Er denkt zweimal nach, bevor er gar nichts sagt oder sagt schließlich das, was ich hören möchte. In dieser Formalität sind wir zuhause. Maik ist kein Lügner im ursprünglichen Sinne, er spielt nur eine Rolle. Vielleicht die einzig mögliche, um seine Hinterbühne zu erhalten? Mit seinen Schonlügen beweist er zweifelhaftes diplomatisches Geschick, und ich falle wie in Watte.

An dem Streit zwischen Biologen und Soziologen, ob geschlechtsspezifische Eigenschaften angeboren sind oder erworben werden, beteilige ich mich nicht mehr. Mein genetisches Programm ist nicht zu blocken, aber es ist noch überlagert. Ich trage wieder gern Kleider und kann gut auf hohen Absätzen laufen, aber wer darin viel Liebreiz vermutet, täuscht sich. In meinem femininen Auftritt steckt eine lila Latzhose.

Meine Vorstellungen von Frau und Mutter hatten sich im Laufe der Zeit immer wieder verändert. Als Kind wollte ich einen Mann, der mich liebt. Später wollte ich noch, dass er mich versteht. Jetzt, da ich weiß, dass ich das meiste allein regeln kann, will ich zu ihm aufschauen können. Aber wie das genau aussehen soll, weiß ich auch nicht und führe solange einen pädagogischen Krieg über Kindererziehung, ohne Kriegserklärung an meinen Mann.

—

»Sie müssen sich umstellen, Frau Frink. In Ihrem Alter wird man nicht mehr so schnell schwanger.« Dieser banale Satz meiner Frauenärztin trifft mich tief in der Seele und mitten in die Weiblichkeit. Ich bin mit meinen Tagen schon seit zwei Wochen überfällig. Das ist sehr ungewöhnlich, normalerweise kann man bei mir die Uhr danach stellen. Drei Schwangerschaftstests habe ich hinter mir. Der erste Teststreifen dürfte schon schadhaft die Fabrik verlassen haben, der zweite war bestimmt in der Apotheke falsch gelagert worden und den dritten hatte ich wohl nicht korrekt bedient. Ich muss doch schwanger sein! Meine Erleichterung verfliegt schneller, als sich die Sorgen aufgebaut hatten. Meine Ärztin zeigt routiniert Mitgefühl: »Ihr Hormonstatus zeigt, dass die Wahrscheinlichkeit zur Schwangerschaft unter einem Prozent liegt. Nächste Woche kann das aber schon wieder anders aussehen. Mit Schwankungen müssen Sie jetzt eben rechnen.« Wovon redet diese Frau? Ihr Achselzucken macht die Sache auch nicht besser. Ich winsele: »Bitte prüfen Sie das noch mal!«

Für überflüssige 24 Euro Testkosten muss ich mir nun eine Abhandlung über das Ende der Fruchtbarkeit anhören. Ich bin 47 Jahre alt. Dabei ist mir, als wäre ich erst vor ein paar Monaten niedergekommen, als hätte ich mich erst vorige Woche noch vollspucken lassen und gerade vorgestern mit der Kindergärtnerin gestritten. Wo ist meine Zeit geblieben? Ich will sie zurück. Und für immer Frau bleiben.

Meine Frauenärztin hat dafür einen ganz heißen Tipp für mich. Sie empfiehlt mir die Hormonspirale. Die ist so sicher wie die Pille, nur viel schwächer dosiert. Als angenehmer Nebeneffekt wird die Regelblutung auch viel schwächer und bleibt oft sogar ganz aus: »Dann merken Sie gar nicht, wenn der Zyklus durch die bevorstehenden Wechseljahre immer unregelmäßiger wird.« Die Hormonspirale erspart den schockierenden Blick in die Vergänglichkeit, den ich gerade erfuhr, nur weil ich die viel billigere Kupferspirale trug. Damit ich nicht jeden Monat aufs Neue an das nahende Ende meiner Fruchtbarkeit erinnert werde, steige ich für 300 Euro sofort um. Und ja: Das fühlt sich viel jünger an.

Ich bin so alt wie meine Mutter war, als mein Vater sie zwang, ihr Leben umzustellen. Mutter und Vater glaubten an die eine, an ihre große Liebe. Und als die von meinem Vater nach 23 Jahren in Frage gestellt wurde, weil er eine neue große Liebe gefunden hatte, hieß es in der Nachbarschaft, er sei in seiner *Midlife Crisis*. Als ihm klar wurde, dass er in dem Laden, wie er die Bundeswehr nannte, nachdem er ein paar Illusionen verloren hatte, nichts mehr werden würde, dafür seine Kinder immer frecher wurden und ihm die eigene Frau nicht mehr begehrenswert genug erschien, schmiss er in dem Moment alles um, als seine Existenz von diesem Experiment zwar noch bedroht, aber nicht mehr ruiniert sein würde.

Heute erlauben wir Frauen uns eine zweite Pubertät mit Anfang 40: Weil wir es uns wert sind und weil wir es selbst bezahlen können. Ob Scheidung, Kündigung, Auswanderung oder Zeugung, wir sind gewiss, dass wir niemals mehr im Leben so viele Optionen haben werden. Mit unserem Optimierungswahn kommen wir den Männern zuvor, die darauf zügig reagieren müssen und selbst keine Gelegenheit mehr haben, ihren eigenen quälenden Sinnfragen und Versäumnissen nachzugehen, so sie denn wollten. Überdies lenkt es uns Superfrauen herrlich davon ab, dass wir unweigerlich der Menopause entgegenstreben. Wir fühlen uns immer noch und manch eine jetzt erst recht: unwiderstehlich und sexy.

Meine Eltern hätten Alt-68er sein können, aber sie waren keine, denn sie hatten nicht studiert, und durch das Bundeswehrumfeld verbot sich eine allzu deutliche Sympathie. Dennoch übernahmen sie für unsere Erziehung ein paar liberale Anschauungen und befreiten sich teilweise aus dem engen Moralkodex meiner Großeltern. Sie wollten modern sein, und dazu gehörte es auch, in Fragen der Sexualität tolerant zu sein. Mein Bruder und ich genossen also die verlässlichen Werte von damals, kombiniert mit ein paar antiautoritären Experimenten.

»Ich vertraue darauf, dass mein Appell an eure Einsicht Gehör findet«, pflegte Vater zu sagen und zog Falk damit auf, dass er sich freue, wenn er seine Freunde kennenlerne, bevor sie ganz zugewachsen seien. Lange Haare waren in, das Protestsignal gegen die Spießer, aber manchmal schwer durchzusetzen und unserer Eltern Erlaubnis war ein starker Solidaritätsbeitrag. So durfte mein Bruder lange Haare tragen und ich ganz kurze. Und mit unseren ersten Partnern durften wir ungestört in den Kinderzimmern schmusen. Ihre Erziehung war gut für meinen Bruder und besser, als ich es vertragen konnte.

Selbstverwirklichung war ein Wort, mit dem ich bereits als 15-Jährige laborierte, aber das ich erstmalig von meinen Eltern hörte, als ich längst volljährig und mit der Schule fertig war. Sie entdeckten mit Ende 40 ihre Selbstverwirklichung, während sich mein ganzes Leben bis dahin ausschließlich darum drehte.

Sie ersparten meinem Bruder und mir die Details ihrer Selbstverwirklichung nicht, und so erfuhren wir, wie unangenehm es ist, wenn sich die eigenen Eltern nicht mehr länger als asexuelle Wesen verhalten, wenn wir etwas von ihren intimen Wünschen, privaten Sehnsüchten und dem Überdruss an ihrer Ehe mitbekamen. In der Familie sprachen wir nicht mehr über unsere Belange, sondern nur noch über ihr verbrauchtes Leben. Ich fand das rücksichtslos, und sie fanden, das heißt: besonders mein Vater fand, dass er es sich endlich verdient habe, auch mal an sich zu denken. Das fand ich alles lästig, denn ich war in dem Bewusstsein aufgewachsen, dass meine Eltern ewiglich für mich da zu sein hatten. Während mein Vater in den Armen einer fremden Frau seinen eigenen Bedürfnissen nachspürte, jammerte meine Mutter etwas übertrieben von Altersarmut und ich verstand, warum sie uns Kinder so gut loslassen konnten.

Meine Eltern waren schon Eltern, als ihnen die Pille zu Hilfe kam. Erst nach meiner Geburt konnten sie so bequem und verlässlich verhüten wie nie zuvor. Die Autonomie in der Familienplanung spürte ich als Kind jeden Monat, weil ich nicht mehr Geschwister hatte, als meine Eltern versorgen konnten. Und das Abendland ging nicht so schnell unter, wie Kritiker befürchteten, denn die wenigstens verweigerten sich dem göttlichen Liebesplan. Sie stellten ihn nur zeitlich um.

Über die beiden Ereignisse, die mich als Große auswiesen, meinen 18. Geburtstag und meinen Abiball, freuten sich meine Eltern deshalb mehr als ich. Es übertraf ihre Erwartungen, dass tatsächlich beide Kinder die Schule mit dem Abitur abgeschlossen hatten, während sie selbst nur Hauptschüler gewesen waren. Sie erklärten mich zur Erwachsenen und sagten mir nie wieder, wann ich nach Hause kommen oder in welchen Klamotten ich besser nicht rumlaufen sollte.

Auch mischten sich fortan weder Vater noch Mutter in meine Liebesangelegenheiten ein. Es war, als hätten sie einen Schalter umgelegt, der sie nicht nur juristisch von Sorgerecht und Sorgepflicht befreite. Sie nahmen meine Volljährigkeit aus egoistischen Gründen ernst und hofften, dass ich nun bald ausziehen würde: *Mission accomplished.* So zeigte ich mich selbstbewusst und lernte, auf mich selbst aufzupassen, wusste aber zwischendurch nicht, ob ich es tatsächlich schon gut genug konnte.

Ich war in das Leben meiner Eltern hineingeboren worden, meine Kinder wurden in mein Leben hineingeplant. Ihr 18. Geburtstag löste nichts in mir aus, die Unfallversicherung für sie wurde nur teurer. Zum ersten Mal spüre ich jetzt den Unterschied. Unsere Volljährigkeit brachte meine Eltern in einen für sie unbekannten

Zustand: Sie wurden von niemandem mehr bevormundet und standen für niemanden mehr in der Pflicht. Ich wurde nie bevormundet und viele Pflichten habe ich in Rechte umwandeln können.

Es geht der Familie gut, wenn es der Mutter gut geht lautete das Credo, das seit zwei Jahrzehnten durch die Republik hallt. Was ich als Mutter brauche, damit es mir gut geht, ist dasselbe, was Vater brauchte, als es der Familie noch gut ging, wenn er gute Arbeit hatte: Anerkennung. Am besten gleich aus drei Richtungen, denn nur das eigene Bankkonto inspiriert mich nicht sehr. Ich wollte Anerkennung von den Kindern, die prächtig gedeihen und mich dabei ständig vermissen sollten, von meinem Mann, der mich begehren sollte wie am ersten Tag, während er mich ganz praktisch mit seinen Hausmeisterdiensten unterstützte, und ich wollte unbedingt die Anerkennung von meinen Auftraggebern, die ohne mich nicht weiterkommen konnten.

Aber meine Welt sah anders aus. Meine Kinder gediehen auch in meiner Abwesenheit, mein Mann ließ mich für eine Partie Go im Regen stehen. Wegen eines chinesischen Brettspiels mit einfachen schwarzen und weißen Steinlinsen, das, wie Rolf sagt, durch Logik allein nicht zu erklären sei, sondern auch viel Intuition und erhebliche Erfahrung verlange und deshalb dem Buddhismus sehr nahe komme, musste ich mich bitte gedulden. Und meine Auftraggeber vergaßen viel zu oft, mich mit Aufträgen zu versorgen. Und je öfter ich darüber nachdachte, desto schlechter ging es mir. Ständig überprüfte ich die Balance, ständig hielt ich sie für unausgewogen. »Was willst du eigentlich?«, fragte mich mein Mann immer mal wieder und ich war froh über die Frage, denn dann konnte ich detailgenau erzählen, wie unverstanden und wie stark belastet ich mich fühlte, weil ich ja schließlich zwischendurch auch arbeiten ging und jede Menge am Hals hatte. Er nickte verständnisvoll, und ich war für ein paar Tage etwas besser gelaunt. Ich suchte die Lösung in beispielhaften Details wie einer gerechteren Verteilung der Hausarbeit. Ein Punkt, der immer zu betretenem Schweigen führte, weil mein Mann wusste, dass ich damit Recht hatte. Er versprach, häufiger abzuspülen, und ich giftete ihn an, ob er denn nicht wüsste, dass wir schon lange eine

Spülmaschine haben. Ich sagte, es wäre mir schon geholfen, wenn ich ihn nicht immer wieder daran erinnern müsste, den Rasen zu mähen, und er versprach, zukünftig den Graswuchs aufmerksamer zu beobachten.

In Wirklichkeit aber wollte ich auf den Arm. Ich spürte, dass ich mit meinem Emanzipationsgedanken am Ende war. Eines Tages würde sich meine Familie von mir emanzipieren.

1991: DEUTSCHLAND UND DIE WELT

KRIEG

Im Zweiten Golfkrieg befreit eine westliche Streitmacht ohne deutsche Soldaten das besetzte Kuwait, stoppt aber ihren Vormarsch im Irak. In Deutschland werden alle Karnevalszüge abgesagt.

OSTBLOCK

Die ehemaligen Ostblock-Staaten vereinbaren die Auflösung des Warschauer Paktes.

TERROR

In seinem Düsseldorfer Haus wird der Vorsitzende der Deutschen Treuhand, Detlef Karsten Rohwedder, von Terroristen ermordet, die unerkannt flüchten können.

FLUTWELLE

Ein Wirbelsturm über dem Indischen Ozean löst eine gewaltige Flutwelle aus, die Bangladeschs Küstenregionen zerstört und mindestens 200.000 Todesopfer fordert.

ABSTURZ

Nahe Bangkok stürzt eine Maschine der Lauda Air ab, alle 213 Passagiere und 10 Besatzungsmitglieder kommen um.

VULKAN

Ein Vulkanausbruch auf den Philippinen macht 400.000 Menschen obdachlos.

FRIEDEN

Nach jahrzehntelangem Bürgerkrieg kehrt in Angola Frieden ein und einigen sich die verfeindeten Parteien auf freie Wahlen.

UMZUG

Der Deutsche Bundestag beschließt seinen Umzug von Bonn nach Berlin.

ABRÜSTUNG

Fünf Monate vor dem Zusammenbruch der Sowjetunion unterzeichnen Michail Gorbatschow und George Bush ein Abrüstungsabkommen.

WISSENSCHAFT

In den Tiroler Alpen wird eine gut erhaltene Gletschermumie eines Steinzeitmenschen gefunden und später Ötzi genannt.

POPMUSIK

In London stirbt Freddie Mercury, der Sänger der Popgruppe Queens, an Aids.

MASSAKER

Bei einem Massaker indonesischer Truppen in Ost-Timor sterben 271 Menschen, viele verschwinden spurlos.

FERNSEHEN

Am Silvestertag stellt der Deutsche Fernsehfunk seinen Sendebetrieb ein.

1991: FAMILY AFFAIRS

FIGUR

Ich passe wieder in meine Hosen.

BERUF

Ich mache mein erstes TV Make up im ZDF Studio Bonn.

FREUNDE

Wir haben keine mehr.

WEIHNACHTEN

Ich schlage vor, gemeinsam bei und mit allen unseren Eltern zu feiern, damit ich an den Feiertagen ausschlafen kann.

FIGUR

Ich passe nicht mehr in meine Hosen, ich bin wieder schwanger.

1992: DEUTSCHLAND UND DIE WELT

RENTEN
In der Bundesrepublik tritt eine umfassende Rentenreform in Kraft, nach der nur noch die Netto-Bezüge zur Berechnung dienen.

BALKAN
Serbien und Kroatien schließen einen Waffenstillstand.
Bosnien/Herzegowina wird zur selbständigen Republik.

KIRCHE
In Hamburg wird Maria Jepsen zur ersten evangelisch-lutherischen Bischöfin gewählt.

ERDBEBEN
Ein schweres Erdbeben am Niederrhein beschädigt zahlreiche Gebäude.

RÜCKTRITT
Nach 18 Jahren im Amt des Außenministers tritt Hans-Dietrich Genscher zurück.

KULTUR
Der deutsch-französische Kultursender Arte geht auf Sendung.

FUSSBALL
Die dänische Fußball-Nationalmannschaft wird mit einem Endspielsieg über Deutschland sensationell Europameister.

WAFFEN
Die US-Regierung kündigt den Abzug aller taktischen Atomwaffen aus Europa an.

OLYMPIA
Bei den Olympischen Sommerspielen in Barcelona tritt erstmals eine gesamtdeutsche Mannschaft an, die auf Anhieb Platz zwei in der Medaillenwertung belegt.

ABSTURZ
Bei zwei sehr ähnlichen Flugzeugabstürzen in Nepal sterben 270 Menschen.

MEDIEN

Nach 43 Jahren erscheint die Wochen-Illustrierte Quick zum letzten Mal.

MOTORSPORT

Michael Schumacher gewinnt im belgischen Spa sein erstes Formel-1-Rennen.

ANSCHLAG

Bei einem Brandanschlag in Mölln sterben zwei türkische Frauen und ein Mädchen.

WAHL

Der Demokrat Bill Clinton wird zum 42. Präsidenten der USA gewählt.

1992: FAMILY AFFAIRS

GELD

Wir bekommen zu Jahresbeginn eine Mieterhöhung von 1,00 DM/qm. Wir zahlen nun 925 Mark für 125 qm mit Balkon und inklusive Garage, sowie Gartenmitbenutzung.

FORTSCHRITT

Maik lernt Laufen.

GEBURT

Lysa wird geboren.

IMMOBILIEN

An den Wochenenden vertreiben wir uns die Zeit mit Hausbesichtigungen.

KONSUM

Als wir im Stern lesen, dass weiße Billy-Regale Formaldehyd ausdünsten, bringen wir unsere drei zurück. Ikea erstattet uns das Geld.

PÄDAGOGISCHES

EHRGEIZ, ERWACHE!
DER ERNST DES LEBENS IST EINE FRAU

Als meine Kinder in den Kindergarten kamen, bekam unsere Familie eine ordentliche Struktur. Da waren Maik und Lysa jeweils vier Jahre alt. Den Rechtsanspruch auf einen Kindergartenplatz für Dreijährige gab es erst zwei Jahre später, 1996; Alleinerziehende wurden bevorzugt, worüber ich mich elendig aufregte.

Bis neun Uhr morgens konnte ich die beiden hinbringen und zwischen viertel nach zwölf und halb eins mittags wieder abholen. Ab zwei gab es noch mal ein Nachmittagsangebot bis vier, das wir aber selten wahrgenommen haben, weil unsere Kurzen nach der Mittagspause daheim für eine Rückkehr in den Kindergarten nur schwer zu motivieren waren, was nur ich bedauerte. Die Erzieherinnen waren froh über jeden Pöks, der ihnen erspart blieb.

Ein paar Mal gingen wir doch hin. Ich fand es sehr schön dort. Nur mit einer Handvoll Kinder inmitten des vielen schönen Spielzeugs, erkannte ich die förderliche Lernatmosphäre auf den ersten Blick, so dass ich selbst da blieb und mit der netten Frau Mohrle einen Kaffee trank. Dabei konnte ich sie auch gleich fragen, wie sich meine beiden denn so machten und ob es etwas Neues gäbe aus der spielerischen Lernentwicklungswelt. Doch wollte Frau Mohrle den Nachmittag lieber nutzen, um Einsatzpläne zu schreiben und endlich mal das große Regal aufzuräumen, anstatt sich zu einer spontanen Frühförderung aufzuraffen. So trank sie nur eine Tasse

Kaffee mit mir und sagte, dass sie das ja eigentlich gar nicht dürfe.

Die Hausarbeit erledigte ich ohne Kinder am Bein nun viel schneller, und so fand ich wieder etwas mehr Zeit für mich. Ich telefonierte mit Auftraggebern, die mir Einsatztage in der Maske geben sollten, oder mit meinen Freundinnen, die mit Tipps fürs Eheleben aushalfen. Und damit ich mich zwischen dem modernen Anspruch an die Familie und meinen altmodischen Träumen an die Liebe besser zurechtfand, pflegte ich ungewöhnliche Freundschaften.

Ich hielt Kontakt zu einem schwulen Friseur, der mal mein Arbeitskollege war und jetzt auf Teilzeit arbeitete, und ich knüpfte einen neuen zu einer kinderlosen Lehrerin, die ich auf dem Apfelfest in unserem Dorf kennengelernt hatte und die auf unbestimmte Zeit krankgeschrieben war.

Der Umgang mit Menschen, die in einem Leben steckten, das mit meinem nicht vergleichbar war, entspannte mich. Sie waren die Pausetaste für meinen Alltag, auch weil ich mich nicht sehr anstrengen musste, dass sie mich mochten. Sie gaben mir das Gefühl, dass alles gut mit mir sei, wie es war: Sie konkurrierten einfach nicht mit mir. Und sie waren mein Alibi für die Stunden, in denen ich die Freundschaften pflegte, von denen ich zu Hause nicht berichten konnte. Schon weil der Volksmund sagt, Freundschaften zwischen Männern und Frauen gebe es gar nicht. Ich war anderer Meinung, aber es reichte nicht, es einfach zu erklären. So behielt ich es für mich, wenn ich Martin im Büro besuchte, nach allgemeinem Büroschluss mit Guido ein Bier trinken oder mit Volker ins Kino ging. Ohne, dass ich je mit einem von ihnen darüber sprach, wusste ich, dass deren Frauen daheim auch nicht wussten, mit wem ihre Männer ausgegangen waren. Wir pflegten ein Geheimnis, das es gar nicht hätte geben müssen, weil nie etwas passierte. Aber wir nahmen unaufgefordert Rücksicht auf unser Abendland, von dem wir stillschweigend vermuteten, dass es nur in der Theorie locker sei. Erst als ich Matthias K. wiedersah, wusste ich nicht, ob es bei einer Freundschaft bleiben konnte.

Zwischen ihm und mir hatte es vor vielen Jahren heftig gefunkt und dann ordentlich geruckelt. Erst war es aufregend, und später ging es aufgeregt hin und her. Matthias ist ein Tausendsassa, ein

Hans-im-Glück, ein Macker mit Niveau, in den ich mich in der Minute verliebte, in der ich ihn traf. Und an dem ich verzweifelte, als ich ihm nahe kam. Ein Mann, der jede Frau haben kann und den jede haben will. Der aber keine behält, weil ihn keine aushält. Er verspricht Führung und Furchtlosigkeit, also das beste Sperma weit und breit. Doch sein Machogehabe und meine Vorstellung von einer gleichberechtigten Partnerschaft hatten kaum Schnittmengen zu jener Zeit, da noch keiner von uns Kinder hatte. Als die Verletzungen, die wir einander für ein glückliches Uns zufügten, schmerzhafter waren als alle Abschiedstränen der Welt je sein können, ließen wir schließlich voneinander ab.

Wir beschlossen, keine Freunde zu bleiben und gingen unserer Wege. Auf einer Medienveranstaltung, einem dieser Schnittchentermine, bei dem einer den anderen lobhudelt und im nächsten Jahr umgekehrt, stehen wir uns plötzlich wieder gegenüber. Zwischen Fingerfood und Kölsch berichten wir uns in Stichworten, wie es uns ergangen ist, seit wir nicht mehr miteinander gingen. Er rechnet nach, wie lange es wohl her ist. Ich brauche nicht zu rechnen: 22 Jahre. Die erste Erzählversion klingt nach Zufriedenheit. Matthias ist Vater eines Sohnes, der Paul heißt und bei der Mutter aufwächst. Er selbst ist als Journalist bestens im Geschäft und stolz darauf, auch unter widrigen Umständen anständig geblieben zu sein. In der Kneipe, in die Matthias mich nach Ende der Veranstaltung noch einlädt, weil es da außer Kölsch auch richtiges Bier gibt, hört es sich allerdings schon etwas anders an. Man könnte sagen: Wir haben uns beide entwickelt, ich bin angepasster geworden und er noch kompromissloser.

Matthias ist Vater wider Willen. Von seiner Vaterschaft erzählt er wie von einem modernen Kreuzzug. Nach unserer Trennung hatte er einige, durchaus mehrjährige Lieben, die ihn allesamt darin bestätigten, dass er kein Mann für eine Frau ist. Er beschloss, den Damen breitbeinig entgegenzutreten und mehrgleisig zu fahren. Er wollte sich von keiner Frau mehr einfangen lassen, und fast hätte das auch geklappt. Bis er über eine Flirtbörse eine Enddreißigerin traf, die vorgab, von Beziehungen die Schnauze endgültig voll zu haben und sich nur noch auf unverbindliche, aber lustvolle Begegnungen einlassen zu wollen. »Cool«, dachte Matthias, »das passt.«

Er vermutete in Verena die perfekt ausgestaltete Emanzipation: authentisch, feminin, vital. Eine Frau mit sinnlicher Sehnsucht, aber ohne ernüchternde Erwartungen. Der Rest ist schnell erzählt. Nun hat Matthias im reifen Alter von 55 Jahren einen dreijährigen Sohn, den er liebt, aber nie haben wollte, von einer Frau, die er nie geliebt hat, aber kurzzeitig begehrte. Er nennt es Samenraub, die Rechtsprechung nennt ihn einen ledigen Vater.

Von einer gemeinsamen Zukunft, gar einer Gründung einer Familie, war bei ihm und Verena nie die Rede. Er hatte sich auf ihre Verhütung verlassen. Das, so gibt er heute zu, war falsch. Er habe sich nicht vorstellen können, dass eine Frau eine Schwangerschaft zulässt, vielleicht sogar anstrebt, wenn der Erzeuger als Vater definitiv nicht zur Verfügung steht. Doch der Zeugungsakt ist der einzige Moment, den ein Mann mitgestalten kann, aktiv mit Kondom oder passiv per Stoptrick. Männliche Mitbestimmung endet also immer mit Lust- und Kontrollverlust. Nach der Zeugung gehörte das Kind nur noch ihr.

Eine Abtreibung wurde beschlossen, dann verworfen und wieder verabredet. Dreimal ging das so hin und her. Dreimal verließ Verena schwanger die Klinik, zuletzt mit dem Versprechen, es auch ohne ihn zu schaffen: »Mit meinem Kind hast du nichts zu tun.« Sie meinte, weder finanziell noch emotional. Aber dieses Versprechen hielt nicht mal ein Jahr lang, dann kam der Brief vom Jugendamt. »Eine Frau bekommt ein Kind, wenn sie eines bekommen will«, schließt er seinen resignierten Befund. »Dabei ist es ihr nicht egal, von wem sie es kriegt, aber ziemlich egal, was er dazu meint.«

Matthias liebt seinen Sohn Paul. Er bestätigt damit die Erfahrungen der Familienanwälte, dass getrennt lebende Väter ihre Kinder zu lieben lernen, wenn sie nur genügend Zeit mit ihnen verbringen. Verena gibt Matthias oft Gelegenheit, denn sie braucht Zeit für sich. Für ihre Arbeit als Lehrerin auf einer halben Stelle, für täglich eine Stunde *Nordic Walking*, zweimal die Woche *Pilates* und fürs Onlinedating, von dem man nie weiß, wie zeitintensiv es wird. Gerade ist Matthias frisch zurück von der Waldwoche. Zwei Tage war er als Begleitvater mit der Raupengruppe des Kindergartens Wonneberg unterwegs, und zum Höhepunkt der naturnahen Exkursion haben sie die letzte Nacht sogar draußen verbracht. Mein alter

Freund hat überlebt, mit einer Schramme und einem Zeckenbiss. Viel heftiger wirken die ständigen Einwände und Bedenken des Personals nach. Die Erzieherinnen hatten ihn in die Gruppe derer eingereiht, auf die sie aufpassen mussten.

Matthias war aufgebracht. Er bekommt permanent Verenas Müttermacht zu spüren und erlebt nun etwas ganz Ähnliches im Kindergarten. Sein Bericht hat nicht mehr viel zu tun mit dem Kindergarten, den Maik und Lysa vor anderthalb Jahrzehnten besuchten. Da gab es auch noch keine Waldwoche – und offenbar habe ich noch mehr verpasst. Matthias wollte mittoben. Auf ins Abenteuer. Und er freute sich schon, dass sein Paule abends gut gelüftet und fröhlich erschöpft ins Bett fallen würde. Der Vater hatte genügend Bilder im Kopf, was man in der Wildnis hinter der Stadt alles anstellen kann, er brauchte nur in seiner Erinnerung zu kramen. Er hatte aber keinen Biologieunterricht im Freien erwartet und auch nicht den sensiblen Umgang mit der Natur, wie er es nennt, gequält lächelnd. Da war wohl nix mit Buden bauen oder einen Staudamm am reißenden Bach.

Das Lernprogramm gab vor: Blätter bestimmen, Vogelstimmen lauschen und Kastanienbäume suchen, schon vorsorglich im Hinblick auf den Tauschtag bei Haribo. Für eine tragfähige Budenkonstruktion blieb keine Zeit. Auf die Bäume zu klettern, war den Kids auch verboten. Vom zuständigen Forstamt in freundlicher Zusammenarbeit mit dem örtlichen Verschönerungsverein und, natürlich, aus versicherungstechnischen Gründen. Die Schramme hatte sich Matthias geholt, als er einen Bengel aus einem Baumwipfel holen musste, der nicht zugehört hatte.

Das ehrenamtliche, elterliche Begleitpersonal wechselte fast täglich, weil sich niemand die ganze Woche freihalten konnte. Matthias beklagte die pharisäerhafte Haltung der Kindergartenleiterin: Soll sie doch sagen, dass es ihr um den Vorsprung beim Frühstart ins Leben geht. Und nicht von Spiel, Spaß und Spannung faseln. Was sein Sohn da erlebe, sei kein Kindergarten mehr, das sei längst Schule. »Meine Ideen wollten die nicht, nur meine Muskeln.« Er redete sich in Rage. »Ich sollte bloß das erledigen, was den Damen zu gefährlich erschien oder wofür ihnen die Kraft fehlte.«

Das war der Abend, an dem ich einen neuen Platz für Matthias in meinem Leben fand: Er war der Gegenentwurf zu meiner Jägerzaunidylle. Sein Altersvorsprung, das Kleinkind und die durchemanzipierte Ex-Partnerin stellten seine Männlichkeit auf eine harte Probe, das war spannend. Meine vergleichsweise älteren Kinder und das schummrige Licht ließen mich noch jünger erscheinen, das gefiel mir gut. Hoffentlich bemerkt er nicht so schnell, wie ich durch mein gleichberechtigtes Leben irrlichtere und wie sehr mich mein Sohn beunruhigt.

Ich kann nicht behaupten, dass sich das, was Matthias aus dem Kindergarten erzählt, nicht schon früh abgezeichnet hätte. Und ich trage Mitschuld. Bei dem Ehrgeiz dynamisch-liberaler Eltern, mit der Dirigentschaft selbstbewusst tonangebender Mütter hatte die traditionelle Kindererziehung keine Überlebenschance. Auch wir sprachen schon von Spaß statt Anstrengung, weil wir in den Expertenbüchern gelesen hatten, dass sich daraus großartige Leistungen entwickeln würden. Routine und Rituale waren auch verpönt, galten sie doch als Kreativitätskiller. Besonders in jungen Jahren, so wurde uns von allen Seiten suggeriert, sei Kreativität der Motor für eine positive Entwicklung. Ihn anzuwerfen und am Laufen zu halten, war erste Mutterpflicht.

Die Erzieherinnen in unserem Kindergarten verstanden sich als wohldosierte Entlastung für die Mamas, die sich dafür dankbar zeigen sollten. Die in Paules Kindergarten haben einen volldosierten Bildungsanspruch, der bis 18 Uhr gehen kann. Sie gehen sogar davon aus, dass ein Kind bei ihnen viel besser aufgehoben ist als zu Hause. Und die neuen Mütter sehen das liebend gern auch so, denn es befreit sie endlich vom schlechten Gewissen, wenn sie arbeiten, obwohl sie es gar nicht müssten.

Seit PISA[1]- und IGLU[2]-Studie 2001 sind auch die Erzieherinnen offiziell vom Ehrgeiz getrieben, während sie zu unserer Zeit noch gebremst haben. Frau Mohrle wollte wirklich nur einen Kaffee trin-

1. Programme for International Student Assessment
2. Internationale Grundschul-Lese-Untersuchung

ken. Die miserablen Ergebnisse der Vergleichsstudien kommen dem Erziehungspersonal sehr gelegen, denn ihr Bestreben, die Arbeit im Kindergarten und damit auch die eigene Entlohnung aufzuwerten, ist älter als jede Untersuchung. Aus dem variablen, persönlichen Engagement wurde dank Vergleichsmessung eine gesellschaftsrelevante Aufgabe.

Als wir damals Maiks vorzeitige Einschulung in Erwägung zogen, fühlte ich mich als Eislaufmutter abgestempelt. Die Kindergartenleiterin reagierte eindeutig. »Maik ist doch erst Ende September geboren, der soll lieber noch spielen.« Die anderen Jungs mit Geburtstag in der zweiten Jahreshälfte würden auch erst nächstes Jahr eingeschult. Das waren zwei überzeugende Gegenargumente. Für Rolf.

Er sah die Weisheit in ihren Worten, nicht in meinen. Ich war tief beleidigt, denn ich wähnte Maik unterschätzt, und was gingen mich die anderen Jungs an? Aber der kluge Schulpsychologe an meiner Seite erkannte in der Schule ein Frauenbiotop. Und gerade dort sei es immer gut, nicht zu den Ausnahmen zu gehören. Ich fand das ziemlich übertrieben. Im Mittelalter lief das noch ganz simpel. Das Kind wurde vor die Wahl gestellt: Apfel oder Münze? Wählte das Kind die Münze, wurde das als Ausdruck von Reife gewertet und der Knabe zur Knappen-Ausbildung zugelassen, sprich: Er durfte in die Schule. Hätte ich diese Methode nicht vorschlagen können? Bei unserer Tochter lief die Anfrage ein Jahr später glatt durch. Frau Mohrle hatte keinerlei Bedenken: Sie ist ein Mädchen von Anfang August, das ist unproblematisch. So hefteten wir sie ihrem Bruder gleich an die Fersen.

Unser Kindergarten war nicht sehr ehrgeizig im schulischen Sinne, aber er hatte eine Mission. Er suchte den neuen Vater. Dass ein Kind der Mama gehört, war schon Mitte der 90er im Siebengebirge angekommen. Die Mütter hatten die Hosen an, nicht alle wuschen und bügelten sie auch noch. Die meisten Männer spielten nur noch Nebenrollen. Das solle sich ändern, rief das pädagogische Betriebspersonal lautstark und ließ sich etwas einfallen, damit die Väter mehr Präsenz zeigen und mehr Nähe zu ihren Kindern herstellen konnten, egal, wie nah sie ihnen schon waren.

Außerhalb des Kindergartens hieß der neue Vater der Neue Mann, und der wurde damals noch nicht als Frauenversteher verlacht. Er sollte Gefühl zulassen, Schwäche zeigen und Empathie aufbringen. Und er sollte unbedingt weinen können. Spott kam erst über die Frauenversteher, als die ersten leibhaftig vor uns standen. So ulkig hatten wir uns diese Gestalt nicht vorgestellt. Ein Mann, der den Kopf schief legt, als Zeichen, dass er intensiv zuhört, und *Mhmh* macht, wenn er uns verstanden hat. Er gibt die Antwort von der Metaebene, um die Sache ganzheitlich und vor allem nachhaltig zu betrachten, aber nie anzugehen. Der neue Mann zieht die Schultern ein und schaut uns fragend an, damit wir ihm erklären, was das jetzt mit uns macht. Er nimmt stets auf dem Beifahrersitz Platz, weil er davon ausgeht, dass die Frau ans Steuer will. Und ohne zu maulen setzt er sich beim Elternabend im Kindergarten auf ein kleines Stühlchen. Er kann auf Fußball verzichten und geht mit den Kids spazieren, wenn seine Frau ihre Freundinnen zum Kaffeeklatsch einlädt. Er wartet im Kaufhaus geduldig vor der Umkleidekabine und überlässt uns ohne Widerworte seine Kreditkarte. Die selbstgestrickten Pullover aus den 80ern hat er inzwischen gegen schicke Designer-Hemden getauscht, die er wie eine Bluse trägt, mit zwei geöffneten Knöpfen, und dazu einen Ohrring. Das beugt der Verwechslungsgefahr vor, denn richtige Frauen tragen immer noch zwei Ohrringe.

Der Rückbau des neuen Mannes war nicht vorgesehen und deshalb feilten wir weiter am Prototyp. Frau Mohrle organisierte in unserem Kindergarten das Papa-Laternebasteln, den Papa-Kochnachmittag, den Papa-Abholtag und den Papa-Vorleseabend. So, als beobachteten wir possierliche Tiere im Zoo, amüsierten wir Frauen uns köstlich, wenn unsere Männer in die weibliche Rolle schlüpften. Sollten die doch mal sehen, wie sie zurechtkommen und was Mütter so durchmachen den lieben langen Tag. Die Männer nahmen es scheinbar gelassen. Und ich fand die Gründung des Reservates ganz normal.

Hinter den Kuschelsätzen der Erzieherinnen und dem Vätergefühlsprogramm verbarg sich unsichtbar eine Ideologie, eine, die jede ambitionierte Mutter bedient. Wir ließen die Kleinen, ob Junge oder Mädchen, in unserem Sinne fördern. Kein Wettbewerb, nur

Teamgeist. Kein Raufen und Rankeln, nur Schmusen und Schäkern. Wir appellierten an das große Gefühl im kleinen Jungen. Er ist anders, das wusste er schon, aber jetzt war er auch falsch, und in seinem kleinen Kopf gab es kein Programm mit einer passenden Antwort. Wir konnten über alles reden, aber wer den gewaltbereiten Platzhirsch spielen wollte, von dem waren wir persönlich enttäuscht. Dabei merkten wir nicht, dass wir die Jungs verdrängten, während die Mädchen immer ungestörter all ihre Zickigkeiten ausleben durften. Sie sind per Definition immer die schwächeren, immer die Opfer, derweil sich ein Junge auch mit der Lizenz zum Weinen im Zweifel schon durchzusetzen weiß.

Heute sind die weiblichen Methoden etabliert. Mit ihnen haben wir bei den nächsten Vergleichsstudien zwar nicht den großen Wurf geschafft, aber doch aufgeholt. Matthias sieht darin kein Indiz: »Sie haben nur die Art der Fragestellung geübt. Außerdem sind wir im Lesen immer noch schwach und dabei ist das doch die weibliche Kernkompetenz schlechthin.« Und den Preis dafür hält er einfach für zu hoch. Die veränderte Lage spürt Matthias' Sohn Paul am stetig wachsenden Aufwand: Immer mehr Ausflüge mit Lernhintergrund, Englisch schon im Vorschulalter und Prickeln statt Piratenspiel. Prickeln, das Zierstechen von Papierfiguren mit einer dünnen, stumpfen Nadel ist die beliebte Vorübung für den Umgang mit der Schere. Darauf wird viel Zeit verwendet, eben Fein- statt Grobmotorik. Hintendran ein Clown, der keinen Blödsinn macht, sondern physikalische Experimente, und eine fast schon hysterische Zahnvorsorge mit den Böse-Jungs-Puppen *Karius* und *Baktus* an der Spitze. Alle führen regelmäßig Gespräche zum Entwicklungsstand der Kinder, die fast immer mit der Empfehlung von Ergotherapie und Logopädie enden. Das kann nur nützlich sein, und außerdem zahlt es die Krankenkasse.

Die Universität Dortmund hat einen Sprachtest entwickelt, der von Grundschullehrern seit 2007 in nordrhein-westfälischen Kindergärten verbindlich durchgeführt wird: Delfin 4 – Diagnostik, Elternarbeit, Förderung der Sprachkompetenz bei 4-Jährigen. Sachsen-Anhalt hat 2010 nachgezogen. Mit Delfin 4 will man Sprachmängel rechtzeitig vor dem Schuleintritt erkennen. Offenbar ist das nötig.

Im ersten Durchlaufjahr lag die Durchfallquote in Köln bei gut 60 Prozent. Erwartungsgemäß betraf es vor allem Migrantenkinder und Kinder aus sozial schwachen Familien, weniger die Ableger der Generation Golf. Manche ambitionierten Eltern verwechseln den Test mit dem mehrstufigem Sprachzertifikat Delf, den standardisierten und in der ganzen Welt anerkannten, staatlichen französischen Sprachdiplomen. Das Kindergartenpersonal verneint auf Anfrage, Französisch wird nicht auch noch unterrichtet. Aber, was nicht ist, kann ja noch werden.

Heute wäre Maik mit Geburtstag Ende September ein Musskind, zumindest in Nordrhein-Westfalen. Der ursprüngliche Einschulungsstichtag 30. Juni wird jedes Jahr um einen Monat weiter nach hinten verschoben. Im Schuljahr 2014/15 liegt er am 31. Dezember und ist dann dem Kalenderjahr gleichgeschaltet: Jedes Kind geht in dem Jahr, in dem es sechs wird zur Schule. Das ändert zwar nichts an der Bandbreite von einem Jahr Altersunterschied innerhalb einer Klasse, aber die Maßnahme verjüngt das Eintrittsalter. Zu unserer Zeit war die eine Hälfte der i-Dötzchen bei der Einschulung bereits sechs Jahre alt und die andere wurde sieben. Zukünftig ist die eine Hälfte sechs, die andere aber noch fünf. Aus den ältesten Kindern nach der bisherigen Formel werden nach der neuen Formel die jüngsten. Weil aber nicht alle Bundesländer gleichzeitig angefangen haben, die Schulpflicht vorzuziehen, variiert der Stichtag in den Ländern und trägt damit zum allgemeinen Föderalismusdurcheinander bei.

Der Kindergarten war einmal harmloser Kinderkram, heute ist es eine ernste Angelegenheit. Das volle Programm geht zu Lasten des freien, unbeobachteten Spiels, von dem alle sagen, dass es so wichtig sei. Doch noch wichtiger scheint zu sein, dass alles frühzeitig gesteuert und gefördert wird. Und Matthias‘ Paule denkt bei sich: Der frühe Vogel kann mich mal.

Im Laufe des Abends nach all den Jahren gewöhne ich mich wieder schnell an Matthias. Ich höre gern seiner tiefen Stimme zu und lausche andächtig seinem schnoddrigen Tonfall, mit dem er die Unglaublichkeiten in dieser total verweiblichten, verweichlichten Gesellschaft anklagt. Er wirkt so stark und mir wieder so vertraut. Könnte er nicht mit Hauen, Saufen, Sex nach bewährt männlicher Methode die aktuellen Gender-Probleme erledigen, während ich mich solange auf der Couch davon erhole? Wo ich überdies gern auf ihn warten würde. Die Geschlechterrollen haben sich aufgelöst, sogar der Einschulungsstichtag. Vielleicht wäre es auch möglich, dass sich meine emotionalen Widerstände von damals auflösen. Eine neue Liebe zum alten Mann kann ich mir gut vorstellen. Viel besser als eine Affäre mit einem von diesen neuen Männern.

1993: DEUTSCHLAND UND DIE WELT

JUSTIZ

Die Berliner Justiz stellt das Strafverfahren gegen den todkranken Erich Honecker ein. Der ehemalige SED-Parteivorsitzende darf nach Chile ausreisen, wo er im folgenden Jahr stirbt.

RÜCKTRITTE

Als Folge der so genannten Briefbogen-Affäre muss der Vizekanzler und Bundeswirtschaftsminister Jürgen Möllemann, FDP, zurücktreten. Wegen des Verdachts von illegalen Aktiengeschäften zieht auch der Vorsitzende der Metallergewerkschaft Franz Steinkühler die Konsequenzen.

TERROR

Islamistische Terroristen zünden Sprengstoff in der Tiefgarage des World Trade Centers in New York. In Solingen sterben fünf türkische Frauen und Mädchen bei einem Brandanschlag von Neonazis. Der Wiener Bürgermeister Helmut Zilk wird bei einem Briefbombenattentat an der Hand verletzt.

WAHL

In Schleswig-Holstein wird Heide Simonis zu Deutschlands erster Ministerpräsidentin gewählt.

FESTNAHME

In Bad Kleinen bei Schwerin sterben bei einem missglückten Einsatz der Anti-Terror-Einheit GSG 9 ein Polizist und der gesuchte Wolfgang Grams. Wenige Monate zuvor hatte die Rote-Armee-Fraktion mit einem Sprengstoffanschlag den Neubau der Justizvollzugsanstalt Weiterstadt zerstört.

POST

Drei Jahre nach der Wiedervereinigung ordnet die Post ihre Zustellbezirke neu und führt fünfstellige Postleitzahlen ein.

PUTSCH

Auf dem Höhepunkt einer Verfassungskrise hält die russische Armee Präsident Boris Jelzin die Treue und geht mit einem Panzereinsatz gegen das Parlament vor.

OPFER
In Phnom Penh muss die Bundeswehr ihr erstes Todesopfer bei einem UN-Auslandseinsatz beklagen.

SCHATZ
In Trier wird bei Ausschachtungsarbeiten für eine Tiefgarage nahe der Römerbrücke ein Schatz mit 2.518 römischen Goldmünzen mit einem Schätzwert von umgerechnet 2,6 Millionen Euro gefunden.

HOCHWASSER
Zur Jahreswende überrascht ein Jahrhunderthochwasser die Anwohner an Rhein und Mosel.

1993: FAMILY AFFAIRS

NÄCHTE
Lysa schläft durch, Maik noch nicht. Rolf und ich wechseln uns beim nächtlichen Aufstehen ab.

ZUKUNFT
Wir suchen mit Nachdruck ein Haus, denn zum Ende des Jahres läuft die 10e Abschreibung für gebrauchte Immobilien aus. Das macht den kurzzeitigen Preisverfall durch den Bonn-Berlin-Beschluss zunichte.

FORTSCHRITT
Lysa lernt laufen.

ENTDECKUNG
Wir entdecken die Rheinaue als idealen Ort, mit zwei kleinen Kindern den Sonntagnachmittag zu verbringen.

WEIHNACHTEN
Ich finde alle Geschenke auf dem Kinderflohmarkt der evangelischen Kirche.

1994: DEUTSCHLAND UND DIE WELT

GRÜNDUNG
Die Deutsche Bahn AG wird gegründet.

AMOK
Im Amtsgericht Euskirchen sterben sieben Menschen bei einem Amoklauf.

BUNDESWEHR
Das Bundesverfassungsgericht erklärt Auslandseinsätze der Bundeswehr innerhalb von NATO- oder UN-Mandat für zulässig. Beginnend mit dem Kosovo-Krieg engagieren sich die deutschen Streitkräfte schrittweise immer stärker auf dem Balkan, in Afghanistan, am Horn von Afrika und anderswo.

KIRCHE
In der Church of England werden die ersten Frauen zu Priesterinnen geweiht.

VÖLKERMORD
In Ruanda entbrennt ein blutiger Stammeskrieg zwischen der Hutu-Mehrheit und der Tutsi-Minderheit mit schätzungsweise bis zu einer Million Opfern.

EUROPA
Finnland tritt der Europäischen Union bei, während sich die Mehrheit der norwegischen Wähler in einem Referendum gegen den Beitritt ihres Landes entscheidet.

TUNNEL
Nach siebenjähriger Bauzeit eröffnen die englische Königin Elisabeth II und Frankreichs Staatspräsident Mitterand den 50 Kilometer langen Eisenbahntunnel unter dem Ärmelkanal.

KINO
Steven Spielbergs Holocaust-Drama Schindlers Liste wird mit sieben Oscars ausgezeichnet.

FESTNAHME
In Berlin endet mit der Festnahme von Arno Funke, der als Kaufhauserpresser Dagobert jahrelang Schlagzeilen machte, einer der spektakulärsten Erpressungsfälle.

UNGLÜCK
Beim schwersten Schiffsunglück der europäischen Nachkrieggeschichte sterben 852 Menschen, als die estländische Autofähre Estonia nachts unweit der Ostseeinsel Utö kentert und binnen weniger Minuten sinkt.

SPORT
Als erster Deutscher holt sich Michael Schumacher mit nur einem Punkt Vorsprung den Weltmeistertitel in der Formel 1.

POLITIK
Der Irak erkennt die Grenzen Kuwaits an.

1994: FAMILY AFFAIRS

FAHRRAD
Maik lernt auf einem 12-Zoll-Rad das Fahrradfahren ohne Stützräder.

GEBURTSTAG
Maik geht zum ersten Mal zu einem Geburtstag. Das Geburtstagskind lädt die kleinen Gäste zu »König der Löwen« ins Kino ein.

UNFALL
Lysa fällt aus meinem Fahrradsitz, als ich es vor dem Supermarkt abstellen will. Noch am selben Tag lasse ich einen Doppelständer montieren.

FORTSCHRITT
Maik kommt in den Kindergarten und stellt zeitgleich den Mittagsschlaf ein.

BAU
Nachdem wir uns 38 gebrauchte Häuser angeschaut haben, fangen wir an zu bauen.

LEHRREICHES

EINGESCHULT UND AUSGEMUSTERT

NEUES AUS BULLERBÜ

Mein ganzes Mutterleben war bislang eine einzige Planstelle. Kaum hatte ich mich daran gewöhnt, sah ich der Kündigung entgegen. Sobald Maik und Lysa die Schule verlassen, werde ich, werden wir schlagartig auf uns zurückgeworfen sein. In der Theorie weiß ich das seit der Geburt der Kinder, in der Realität ging der Gedanke im Alltag meist unter. Mit jedem neuen Kontakt zu Matthias nimmt er Fahrt auf. Als ich eines Abends mit meinem Mann noch bei einem Glas Wein beieinander sitze, bin ich ziemlich angespannt.

Rolf ist auch angespannt. Und dabei haben wir die Flasche entkorkt, und es gibt eigentlich keinen ersichtlichen Grund für die bleihaltige Luft. Es hätte ein entspannter Abend zu zweit werden können, und doch spüren wir beide, dass ein falsches Wort reichen wird, um die Stimmung kippen zu lassen. Ich kann nur schlecht runterkommen, den Haushalt loslassen und ausstehende Mails auf morgen vertagen. Ich habe ein Seminar vor der Brust, und da soll alles klappen.

Was meinen Mann innerlich bewegt, weiß ich nicht genau. Mit dem zweiten Glas Wein wird es etwas besser. So viel besser, dass er es wagt, sich nach der Schule zu erkundigen. Damit meint er die Belange beider Kinder, theoretisch. Praktisch wartet er gespannt auf meine Wasserstandsmeldung zu Maiks Fortkommen, denn nur da ist Gefahr im Verzug. Lysa erweist sich als Selbstläufer, was dazu führt, dass sie weniger Aufmerksamkeit bekommt. Und weil uns das mal aufgefallen war und wir es ungerecht fanden, beginnen wir das Gespräch jetzt stets über unsere Tochter.

In der 12. Klasse profitiert Lysa von ihrem einjährigen Englandaufenthalt. Auf dem College in Brighton lernten nur drei deutsche Mädchen, niemand sonst aus Europa. Und meine Tochter hat an dem Mathekurs teilgenommen, der eigens für asiatische Austauschschüler eingerichtet worden war.

Lysa schnupperte ein bisschen von der Luft östlicher Bildungsansätze: Üben, üben, üben. Wer es dann gut kann, übt weiter, bis er es exzellent kann. Und dann übt er weiter, bis er den Spaß an der Sache findet. Während wir jede Strenge für Quälerei und jeden Druck für Drill halten, gibt es für asiatische Eltern keine Wünsche und Vorlieben ihrer Kinder und kein Lernen, das die Persönlichkeit rundet, sondern eines, das den Nutzen maximiert: Bildung soll sich auszahlen.

So entstünden keine Freigeister und keine Kreativen, sondern nur Duckmäuser ohne Selbstwertgefühl, empört sich Rolf des Öfteren, und besonders dann, wenn ihm statuspanische Eltern in der Beratungsstelle das bigotte Lied zusätzlicher Förderangebote singen, die natürlich allesamt Spaß machen und nur ganz nebenbei das Potenzial im Kinde wecken sollen. Im Grunde wollen sie die Erfolge der Chinesen, aber sie trauen sich nicht, es offen auszusprechen. Noch nicht.

Kein chinesischer Staatsbürger habe jemals einen Nobelpreis in einer Naturwissenschaft gewonnen, führt Rolf zum Beweis an, dass dieser Ansatz der Holzweg sei. Die westliche Pädagogik setze das Potenzial frei, in dem sie ermutige und inspiriere. In den Nachrichten hören wir einige Monate später, dass China im Land Huckleberry Finns Boeing-Jets kauft und Anteile an General Motors. Ganz ohne Inspiration.

Wieder zurück von der Insel hat Lysa die ersten Klausuren in ihrer alten Schule bravourös gemeistert, ganz besonders in Mathe. Maiks Leistungsstand kann ich nur ungenau vermelden. Ich weiß nicht, was er tatsächlich für die Schule tut und ob er überhaupt regelmäßig hingeht. Ich vermute nein, hoffe aber ja. Er lernt zu wenig, doch das war eigentlich schon immer so.

—

Auf den Tag seiner Einschulung hatten wir uns alle gefreut. Er begann mit einem ökumenischen Gottesdienst in der katholischen Kirche, es folgte die Eröffnungsfeier in der Aula. Die älteren Schüler boten ein Programm dar, das nicht wirklich bühnenreif war, was die Rektorin mit den großen Ferien entschuldigte. Einzeln wurden die Kinder nach vorn gerufen und bekamen einen Luftballon in der Farbe ihrer Klasse.

Unser Sohn war groß für sein Alter. Ein kräftiger Junge, der schwimmen konnte und Rad fahren und Schleife binden. Mit dem Arm über den Kopf ans Ohr fassen konnte er schon und auch das Rückwärtslaufen klappte prima. Darauf kam es bei der amtsärztlichen Untersuchung an. Als er sie dann endlich im Arm hielt, wirkte die Schultüte bei Maik filigran. Zum Glück trug er sie ehrfurchtsvoll wie eine Reliquie, sonst hätte es sehr komisch ausgesehen.

Es wurde allerhöchste Zeit für die Schule. In den 90ern war das Einschulungsalter stetig angestiegen, am Ende des Jahrhunderts lag es bei 6,9 Jahren, Maik damit genau im Durchschnitt. Jungen wurden deutlich seltener vorgezogen, aber viermal so häufig zurückgestellt wie Mädchen.

Wir Clubmitglieder der Lifestyleelite schickten unseren Nachwuchs spät, aber mit großem Trommelwirbel in die Schule. Der Jubeltag wurde aufwändig inszeniert mit viel Besuch und großen Geschenken, die längst keinen Platz mehr in der Schultüte fanden. Wir feierten den Einstieg, als sei es bereits der erfolgreich geglückte Ausstieg, ein erweiterter Kindergeburtstag im Stil einer Abschlussfeier. Und eigentlich inszenierten wir dabei nur unseren eigenen Status und unseren Traum vom familiären Glück, das sich an diesem Tag in ungezügeltem Stolz entlud. Das passte zu einer Generation, die zeigte, was sie hatte, während sie kirchliche Feiertage ignorierte.

Zusammen mit acht mindestens ebenso kräftigen Jungs und fünf noch kindlichen, aber auch knapp siebenjährigen Mädchen ging Maik erwartungsfroh in ein Klassenzimmer, das er noch oft würde wechseln müssen. Fast so oft, wie er sich an immer wieder neue Gesichter gewöhnen musste: Ab jetzt bin ich deine Lehrerin. Eine wird schwanger, die andere krank und die dritte saß nur auf einer Feuerwehrstelle. Unser Glück, dass wir das noch nicht wussten. Auch nicht, dass wir diesen Raum in Kürze anstreichen durften. Hätte mir das doch einer gesagt, dann hätte ich fürs Aufmass schon mal den Zollstock mitbringen können.

Nur wenige Wochen später standen viele von uns eines Samstagmorgens um acht im Türrahmen, mit ungebrochenem Teamgeist und viel Verständnis für die prekäre Finanzlage der Kommune. Wir wollten die Lernatmosphäre fördern, deshalb kratzten wir Kaugummis von Tischen und Bänken, deshalb pinselten wir grellgelbe, scheuerfeste Farbe an die Wände. Dass Malern ein Beruf ist, den man nicht studieren konnte, störte uns nicht, wir waren vor nichts bange. Für unsere Kinder wollten wir das Beste, egal wie es aussah. Ein bisschen irritierte uns nur, dass wir bei unserer wichtigen Mission alleingelassen wurden. Die Bauleitung war nicht erschienen, schließlich war Samstag und da hat die Lehrerin frei. So sprach sich schnell rum, dass diese Form von Engagement kein geeignetes Mittel sein konnte, um den wohlwollenden Blick der Herrschenden aufs eigene Kind zu lenken.

Am ersten Schultag marschierten Hahn und Henne also mit geschwellter Brust hinter ihren so wahnwitzig gut gelungenen Küken her, auf in ihr neues Klassenzimmer. Das zu hinterfragen, kam mir gar nicht in den Sinn. Schließlich mussten wir doch wissen, wo unsere geliebte Brut fortan die Vormittage verbringt. Wir und nicht sie eroberten die neue Welt, packten die seinerzeit noch analogen Kameras aus und drapierten unsere Kinder. Heute grusele ich mich vor mir selbst. Heute bin ich überzeugt, dass es uns überhaupt nichts angeht, wo unsere lieben Kleinen werkeln werden.

Das erste, was mir seinerzeit ins Auge fiel, war der falsch geschriebene Vorname unseres Sohnes auf dem Schild an seinem Sitzplatz. Dort stand Mike in der amerikanischen Schreibweise. Unser Maik sollte aber die niederdeutsche Kurzform von Michael tragen. Der Name kommt ganz ursprünglich aus dem Hebräischen und bedeutet: Macht. Auch Maik bemerkte den Fehler, mit knapp sieben konnte er seinen Namen schon eine Weile schreiben und lesen. Er wollte aufbegehren, suchte aber vorsichtshalber erst meinen Blick, um ihn sofort wieder zu meiden. Der Ernst des Lebens hatte soeben begonnen, da ruft man besser nicht gleich nach der Mama.

Mittlerweile findet unser Sohn die Schule doof und ist ziemlich faul. Das Übliche also, kein Grund zur Besorgnis. Besorgniserregend ist nur, dass ihn die leeren Versprechungen und das konsensorientierte Geschwafel erst gar nicht mehr aufregen. Er erklärt die Lehrer zu frustrierten Bekloppten, die Zustände als gottgegeben, zuckt die Schultern und schreibt einen neuen Song. Maik sucht stets die Nische, nie die Arena. Natürlich mache ich mir so meine Gedanken. Nicht weil Maik anders wäre, sondern weil er so ist wie alle seine Freunde.

—

Jetzt kommt er aus seinem Musikraum hoch und schaut kurz im Wohnzimmer rein: »Ich weiß jetzt, was ich nach dem Abi mache.« Rolf und ich setzen uns aufrecht hin, freudig überrascht. »Ja?« Ziemlich beiläufig erklärt unser Herr Sohn: »Ich gründe ein Tonstudio mit Jannick und Luki. Nacht!« Er dreht sich um, für ihn ist das Gespräch beendet. »Wie bitte?«, rufe ich hinterher und: »Komm wieder her!« Gut, dass wir den Wein bereits getrunken haben, sonst bekämen wir jetzt Schnappatmung. »Ey, wir ham uns alles genau überlegt. Ich mach' das schon.« Spricht's und zieht ab.

Oh, Himmel, wie bringen wir den Burschen zur Vernunft? Die Entspannung, die wir dem Alkohol verdanken, ist weg. Und damit auch die kurze Überlegung, von meinem Besuch bei der Frauenärztin zu erzählen, dazu hätte ich einen größeren Anlauf gebraucht. Irgendwas muss ich tun! Ich springe auf und mache mich hektisch in der Küche zu schaffen, auf der Ablage liegt noch Maiks letzte Deutscharbeit, die Analyse von Robert Musils Erstlingswerk »Die Verwirrungen des Zöglings Törleß«. Ich kann meines Sohnes Schrift kaum entziffern, die Kommentare der Lehrerin schon gar nicht. So erfahre ich nichts über den verwirrten Knaben zu Beginn des letzten Jahrhunderts. Ich sehe nur jede Menge rote Kringel um Satzzeichen, verkehrte Groß- und Kleinschreibung und den falschen Einsatz von »ss« oder »ß«.

Bei Maiks Einschulung 1997 gab es viel Neues aus Bullerbü. Die umstrittene Rechtschreibreform war bereits seit einem Jahr in Kraft. Sie sollte den Kindern, uns allen, die Rechtschreibung vereinfachen und logischer machen. Die neuen Regeln veränderten den Gebrauch von Doppel-s und ß (daß > dass), der Dreifachkonsonanten (Schiffahrt > Schifffahrt), der Groß- und Kleinschreibung (heute abend > heute Abend) und einiger Fremdwörter (Photo > Foto). Zusammengesetzte Wörter wurden von nun an auseinander geschrieben (Seeelefant > See-Elefant). Es wurde anders getrennt und die Orthografie großzügiger ausgelegt. Unser alter Leitsatz *Trenne nie st, denn das tut ihm weh!* galt nicht mehr. Der Schwester und dem Kasten ging es am Zeilenende jetzt mittendurch, dafür diente ein Komma nur noch dem besseren Verständnis eines Satzes und folgte keiner klaren Regel mehr. Alles nach Gefühl. Dem eigenen, versteht sich.

Und ich fühlte mich bald wie ein Analphabet, während sich Befürworter und Kritiker in den folgenden Jahren eine unerbittliche Schlacht lieferten, die zu diversen Anpassungen der Reform führte. Unabhängig davon hatte unsere Grundschule gerade die Einführung der Lesen-durch-Schreiben-Methode verbindlich beschlossen. Das Lesen war demnach ein Begleitprodukt des Schreibens. Die gesprochene Sprache wurde so aufgeschrieben, wie man sie verstanden hatte und zwar vom ersten Tag an. Als Hilfsmittel diente eine Anlauttabelle, bei der jedem Laut ein Bild zugeordnet war: A wie Affe, Au wie Auto, Eu wie Eule.

An einem Elternabend wurde uns zur Verdeutlichung eine besondere Anlauttabelle vorgelegt. Anstatt Buchstaben waren den Bildern fremde Symbole zugeordnet, und damit sollten wir erst unseren Namen und dann den unseres Nachbarn schreiben. Das war sehr lustig und erklärte das Prinzip einleuchtend. Im vorangeschrittenen Lernprozess sollte der Schüler die Symbole schließlich auswendig kennen und die Anlauttabelle nicht mehr brauchen. Der Schweizer Reformpädagoge und ehemalige Lehrer Dr. Jürgen Reichen hatte diese Methode entwickelt und vermittelte sie am Hamburger Institut für Lehrerfortbildung. Er erwartete primär eine gesteigerte Freude am Schreiben und in der Folge am Lesen, und er sah darin eine praktikable Möglichkeit auf das individuelle Lerntempo der Schüler einzugehen.

Lesen durch Schreiben war quasi selbstgesteuertes Lernen, denn das gemeinsame Fibellernen, heute a und morgen b, entfiel. Wie auch das laute Vorlesen, bei dem schwächere Schüler in der Vergangenheit gezwungen waren, sich bloßzustellen. Die Lehrerin verbreitete Optimismus und bat um Verständnis: Für mich ist's ja auch neu. Aber zusammen schaffen wir das schon. Wir wurden von dem lustigen Elternabend mit der dringenden Bitte verabschiedet, unsere Kinder nicht zu korrigieren. Wenn sie etwas falsch schrieben, sollten wir es nicht verbessern, denn sonst nähmen wir ihnen die Freude daran. Oh, Mann, das fiel mir schwer! Und was heißt zusammen?

Das ist lange her. Jetzt unterbricht das Knirschen von Autoreifen auf unserem Schotter meine Gedanken an früher. Eine Tänzerin mit Führerschein bringt Lysa heim. Es ist jetzt viertel nach elf, um acht Uhr hatten sie mit dem Training begonnen. Lysa ist ziemlich ausgepowert, aber an der Leistungsgrenze wirkt sie immer besonders locker. Ich frage sie, ob sie den verwirrten Törleß entziffern kann. Nicht flüssig, aber besser als ich liest sie, dass es um die Identitätsfindung pubertierender Internatsschüler geht. Und besonders um einen, der sich in dem Provinzinternat sehr einsam und leer fühlt, was ihn aber nicht daran hindert, bei den Quälereien und Erpressungen eines Mitschülers mitzumachen.

Törleß sei hin- und hergerissen zwischen der gutbürgerlichen Moral seiner Herkunft und den Ansichten seiner vermeintlichen Freunde im Internat, erläutert mir meine Tochter. Aber schließlich werde alles gut, er entwachse der Pubertät als feingeistiger, empfindsamer junger Mann. »Ein Leben nur unter Jungs ist kaum vorstellbar«, sage ich und küsse mein Mädchen zur Nacht. »Das sieht auch nicht nach einem Ponyhof aus«, erwidert sie mit breitem Grinsen. Dann wecke ich Rolf, der schon auf dem Sofa eingeschlafen ist.

Lysa hatte es von Beginn an einfacher in der Schule. Über den neuerlich vereinfachten Ansätzen der 90er schwebte ein pädagogisches Ideal: Angst und Auswendiglernen werden aus dem Klassenzimmer verbannt, das Kind entwickelt größtmögliches Potenzial in wohliger Lernatmosphäre. Es gibt keine Fehler, nur Lernchancen, und jeder Konkurrenzgedanke ist baba. Das Didaktikprogramm war für Lysa gemacht, nicht für Maik. Ihm fehlte der offene Wettkampf, der Abgleich untereinander, den alle Jungs im unbeobachteten Spiel selbst sofort herstellen. Ein fairer Wettkampf hätte Maik gereizt, nicht entmutigt.

Da fielen die kleinen Neuerungen der vereinfachten Ausgangsschrift, bei der die Buchstabenverbindungen vereinheitlicht wurden, kaum noch ins Gewicht. Die im Schriftbild sichtbarste war die Unterschlinge beim kleinen z. Wie Maik schreibt, erinnerte mich an die Schrift meiner Oma. Die vereinfachte Ausgangs(schreib)schrift lehnte sich noch stärker an die Druckbuchstaben an, mit der Kinder schon immer das Schreiben starteten. Die bis dahin gängige Schulausgangs(schreib)schrift mit Schnörkeln löste seit den 70ern die Lateinische Ausgangs(schreib)schrift mit noch mehr Schnörkeln sukzessive ab. Nach Einschätzung ihres Erfinders Dr. Heinrich Grünewald sollte sie leichter erlernbar sein und Fehlerquellen reduzieren.

Gute fünfzehn Jahre später schlägt der Grundschulverband die vollständige Abkehr von einer Norm(schreib)schrift vor, die ein Kind in Lineaturen zwängt. Aus Druckbuchstaben würde sich irgendwann sowieso die Handschrift entwickeln, und sie sei feinmotorisch auch nicht so anstrengend wie eine Schreibschrift. Überdies lasse sie dem Kind mehr Freiheiten. Alles soll einfacher werden, freier sein und mehr Spaß machen. Das steht im krassen Widerspruch zur komplett veränderten Leistungsanforderung der Grundschule im neuen Jahrtausend.

Die Zeugnisse aus dem alten Jahrtausend gaben nur verklausuliert Auskunft über den Wissenstand unseres Kindes, damit auch die engagierten Eltern nicht entmutigt wurden. In der ersten und zweiten Klasse beurteilte die Lehrerin mit Worten statt mit Zahlen, weswegen es auch Zeugnisbericht und nicht mehr Zeugnis hieß.

Bei Maik klang der Zeugnisbericht Ende der 2. Klasse so:

Hinweise zum Arbeits- und Sozialverhalten:
Maik fand sich problemlos im Schulalltag zurecht. Er beteiligte sich meist aufgeschlossen und engagiert am Unterrichtsgeschehen. Durch seine Beiträge zeigte er, dass er die behandelten Themen gut durchdacht hatte. Es fiel ihm leicht, neue Lerninhalte zu erfassen und

anzuwenden. Maik konnte sich über einen längeren Zeitraum konzentrieren und arbeitete selbständig und zügig, aber nicht immer sorgfältig genug. Seine Hausaufgaben erledigte er stets vollständig und regelmäßig.

Aussagen über die Lernentwicklung und den Leistungsstand in den Lernbereichen/Fächern:
Maik beteiligt sich an Unterrichtsgesprächen rege und interessiert und kann ein gutes Allgemeinwissen unter Beweis stellen. Man merkt, dass er eigene Texte mit Freude verfasst. Geübte Diktate schreibt er mit unterschiedlicher Fehlerzahl. Er kann unbekannte und schwierige Texte betont lesen und ihren Inhalt verstehen. Mit eigenen Beiträgen und Materialien bereichert er den Sachunterricht. In Mathematik beherrscht Maik die behandelten Additions- und Subtraktionsaufgaben im Zahlenraum bis 100 und löst sie rasch und sicher. Er kennt die gelernten Einmaleinsreihen und rechnet die dazugehörigen Mal- und Geteiltaufgaben richtig und auch zügig. Textaufgaben kann er schnell durchschauen und Lösungswege finden. Maik beweist im Sport- und Schwimmunterricht Anstrengungsbereitschaft und Geschicklichkeit. In Kunst zeigt er großes Interesse und Mitarbeit an geplanten Vorhaben. Er kann Gestaltungshinweise umsetzen. Maik nimmt meist interessiert am Musikunterricht teil, kann Liedtexte und Melodien behalten und in Bewegungen oder bildhafte Darstellungen umsetzen.

Ich las daraus, was ich lesen wollte: Gymnasium! Maik war clever, und er konnte seinen Namen tanzen. Weihnachten schrieb er allerdings immer noch ohne h, wie lange wohl noch? Ich würde ihm zu gern mit Geschenkestopp im Namen des Weihnachtsmannes drohen, aber ich durfte ihn ja nicht entmutigen, und das Zeugnis sah so aus, als sei das Problem noch nicht aufgefallen. Dummerweise erkannte ich in dem Nebel nicht, dass dem Bericht die feinen Zutaten fehlten: stets, immer, ständig, voll, besonders, sehr. Maiks Zeugnis war in Ordnung, mehr nicht.

In den 90er-Jahren gab es zwar keine Notenzeugnisse, dafür landauf, landab einfühlsame Lehrerinnen. Die Grundschule war das Gegenteil von autoritär. Sie kombinierte Montessori-Elemente mit denen der Laborschule Bielefeld. Wie alle didaktischen Konzepte wurde auch der neue Kurs nicht von Lehrern an der Front bestimmt, sondern von Menschen, die längst nicht mehr im Schulbetrieb sind und es auch nicht lange waren. Sie verdienten ihr Geld in der Lehrerfortbildung oder an der Uni und setzten bei all ihren Theorien das schulpflichtige Kind voraus, egal wie alt es ist.

So manche Grundschullehrerin hätte gern jüngere Kinder gehabt, statt sich mit großen Wuchtbrummen herumzuschlagen, die nachmittags *Game Boy, Nintendo* oder *Playstation* spielten und eine *Diddlmaus* anbeteten; Kinder, die keine Folge der japanischen Animéserie *Sailor Moon*, deren Held eine kreischende Heldin war, verpassten. Erstklässler, die Karten von den *Pokémon* sammelten, jene Taschenmonster mit Geheimkräften, um sie auf dem Schulhof meistbietend zu verkaufen. Und deren Eltern ihre Sonntage seit neuestem mit Sabine Christiansen verbrachten, die Telekom-Aktien kauften und überlegten, welcher Funfun-Firma der New Economy sie ihr Geld sonst noch anvertrauen könnten. Flotte Mamas und Papas, denen es gelungen war, ihre eigene Subkultur in Stretchfaser und ohne Krawatte in alle Geschäftsräume zu tragen, die jetzt jedes Jahr die Krankenkasse wechselten, weil es möglich geworden war, und ihren Kleinen die neue Süßbrause Bionade zu trinken gaben. Diese Eltern waren nur am eigenen Vorteil und am eigenen Kind interessiert, nicht an einer Gesamtbetrachtung. Diese Eltern sind wir.

Unsere Kinder lernten also aus sich heraus, und die Schule holte sie dort ab, wo sie standen. Doch dafür brauchte sie Mutters Hilfe. Ungeniert und regelmäßig legten die Lehrerinnen den Hausaufgaben Zettel bei, auf denen stand, was zu erledigen oder zu besorgen ist, am besten von heute auf morgen: Sachkunde- und Werkmaterial, Kopierpapier, Stoff und Klebstoff, ab und zu auch was vom häuslichen Zuckerbäcker. Oder die Schule verfügte über meine Zeit. Als Begleiterin für einen Ausflug, als Abhol- und Bringservice und um nach dem Schwimmen den Mädchen die langen Haare zu föhnen. Das konnte ich umgekehrt auch: Ich erwartete, dass mich die Lehrerin nachmittags zum Gespräch empfing, und scheute mich nicht, auch abends noch nach 21 Uhr bei ihr anzurufen.

Wenn Maik bescheinigt wurde, dass er immer seine Hausaufgaben gemacht hat, lag es daran, dass ich alles penibel kontrollierte.

Ich gab den Buchhalter, den das System nicht zu brauchen vorgab. Ich übte mich auch als Motivationslokomotive und Spaßgenerator. Schon morgens ging das los, wenn ich lustige Gesichter ins Wurstbrot schnitzte.

Die Grundschullehrerinnen waren furchtbar nett, aber sie waren auch Weltmeisterinnen der Vereinnahmung. Und stets kämpfte ich mit schlechtem Gewissen, wenn ich nicht leisten konnte, was sie forderten. Dabei wäre ich schon froh gewesen, wenn die Schule mal volle Leistung gebracht hätte, wenn mal eine Woche lang alles nach Stundenplan gelaufen wäre. Viele Stunden fielen aus, und die Kinder wurden kommentarlos heimgeschickt. Die großen pädagogischen Konzepte wurden mit bescheidenen Bordmitteln umgesetzt, mit älteren Lehrerinnen, die entkräftet waren, und jüngeren, die zu Hause blieben, wenn die eigenen Kinder krank waren. Die verlässliche Grundschule, die verpflichtende Betreuung der Kinder bis 13 Uhr, wurde eingeführt, als unsere Kinder die Grundschule verließen und die offene Ganztagsschule lag noch in ganz weiter Ferne.

—

Ich folge Rolf ins Schlafzimmer und denke noch mal an den verwirrten Törleß. Wie er erst schmächtig, mit eingezogenen Schultern mitläuft und sich im Laufe seines Reifeprozesses läutert, wie er eine eigene Haltung zu Macht und Moral, Ungerechtigkeiten und Ehrgeiz gewinnt, wie er sich festigt. Fernab von seiner Mutter. Eine Umgebung unter Jungs erscheint mir plötzlich reizvoll, der Vorzug der Koedukation zweifelhaft. Fürs Internat aber ist es ohnehin zu spät. Und die Schlagzeilen zu sexuellem Missbrauch halten mein Bedauern in Grenzen.

Aber was ist mit der Bundeswehr? Den Wehrdienst gibt es doch noch. Warum hat Maik bislang keinen Musterungsbescheid? Die Jungs sind in der Bundeswehr zwar auch nicht mehr unter sich, aber immer noch in der Mehrheit. Seit 2001 stehen den Frauen alle militärischen Laufbahnen in den Streitkräften offen, vorher durften sie nur in den Sanitätsdienst. Die Einberufung käme jetzt gerade richtig. Mit dem Dienst auf einem Zerstörer ließen sich Maiks Tonstudio-Pläne erst torpedieren, dann versenken. Ich werde das in die Hand nehmen.

Kaum sind am nächsten Morgen alle aus dem Haus, suche ich nach der Nummer des Kreiswehrersatzamtes. Am Apparat Oberfeldwebel Anja Klein. Ich trage mein Begehr vor, und sie verspricht nachzuschauen. Wann einer zur Musterung bestellt wird, richte sich nicht strikt nach dem Geburtsdatum, erklärt mir Frau Feldwebel. Aber nach welchen Kriterien es geht, erzählt sie mir nicht. Es ist mir auch nicht so wichtig, wenn sie denn nur ordentlich nachschaut. Die Bundeswehr war mal eine harte Organisation mit einem klaren Auftrag, jetzt klingt es am Telefon nach einer coolen Firma auf der Suche nach jungen Menschen, die fit und fähig sind. Wie gefährlich es in der Truppe werden kann, hört man am Telefon nicht. Drei Tage später liegt der Musterungsbescheid im Postkasten, der den Wehrpflichtigen Maik F. auffordert, sich am 15.09.2009 um 11 Uhr im Kreiswehrersatzamt Köln, Brühler Straße 309, einzufinden. Gezeichnet: Die Leiterin. Hier finde ich bestimmt eine Ganztagsbetreuung für meinen Maik.

Auch nach der 1. Klasse war die Grundschule eine unberechenbare Teilzeitveranstaltung mit wechselndem Personal. Aber zur 3. Klasse wechselte die Lehrerin turnusmäßig und der Ton wechselte gleich mit: Er wurde schärfer. Auf dem ersten Elternabend nach den großen Ferien war die weiterführende Schule bereits Thema. Die neue Klassenlehrerin erklärte uns, was das Gymnasium erwartete. Das war der Tag, an dem die Verantwortung für schulische Defizite ins Elternhaus rückübertragen wurde. Zum Halbjahr gab es auch erstmalig richtige Zeugnisse, so genannte kommentierte Notenzeugnisse. Jede Note wurde begründet, und dass sich Frau Obel dabei vorgegebener Satzbausteine bediente, machte die Sache einfacher, denn mittlerweile hatten wir auch Deutungshilfen zu Hause. Und vorsichtshalber halfen wir nun noch systematischer nach, mit Büchern und Spiele-CDs von Peter Lustig oder Willi Werkel, die in Wirklichkeit Lehrmittel waren. Ein Jahr später, in Klasse 4 kurz vor dem Martinsumzug, bekamen wir ein Protokoll von Frau Obel über die Beratung zum Übergang in die weiterführende Schule geschickt. Sie schrieb darin ihre Einschätzung auf und kam zu dem Schluss: Realschule! Umgehend vereinbarten wir einen Termin.

»Ne, ey, da geh ich nich hin!«, Maiks Reaktion auf den Musterungsbefehl erinnert mich an meine auf den Brief von Frau Obel. Maik empört sich, hat er doch allen Ernstes gehofft, sie würden ihn übersehen. »Zur Musterung oder zur Bundeswehr überhaupt?«, frage ich. Maik erkennt, dass er sich von der Musterung nicht einfach abmelden kann. Er rennt zum Rechner, wahrscheinlich, um das Ereignis seiner Facebook-Gemeinde kundzutun. Na, das habe ich doch gut auf den Weg gebracht.

—

Frau Obel brachte uns damals auch auf den Weg. Sie erklärte uns alles noch mal sehr geduldig. Sie war eine erfahrene Lehrerin, die Pension hatte sie schon fest im Blick. Ich spürte, dass sie es gut meinte mit Maik, aber das wollte ich nicht hören. Sie wies darauf hin, dass unser Sohn ja nach der 10. Klasse aufs Gymnasium rüberwechseln könne. Das ist theoretisch möglich, tun aber heute wie damals nur wenige, weil es für Realschüler sehr schwer ist, in der Oberstufe mitzuhalten. Ich erinnerte mich an das Argument von Frau Mohrle, der Kindergartenleiterin: »... die anderen Jungs gehen auch nicht vorzeitig in die Schule.« Ich schaute Frau Obel ganz ernst an und sagte: »Na gut, wir gehen auf die Realschule, wenn alle Kinder, denen sie etwas Ähnliches aufgeschrieben haben, das auch tun.« Und Frau Obel schaute mich genauso ernst an und sagte: »Nein, das werden die anderen Eltern nicht tun. Genauso wenig wie Sie. Die Entscheidung ist Elternwille, meine Betrachtung nur eine Empfehlung.« Wir bedankten uns für das Gespräch und meldeten Maik auf dem Gymnasium an.

Ich hegte nun Misstrauen gegen alle niedlich klingenden Umschreibungen, die in Wahrheit knallharte Beurteilungen waren, und zügelte meinen persönlichen Ehrgeiz nicht mehr. Ich versuchte es nach alter Vätersitte: Zerreißen, neu! wenn Maik wieder mal was nur so dahin geschmiert hatte.

Gut anderthalb Jahrzehnte später wissen wir flächendeckend, was der spaßige Ansatz gebracht hat: Die Schüler schreiben kreativer, aber fehlerhafter. Sie sind noch unsicherer in der Anwendung der deutschen Sprache als die Generation vor ihnen, als ich.

Die Umkehr zur früheren Einschulung sowie der offenere Umgang mit dem Leistungsanspruch erfolgte per Gesetz, also mit einem gepflegten unkuscheligen Top Down, panisch ausgelöst durch die internationalen Vergleichsstudien und nicht etwa etabliert nach ausgeruhten Praxistests. Dabei sind alle Methoden immer nur so gut, wie der Lehrer, der sie vor der Klasse vertritt. Sie sind ausschließlich abhängig von der Person. Nichts könnte zufälliger sein.

Überdies brachte die erste IGLU-Studie 2001 zum Vorschein, was selbst ich meinen Geschlechtsgenossinnen an der Front nicht zugetraut hätte: Jungen werden bei gleicher Leistung schlechter benotet. Es wird ihnen unterstellt, weniger phantasievoll und sprachgewandt zu sein. Ausländische Jungs fallen am stärksten durchs Raster, am besten sind demnach Mädchen mit deutschem Hintergrund zu beschulen. Der raumgreifende und laute Junge ist in der Betrachtung kein richtiger Junge mehr, sondern ein unangenehmer kleiner Macho. Das Land, wo die wilden Kerle wohnen, gibt es nicht mehr. Dem kleinen Kerl selbst ist es eigentlich ziemlich egal, ob ein Mann oder eine Frau ihn unterrichtet, wenn er nur so bleiben dürfte, wie er ist. Den Wunsch teilt er mit seinem Vater.

—

Am Morgen der Musterung ermahne ich Maik, sich Mühe zu geben. »Wozu?«, fragt er. »Damit du gut bist«, antworte ich. »Wozu?«, fragt er noch mal, aber ich drehe mich schon zum Auto um und tue so, als hätte ich das nicht mehr gehört.

Die Musterung hat mit dem, was ich von den Erzählungen meines Bruders und aus dem Musicalfilm *Hair* kenne, nichts mehr zu tun. Heute geht es um Ausmusterung, Verweigerung und ein paar Versprengte, die unbedingt hinwollen. Die jungen Männer werden direkt gefragt, ob Wehr- oder Zivildienst für sie infrage kommt. Die Verweigerer biegen zur linken Tür ab und durchlaufen nicht mehr die ganze Untersuchung; so geht die Verweigerung am schnellsten. Die anderen gehen rechts und machen auch noch den psychologischen Test. Und ganz viele werden gleich ausgemustert, weil sie zu dick sind, Allergien, Plattfüße oder Haltungsschäden haben.

—

Die Grundschule hielt mit den Tauglichkeitsstufen ihrer Zöglinge lange hinter dem Berg. Sie hat den Wettbewerb geleugnet und sich der Verantwortung einer Bewertung entzogen. Überdies gab es für sie keine Jungen und Mädchen, sondern nur Kinder und Mädchen. Das statistische Bundesamt unterteilt die Geschlechter der Schüler auch schon in insgesamt und weiblich. Der weibliche Blick war plötzlich immer richtig und einen männlichen gab es nicht mehr: nicht von den männlichen Reformpädagogen, nicht von den wenigen männlichen Grundschuldirektoren und auch nicht von den Vätern daheim. Sie alle gaben den Frauen freie Bahn. Mit einer vorzeitigen Einschulung wäre Maik unter diesen Umständen gnadenlos gescheitert.

Jetzt nimmt er die Wehrdiensttür. Er erzählt der Ärztin, dass er zur Marine möchte. Da gibt es die schönsten Uniformen. Von der Möglichkeit der Schnellverweigerung ahnten weder Maik noch ich etwas, und ob das mit dem Marine-Satz so stimmt, weiß ich nicht. Ich bin nicht dabei, obwohl ich es gern gewesen wäre. Ich habe tatsächlich darüber nachgedacht, ihn zu begleiten. Rolf hat mir einen Vogel gezeigt, seine Sprache wird mit den Jahren immer deutlicher. Letztlich hielt mich ein beruflicher Termin zurück, und Sohnemann musste allein in die Brühler Strasse finden. Er wird T2 gemustert. Als Maik mit dem Ergebnis heimkommt, schwingt Stolz mit: Er weiß, dass er immer noch leicht verweigern kann, aber jetzt weiß er auch, dass er tauglich ist.

1995: DEUTSCHLAND UND DIE WELT

PFLEGE

In Deutschland wird die Pflegeversicherung eingeführt.

BANKROTT

Die britische Investmentbank Barings geht Bankrott, nachdem ihr Wertpapierhändler Nick Leeson in Singapur mit Derivaten 1,4 Milliarden Dollar verspekuliert hat.

EUROPA

Mit dem Schengener Abkommen verzichten die europäischen Mitgliedsstaaten auf Grenzkontrollen an den Binnengrenzen.

TERROR

In Oklahoma-City zerstören amerikanische Rechtsextremisten mit einer Autobombe ein Hochhaus, 168 Menschen sterben.

NAHOST

Der Friedensprozess im Nahen Osten erleidet Rückschläge: Ein palästinensisches Selbstmordkommando verübt nördlich von Tel Aviv ein Bombenattentat auf einen Busbahnhof, ein jüdischer Fundamentalist erschießt den israelischen Ministerpräsidenten Jitzchak Rabin.

WELTRAUM

Im Rahmen eines ersten gemeinsamen Weltraumprogramms dockt das amerikanische Shuttle Atlantis an der russischen Raumstation Mir an.

COMPUTER

Microsoft präsentiert Windows 95 mit dem Werbeslogan: Plug and play. Enttäuschte Benutzer des neuen Betriebssystems machen daraus: Plug and pray!

URTEIL

In München demonstrieren 20.000 Menschen gegen den Kruzifix-Beschluss des Bundesverfassungsgerichts, wonach künftig nicht mehr in jedem bayerischen Klassenzimmer ein Kreuz hängen muss.

PRIVATISIERUNG

Die Deutsche Post wird in drei Aktiengesellschaften zerlegt: Deutsche Post, Deutsche Postbank und Deutsche Telekom.

SEUCHE

In England bricht Rinderwahnsinn aus, die deutsche Regierung reagiert mit einem Importverbot für britisches Rindfleisch.

1995: FAMILY AFFAIRS

DIFFERENZEN

Wir ziehen in unser neues Haus. Es ist etwas teurer geworden: Alle Zimmertüren müssen handgeschreinert werden, weil wir uns nicht darauf verständigen, welche Zimmertür ein Oberlicht bekommt und welche nicht und was für Zargen wir uns dafür wünschen.

MALHEUR

Wir haben übersehen, die Bautür zu entfernen, bevor der Innenputz aufgetragen wurde. In unser Arbeitszimmer führt nun eine stählerne Brandschutztür.

AUFSCHUB

Der Cotto-Boden muss immer noch sehr sorgfältig abgedeckt werden. Wir wollen ihn selbst säuern und wachsen, haben aber noch keine Zeit dafür gefunden.

SPARZWANG

Im Hinblick auf das digitale Zeitalter haben wir viele Leerrohre verlegen lassen, aber am Durchmesser gespart. Jetzt passen nicht genügend Kabel durch.

AKTION

Wir müssen den Apfelbaum umpflanzen, den uns Fernseh-Kollegen zum Richtfest geschenkt hatten, weil wir übersehen hatten, dass am ursprünglichen Platz die Zisterne vorgesehen war.

1996: DEUTSCHLAND UND DIE WELT

BRANDANSCHLAG

Lübeck ist zum dritten Mal Tatort eines ausländerfeindlichen Brandanschlages: In einer Asylbewerberunterkunft sterben zehn Menschen, darunter auch Kinder.

WIRTSCHAFT

Mit dem Börsengang der Deutschen Telekom setzt eine internationale Hausse ein, die das Interesse von Privatanlegern an Aktien befeuert.

FERNSEHEN

Die erfolgreiche Kinder-Sendung mit der Maus feiert ihr 25-jähriges Jubiläum.

KRIMINALITÄT

Der Multimillionär Jan Philipp Reemtsma war 32 Tage in der Hand von Entführern, die er nach seiner Befreiung von privaten Ermittlern in Lateinamerika aufspüren ließ.

UNGLÜCK

Durch Schweißarbeiten wird im Düsseldorfer Flughafen ein Großfeuer verursacht, 17 Menschen kommen durch Rauchvergiftung um, 88 erleiden Verletzungen.

WISSENSCHAFT

In Schottland wird das Schaf Dolly geboren, das erstes geklontes Säugetier der Welt.

SPRACHE

In Wien unterzeichnen Kultusminister aus Deutschland, Österreich und der Schweiz ein Abkommen über die Reform zur Rechschreibung der deutschen Sprache.

GESELLSCHAFT

Nach jahrelang öffentlich zelebrierter Ehekrise werden der britische Kronprinz Charles und Prinzessin Diana geschieden.

SCHULE
Gefördert von Bund und Land entsteht der Verein Schulen ans Netz, der die sinnvolle Nutzung neuer Medien in der Bildung zum Ziel hat.

NETZWERK
Im Internet findet das Spielenetzwerk IGN Millionen begeisterte Anhänger in aller Welt.

VERBRECHEN
Nach einer Mordserie an sexuell missbrauchten Kindern und der Enttarnung einer Kinderschänderbande um den Kriminellen Marc Dutroux protestieren 250.000 Belgier gegen Ermittlungspannen der Polizei und eine überforderte Justiz.

1996: FAMILY AFFAIRS

SCHICKSAL
Ich habe vergessen, warum wir ein Haus gebaut haben.

ARBEIT
Ich möchte mehr Einsatztage.

FORTSCHRITT
Lysa kommt in den Kindergarten.

HAUSTIER
Im Getreidefeld finden Maik und Jannick drei kleine Kätzchen. Eines davon wird unser Haustier: Kater Tom.

WETTER
In der Silvesternacht sind es -19 Grad. Wir laufen mit den Kindern auf den Ölberg, um das Feuerwerk zu sehen und fahren mit dem Schlitten wieder runter.

SYSTEMISCHES

GIRLS ONLY
HÜTCHENSPIEL VERANTWORTUNG

Das Thema Bundeswehr löst eine häusliche Generaldebatte aus. Mein Mann sagt: »Nee, bloß nicht.« Ich frage: »Warum eigentlich nicht?« Unser Sohn zuckt mit den Schultern: »Weiß nich.« Immerhin verdrängt die Diskussion vorläufig seine StartUp-Idee vom Tonstudio, die soweit vorangeschritten ist, dass sie schon einen Namen trägt: *The Sixth Record.* Das ist eine Hausnummer, unsere.

Rolfs Abwehrreflex provoziert mich. Ich übernehme die Position pro Wehrdienst und baue meine Argumentation ganz von vorne auf: »Deine Urgroßväter waren im Krieg, und dein Großvater war Soldat.« Maik löffelt Schokopops mit Milch und fragt höflich, ob ich mit meinem Vortrag zum Ende kommen könnte, bis er wieder los muss. Er hat nämlich nicht frei, bloß eine Freistunde. Auf die Schule ist Verlass.

—

Als Maik im Sommer 2001 aufs Gymnasium wechselte, sah es so aus, als hätte sich seit einem Vierteljahrhundert nichts verändert. Die Probleme, die bei uns schon diskutiert wurden, waren alle noch da. Klassen: zu groß, Ausstattung: zu alt, Lehrer: zu wenige. Dann wurden im Dezember die ersten PISA-Ergebnisse veröffentlicht, eine internationale Schülerbewertung. Deutschland lag auf den hinteren Rängen, im nationalen Vergleich wurde das bekannte Nord-Süd-Gefälle bestätigt.

Politiker und Lehrer waren erwischt. Denn die Studie kontrollierte viel mehr die Schulsysteme und Leistungen der Lehrer als die der Schüler, und dass einfach nur, indem europaweit dieselben Fragen gestellt wurden. Das Schülerbewertungsverfahren, an dem alle 33 Staaten der Organisation für Wirtschaftliche Zusammenarbeit und Entwicklung (OECD) teilnahmen, konzentrierte sich nicht auf ein einzelnes Schulfach, sondern untersuchte die drei Bereiche Lesekompetenz, mathematische Kompetenz und naturwissenschaftliche Grundbildung. Untersucht wurden alle 15-Jährigen, nicht die Schüler einer Klassenstufe. Und neben allen kognitiven Ergebnissen förderte der aufwendige Test noch ein beunruhigendes Faktum zutage: In keinem Land war die Herkunft eines Kindes für dessen schulische Karriere so entscheidend wie in Deutschland.

Davon wussten die Lehrer schon lange ein Lied zu singen. Die Oberschule war bei Kindern von Eltern mit Abitur längst zur Hauptschule geworden. Mehr als 60 Prozent der deutschen Schüler besuchten das Gymnasium, ein enorm großer Anteil. Nur wenn man auch die ausländischen Schüler mitzählte, klang die Zugehörigkeit zur höheren Schule noch einigermaßen elitär, dann waren es knapp 35 Prozent. Mit dieser Zählweise konnte man sich noch einreden, Gymnasiast zu sein, sei etwas Besonderes. Und was bei dieser Gelegenheit auch nicht mitgezählt wurde: Der Anteil männlicher Gymnasiasten nahm seit einiger Zeit kontinuierlich ab.

Die Zahl der Bundeswehrfamilien nimmt auch ab. Ich bin in einer davon aufgewachsen. Und jetzt erzähle ich meinem Sohn, dass ich übers Militär nichts Schlechtes sagen kann, außer, dass es wirklich blöde war dauernd umzuziehen. Aber so kapierte ich schon früh, dass jedes Bundesland seine eigene Bildung macht und wie unsinnig das ist. Ich erinnere mich an das Schwimmbad im Fliegerhorst Wunstorf, das wir für 50 Pfennig im Sommer besuchen durften, und an die netten Soldaten am Kasernentor, die trotz regen Durchlaufs jedes Kind aus der Siedlung kannten und mit uns scherzten.

Meine Kommunion feierte ich in einem Casino, und da servierten uns die Gefreiten soviel Eis, bis uns endlich schlecht geworden war. Dann lachten sie, die jungen Soldaten, die so alt waren wie Maik heute ist, und die schon viele Male durch den Dreck gerobbt waren.

Und meine Mutter ging nicht arbeiten, sondern traf sich oft mit den anderen Soldatenfrauen zum Kaffee, die ihren Männern ebenso klaglos zur neuen Verwendung folgten. Diese Nachmittage waren lustig, auch für uns Kinder. Der Kalte Krieg hatte einige sehr angenehme Seiten. Und ich habe sicherlich einen verklärten Blick auf eine unbefangene Kindheit mit elterlichen Rollen, die jeder tapferen Feministin das Blut in den Adern gefrieren lassen.

Ich lernte, dass die Bundeswehr unser Land immer verteidigen, aber nie ein anderes angreifen würde. Und dass Politik dafür sorgen soll, dass wir uns nie würden verteidigen müssen. Aber wenn dieser abwegige Fall doch eintreten würde, würden uns kluge, starke Männer beschützen und dem Krieg ein schnelles Ende bereiten. Männer wie mein Vater. In meinen Kinderaugen waren erwachsene Männer nicht nur dazu bestimmt, Frau und Kind zu versorgen, sondern gleich ein ganzes Land vor Schaden zu bewahren.

In der Oberstufe verkehrte sich mein simples Bild ins komplette Gegenteil. Die umstrittene Aufrüstung der beiden Supermächte mit Mittelstreckenraketen brachte auch mich zur allgemeinen Protesthaltung Anfang der 80er-Jahre. Befehl und Gehorsam waren uns zuwider, und jeder bewaffnete Mensch war einer zuviel. Das ging sogar soweit, dass wir tagelang mit einem aus unserer Klasse nicht sprachen, der ein Medizinstudium bei der Bundeswehr in Erwägung zog. Und ich wollte im Gegensatz zu meiner Mutter auch selbst arbeiten.

Maik bemerkt kühl: »Das tust du ja nun.« Einen Zusammenhang zu seinem Wehrdienst könne er nicht erkennen. Die Zeiten haben sich eben geändert, und der Russe sei nicht mehr unser Problem. Überdies sei es ihm ziemlich egal, wer was bei der Bundeswehr studieren wolle, aber er glaube, es wären nicht viele, die das vorhätten. Er kenne niemanden. Und er weiß auch nichts über die strategische Ausrichtung der Armee.

Der strategischen Ausrichtung der Bildungspolitik wurden unterdessen zwei neue Ziele hinzugefügt, mit denen unser Maik auch nichts zu tun hatte: die Mädchen- und die Hochbegabtenförderung. Beides war in vollem Gange, und die Verantwortlichen taten dabei immer so, als wären es bescheidene und längst überfällige Aktionen. Tatsächlich fing es ganz harmlos an mit den Privilegien.

2001 wurde der Girls Day eingeführt, ein Aktionstag, bei dem Mädchen von der Industrie ermutigt werden, sich angstfrei in typischen Männerberufen umzuschauen. Es war eine Initiative der Bundesregierung, die bundesweite Koordinierungsstelle in Berlin beim Kompetenzzentrum Technik-Diversity-Chancengleichheit e.V. angesiedelt. Im ersten Jahr nahmen 1.800 Mädchen teil, im Jahr 2010 waren es schon 123.000. Die Jungen blieben unterdessen im Klassenzimmer zurück.

Die Unterstützung griff messbar, die Zahl der Studienanfängerinnen in technischen Berufen wächst seither stetig. Die Mädchen bekamen immer mehr Rückenwind, aber die Klagen, es seien immer noch viel zu wenige, die sich die typischen Männerberufe zutrauten, verhallen bis heute nicht. So gewinnt man den Eindruck, es handele sich um Ausnahmen. Wie gut für die Mädchen. Dann werden sie noch lange etwas Besonderes darstellen und auf privilegierte Behandlung hoffen können.

Bei der Bundeswehr dürfen die Mädels seit 2001 auch an die Waffen, vermutlich in Kooperation mit dem Kompetenzzentrum für Chancengleichheit. Wer den Panzer konstruieren kann, soll ihn auch fahren dürfen. Das behalte ich aber erstmal für mich. Ich will nicht, dass unsere Mittagsdiskussion eine überraschende Wendung nimmt, wenn ich Maik daran erinnere, dass er auf altersgleiche Mädchen in der Kaserne trifft, zumal ich nicht einschätzen kann, ob es ihn eher abschrecken oder locken würde. Wir haben noch genügend andere Baustellen zu bearbeiten. Rolfs Gegenmeinung beispielsweise. Die muss unbedingt vom Tisch. Ich will einen Sohn, der groß, stark und mutig ist, und einen Mann, der ihm dabei nicht im Weg steht.

Maik hat Recht. Der Bezug zu seiner Entscheidungsfindung ist für mich zweitrangig. Mir geht mein Männerbild flöten, und vor allem das macht mich nervös. Wenn er jetzt kein Mann wird, wann dann? Mir stehen die Zweifel ins Gesicht geschrieben. Mit Macht soll er nachholen, was ich verhindert habe, und ich weiß noch nicht einmal genau, warum. Warum kann ich ihn nicht einfach lassen, wie er ist? Er sieht nicht unglücklich aus.

Ich war kaum anders als andere Mütter, das wäre mir aufgefallen. Ich habe bestimmt und beschlossen, und ich habe mitgemacht bei der kollektiven Selbsttäuschung in der Schule, solange bis sie dem Lande der Dichter und Denker verloren ging. Die schlechten PISA-Ergebnisse überraschten niemanden, aber erschütterten die unentbehrlichen Lehrer, kämpferischen Politiker und uns ehrbare Eltern gleichermaßen. Die Bildungspolitiker handelten schnell, fast schon hektisch: Der Umbau zur Ganztagsschule begann, das Zentralabitur wurde beschlossen und die Schulzeit verkürzt. Die Verkürzung der Gymnasialzeit auf acht Jahre aber hatte mit PISA gar nichts zu tun; sie war schon früher diskutiert worden, weil deutsche Abiturienten vergleichsweise viel älter als sonst irgendwo sind. Aber plötzlich konnte es umgesetzt werden.

Bis dahin schwiegen die Lehrer und wir einvernehmlich über die Misere hinweg und tolerierten es, Defizite privat zu verwalten. Wenn das eigene Kind einigermaßen unbehelligt zum Abitur gelangte, konnte der Studienrat auch weiterhin unbehelligt von bohrenden Zwischenfragen neunmalkluger Eltern seine Litanei runterbeten. Und ob er während des Unterrichts immer im Klassenraum anwesend war oder den Schülern eine Aufgabe stellte, um unauffällig das zu erledigen, wofür ihm der Nachmittag keine Zeit ließ, war auch nicht wirklich entscheidend.

Dass man mit dem erlernten Schulwissen im Leben kaum etwas anfangen kann, haben wir bildungsbegünstigten Erziehungsberechtigten deutlicher erfahren als jede Generation vor uns. Wir haben viel aus unserer Schulzeit vergessen und das meiste nicht gebraucht. Die Mehrheit arbeitet auch nicht mehr in dem erlernten Beruf. Aber wir sind fröhlich dabei und verdienen gut. Warum also kleinliche Betrachtungen anstellen und sich im Detail verlieren? So verloren die gymnasialen Sachverständigen das Interesse an der Weitergabe grundlegender Bildung in dem Maße, wie sie es mit Eltern zu tun hatten, denen das auch herzlich egal war, wenn dabei nur ein Abitur rausspringt.

PISA störte unsere bewährte Symbiose empfindlich. Um zu zeigen, dass alle Beteiligten das Signal verstanden hatten und die Ergebnisse sehr ernst genommen werden, mischten Lehrbeamte wie Eltern dem kuscheligen Umgang mit dem Nachwuchs immer mehr subtilen

Druck bei. Uns trieb die Sorge um die plötzlich gefährdete Zukunft unserer Kinder, und die Lehrer fürchteten, durch die Vergleichbarkeit könnte mal jemand herausfinden, dass ihr Unterricht doch nicht ganz so optimal lief, dass er vergleichsweise bedeutungslos war, weil sie selbst irgendwann aufgehört hatten, ihm Bedeutung beizumessen. Weil sie ihren Bildungsauftrag schon längst gegen ein Dienstgeschäft getauscht hatten.

Deshalb verkam die Schule zur *Diktakratie*, als Gegenstück zur *Demokratur*, wo sich demokratisch gewählte Volksvertreter wie Monarchen verhalten. In der *Diktakratie* wird nicht gewählt, sondern die Führung qualifiziert sich durch zahlreiche umständliche Prüfungen und ist schon am Platz, wenn die Schutz befohlenen Schüler im System Platz nehmen. Die Schüler sollten demnach einen erprobten Umgang mit allen Inhalten und ihrer selbst erwarten dürfen. Sie sollten auf eine solide Wissensvermittlung hoffen dürfen, und auch darauf, alle halbe Jahre eine brauchbare Bescheinigung über ihren Leistungsstand zu erhalten. Stattdessen wurden die volljährigen Anverwandten, sprich: die Eltern, zum unbedingten Mitreden verpflichtet. Und trafen dabei auf Lehrer, die morgens recht und nachmittags frei hatten.

Die *Diktakratie* machte uns alle fertig und gedieh dabei selbst immer besser. Sie war ein Resultat der 68er-Bewegung: Eine missglückte Umsetzung der Forderung gleicher Bildungschancen für alle. Jeder sollte mitreden können, wobei doch alle wussten, dass die wichtigen Sachen ganz oben im Ministerium entschieden wurden. Aber der, der nicht mitredete bei allem, was unwichtig war, wurde der Gleichgültigkeit bezichtigt und subtil ausgegrenzt; er stand auf Weihnachtsfesten und in Veranstaltungspausen etwas abseits, nicht im Dunstkreis der Lehrer und des Rektors, die sich ohne Unterstützung des Elternhauses schnell an ihren Grenzen sahen.

Und so verausgabten wir uns in Anlehnung an die Tradition der Grundschule weiterhin bei allem, was den Schulalltag fröhlicher und das Lernen leichter machte. Für unsere Kinder, die jeden Tag mehr so aussahen, als könnten sie das auch allein ganz gut. Also weiterhin vorlautes Geschwafel bei allem Gedöns, das eine gute Lernausgangslage schaffen sollte oder wo es tatkräftig handwerklicher und großzügig finanzieller Unterstützung bedurfte, es in Wirklichkeit aber um nichts ging.

Auch ich fühlte mich gut und hatte den Eindruck, Wichtiges beigetragen zu haben, wenn ich konsensorientiert über das Ziel des nächsten Wandertages mitreden konnte und sitzfreundliche Schwabbelkissen befürwortete, die vornehmlich die männlichen Störbrocken auf ihren Stühlen etwas zur Ruhe bringen sollten. Die Studienräte waren gut vorbereitet auf ihre gebildete Elternschaft und benutzten ein einfaches Mittel, sie zum Schweigen zu bringen: den sanften Ton des freiwillig Gebenden. Eltern werden eingebunden und mitgenommen, Schüler werden abgeholt. Die verschwurbelte Sprache des Trendberufes der 90er, der Unternehmens- und Kommunikationsberater, hatte die Schule erreicht. Ich wurde eingebunden, in dem ich meine beiden Schüler abholte, und ich nahm alle Bücher mit, die auf dem zweiten Bildungsmarkt zur Nachmittagslektüre angeboten wurden. Als Mama war ich nun vollzeitig im Shuttleservice und in der Nachhilfe tätig.

Um das bedeutungslose Nichts ließ es sich wundervoll diskutieren, es tat nicht weh und lenkte hervorragend ab von jedermanns Ohnmacht in den überstrapazierten Strukturen. Dass ein Elternabend aber immer bis halb elf gehen musste, ermüdete sogar mich irgendwann. Als der Hausmeister als Hinweis auf seinen überzogenen Feierabend einfach mal das Licht ausknipste, waren ihm die meisten dafür dankbar. Der nächste Elternabend begann dann schon um sieben statt um halb acht, und nur die guten Eltern schafften es, pünktlich zu erscheinen. An unserem Gehorsam hätte jeder Kompaniechef seine helle Freude gehabt.

Ein Kontrastprogramm täte Maik bestimmt gut. Seit zwei Minuten ändert sich sein Gesichtsausdruck, er interessiert sich plötzlich für die Welt mit dem eisernen Vorhang und der allgemeinen Wehrpflicht. Das Interesse hat mit seinem Geschichtsleistungskurs zu tun, in dem sie gerade die überstarke Stellung der Reichswehr während der Weimarer Zeit besprechen und er vielleicht was aufschnappen kann, wenn er schon zuhören muss. Die Reichswehr war eine auf nur 100.000 Mann beschränkte Berufsarmee, die sich immer mehr dem Einfluss der Regierung entzog und zu einem Staat im Staate wurde. Die Gründungsväter der Bundeswehr hatten dazugelernt und den Bürger in Uniform geschaffen, erkläre ich ihm, als sei ich Redakteurin bei *Y*, dem Bundeswehrmagazin.

Wer nicht dienen wollte, hatte einiges zu tun. Maiks Vater ist nie bei der Bundeswehr gewesen und immer noch stolz darauf. Ende der 70er war es noch ein ziemlich schwieriges Unterfangen, dem Stellungsbefehl zu entkommen. Da musste man sich jede Menge Gedanken über Krieg und Frieden, Tod und Teufel gemacht haben. Es bedurfte sehr überzeugender Gründe, den Dienst an der Waffe nach Artikel 4 Absatz 3 des Grundgesetzes zu verweigern: *Niemand darf gegen sein Gewissen zum Kriegsdienst mit der Waffe gezwungen werden. Das Nähere regelt ein Bundesgesetz.* Da reichte es nicht, einen Besinnungsaufsatz zu schreiben, sondern jeder junge Mann musste in einer persönlichen Anhörung Rechenschaft ablegen.

Mit den Argumenten von heute hätte man den Verwaltungsbeamten nicht kommen können: Ich möchte mit Jannick und Luki ein Tonstudio aufbauen, und ich habe Sorge, dass sie sich einen anderen Gitaristen suchen, wenn ich eine Weile nicht da bin. Oder: Ich kann nicht so gut schlafen mit anderen in einem Zimmer. Oder auch: Ich habe gehört, dass man hier kein Gel benutzen darf. Der damalige Kriegsdienstverweigerer musste in politischen Fragen gut aufgestellt sein, um an der Verteidigungspolitik des Staates persönliche Zweifel anmelden zu können. Er musste sehr entschlossen sein, mehr über sein eigenes Gewissen in Erfahrung zu bringen und eloquent genug, es mündlich vorzutragen. Oder er musste nach Berlin ziehen, dessen Bewohner wegen des Vier-Mächte-Status vom Wehrdienst generell befreit waren.

Heute wollen Berliner Eltern lieber von dort wegziehen. Aber auch im gesamten Bundesgebiet überlegten Eltern schon in den 90ern, in welches Stadtviertel ein Umzug in Frage kam, damit ihr kleiner Ichling das beste Gymnasium besuchen konnte. Wir glaubten nicht mehr an gleiche Zutrittschancen für alle, sondern wollten einen vor dem Prekariat geschützten Raum. Wir gingen Sozialhilfeempfängern schon immer aus dem Weg, zumal wir ihnen auch nicht ganz abnahmen, dass sie schuldlos an ihrer Situation waren. Wir fanden unseren Gemüsetürken charmant, und solange er brav hinter seiner Ladentheke blieb, nahmen wir in Kauf, dass er uns noch immer nicht richtig verstand und manchmal Weißkohl statt Wirsing in die Tüte packte.

Die Lehrerschaft reagierte auf diese Wanderungen mit perfektioniertem Hütchenspiel, das da hieß: Verantwortung verschieben. Vorwürfe, warum der eine zu wenig tat und ein anderer zu viel unterließ, wurden hin und her geschickt und, das war die einzige eiserne Regel überhaupt, nie offen ausgesprochen. In den ersten Jahren ging es von der Schule ins Elternhaus und zurück, später von Schule und Elternhaus zum Schüler. Als es bei uns soweit war, dass wir im Schulterschluss mit den Lehrern in Maiks Richtung schauten, war der schon geistig ausgecheckt, nur noch nicht abgereist: Es waren ihm einfach zu viele Vorwürfe, um sich noch empören zu können.

Beim Hütchenspiel hielt der gemeine Studienrat die besten Trümpfe in der Hand. Er trug in seiner Schultasche geniale Arbeitsverträge, die ihn von jeder Erfolgspflicht befreiten und bislang vor Transparenz schützten. Zwischen Thermoskanne und Brotpapier verkrümelte sich die Antwort auf die Frage: Quis custodiet ipsos custodes? – Wer bewacht die Wächter?

Niemand. Was im Unterricht passierte, wusste keiner so genau. Die Fachkollegen wollten es voneinander nicht wissen, denn dann hätten sie sich ja umgekehrt auch in ihre Karten schauen lassen müssen. Womit flugs klar war, warum in Vertretungsstunden so selten Fachunterricht gemacht wurde. Wir Eltern hätten mit der Information auch wenig anzufangen gewusst. Und die Schüler hatten ihre eigene Wahrheit.

Rolf und ich saßen dem Lehrer beim Elternsprechtag wie augenlose Kartoffeln gegenüber und konnten ihm nur glauben, wenn wir ihn recht freundlich über unser Kind reden hörten, mit verstrubbelten Haaren und müde korrigiertem Blick, der immer nur eines signalisierte: Dank mir geschieht hier das Beste für Ihr Kind. Über seinem Stuhl hing das abgetragene Glencheckсakko mit Lederbesatz an den Ärmeln. Ich misstraute jedem Wort und überlegte kurz, ob ich vom Thema ablenken sollte mit der Frage, ob er vielleicht meinen Mathelehrer kennt, der auch so ein Sakko trug.

Wenn man für sein Kind das Abitur mehr als alles andere auf der Welt will, grummelt man besser im Stillen. Das Gymnasium ist eine Angebotsschule, die freiwillig besucht wird. Jeder kann sie verlassen.

Meine Wut auf das Schulwesen wuchs. Mit jedem weiteren Schuljahr unterstellte ich dem gesamten Kollegium Faulheit und Ignoranz. Immer wieder Stundenausfall und kein Lehrer, der binnen eines Vierteljahrhunderts gelernt hatte, die Technik zu bedienen. Sollte ein Film gezeigt werden, dauerte es 20 Minuten, bis das Abspielgerät lief. Egal ob Video oder DVD, sie würden es nie lernen. Eine Lehrerin kokettierte sogar mit der eigenen Lernunfähigkeit: »Ich halte in jeder Klasse Ausschau nach einem Schüler, der das kann.«

Die lehrereigenen Wandertage und Weiterbildungen fanden prinzipiell in der Schulzeit statt, der Elternsprechtag auch. Ab 13 Uhr fuhren vor allem die Lehrerinnen mit quietschenden Reifen vom Hof, sie gehörten zu den modernen Karrierefrauen und mussten nach dem Unterricht ihren Haushalt regeln. Die Schule war dann wie ausgestorben, und nachmittags konnte man auch niemanden mehr telefonisch erreichen. Mails waren noch nicht verbreitet, aber als sie aufkamen, half das auch nicht weiter, denn viele Lehrer verweigerten sich der modernen Kommunikation.

Meine ehrgeizigen Ziele durfte ich immer noch nicht offenbaren, vorgeblich ging es immer noch um den Spaß am Lernen. Da gab es bei Maik noch viel Entwicklungspotential. In den Augen seiner Lehrer bot er für den ausgewachsenen Ehrgeiz seiner Mutter viel Angriffsfläche. Er war unkonzentriert und störte durch Schwätzen mit den Sitznachbarn links, rechts, vorn und hinten, er kommunizierte mit allen, die er auf Armeslänge erreichen konnte.

Mein Sohn hatte den Spaß am Lernen noch nicht entdeckt. Im Gegensatz zu den besonders Begabten, und an denen hatte die Lehrerschaft ihre helle Freude, von denen wurde heimlich geschwärmt, die wurden im verdeckten Verfahren ausgewählt, Latein und Französisch parallel zu lernen, oder für einen kostenfreien Schulaufenthalt in England. Sie genossen einen Sonderstatus, während das Mittelfeld derweil unbewirtschaftet blieb. In diesem Umfeld wirkte ein Durchschnittsschüler wie Maik fast schon ärmlich.

—

Berlins Sonderstatus hatte sich mit der Wiedervereinigung erledigt, und bereits einige Jahre davor schon die berüchtigte Anhörung zur Gewissenserforschung bei Wehrdienstverweigerern. Parallel zur Entspannungspolitik reduzierte die Bundeswehr ihre Truppenstärke seit Anfang der 80er-Jahre kontinuierlich, folglich brauchte sie immer weniger Wehrpflichtige, und mit jedem Jahr wurde auch die Verweigerung einfacher. Mittlerweile genügt ein Vierzeiler, in dem man sich auf den Grundgesetzartikel beruft. Alles kein Ding mehr. Die Diskussion um die Frage, ob Militär- oder Zivildienst, führten wir so engagiert wie die über eine zweite Fremdsprache. Aber Maik vergewissert sich lieber noch mal, ob das auch so stimmt. Einen Moment lang erschreckt ihn der Gedanke, sie könnten ihn holen.

Rolf ist heute noch stolz auf seine geglückte Verweigerung. Er hat mit Worten statt mit Waffen gekämpft, und daran könnten sich alle Armeen dieser Welt ein Beispiel nehmen, findet er. Die Verweigerung war ein Erlebnis, das ihn geprägt hat. Das wäre auch gut für Maik, aber Rolf sieht ein, dass die Prozedur heute keine vergleichbare Hürde mehr darstellt. Mein Mann ist gegen jede Armee, aber wenn es schon sein muss, ist er für eine Berufsarmee. Die Gefahr des Staates im Staate sieht er durch die Gewaltenteilung verhindert. Diejenigen, die glauben, die allgemeine Wehrpflicht sei immer noch von zentraler Bedeutung für unsere nationale Sicherheitsfrage, waren lange nicht mehr in einer Kaserne.

Rolf war noch nie in einer Kaserne, ist aber meist gut informiert. Und wenn ich bei unserem Sohn Probleme mit mangelnder Disziplin, Pünktlichkeit und Ordnung sähe, sagt er noch, müssten wir an anderer Stelle mal darüber reden. Das sei jedenfalls kein vernünftiges Argument für das Militär: »Da saufen sie nur aus lauter Langeweile.«

Ich habe mit Maiks fehlenden Sekundärtugenden schon länger ein Problem. Und mit seiner Männlichkeit, aber das sage ich besser nicht laut. Für mein Projekt Erprobungsstufe Bundeswehr habe ich keinen einzigen willigen Zuhörer und damit es nicht in Gefahr gerät, darf ich meine Fehler aus Maiks schwieriger Schulzeit nicht wiederholen. Dort habe ich gewonnen und ihm geschadet.

In der Erprobungsstufe 5 und 6 des Gymnasiums geriet Maiks Schullaufbahn das erste Mal in große Gefahr. Die Suche nach dem Spaß am Lernen gestaltete sich immer schwieriger. Wenn die Englischlehrerin sagte: Schaut euch die Vokabeln an, schaute er sich die Vokabeln an und schrieb im Test eine fünf, weil ihm nicht klar war, dass er es hätte richtig lernen sollen. Wenn unter der Mathearbeit »Ausreichend« stand, verstand er nicht, warum das nicht ausreichen sollte. Und wenn Hausaufgaben nicht kontrolliert wurden, musste man sie auch nicht machen. Das war seine Logik.

Das zusätzliche Programm *Lernen lernen*, für das wir ein Anleitungsbuch anschaffen mussten, fand kommentarlos sein Ende, weil die Lehrerin sonst ihr Pensum nicht geschafft hätte. Maik zeigte sich solidarisch mit ihr und unterbrach die Organisation seines Arbeitsplatzes. Im Sport sollte er Rücksicht nehmen auf die Mädchen, denen der Medizinball hätte wehtun können. Das kam ihm doch gleich bekannt vor, und mir auch. Mein Junge sollte mit dem Softball spielen und mit Tüchern tanzen. All das wurde ihm in einem freundlich-partnerschaftlichen Ton nahegebracht, so nett, dass man einfach nichts dagegen einwenden konnte. Und Maik verlief sich immer mehr im Friendly Fire. Er wartete auf Regeln und bekam Möglichkeiten. Er suchte Autoritäten und fand Partner. Nur mit einem kräftigen Gegenkurs daheim, der allen Idealen widersprach und unser Verhältnis dauerhaft belastete, überstand Maik die Erprobungsstufe und kam in Klasse 7.

Nach der Erprobungszeit trug auch das Gymnasium einen Teil der Verantwortung für ihre Schüler, was ganz schön war, weil sie kaum jemanden hängen ließen, den sie gerade noch durchgewunken hatten. Was aber obsolet wurde, sobald ein Lehrkörper auf die Pubertät hinwies. Die Klassen 7 bis 10 wurden deshalb noch anstrengender für alle Beteiligten. Maik verweigerte sich zunehmend gegen den ganzen Mist. In Geschichte interessierte ihn der Alltag und die Wohnumstände früherer Völker nicht, er wollte wissen, wer welche Schlacht gewonnen hatte und warum. In Kunst bastelte und malte er um sein Leben und schaffte es doch immer nur mit Ach und Krach auf eine 3-. Es gab keine handwerklichen Anleitungen, sondern einen Kreativbefehl. In Deutsch langweilten ihn die Mädchengeschichten ohne Mut und Abenteuerlust und frustrierte ihn die Rechtschreibung, weil er sie dank weniger Diktate und Verzicht auf schnödes Büffeln nicht sicher beherrschte. Der Unterrichtsstoff war weiblich codiert: Er setzte auf Beziehungen statt auf Ereignisse. Die weiblichen Bezugspersonen hatten über die Jahrzehnte geschafft, ihre Wahrnehmung zum Maßstab zu machen.

Maik wurde faul. Seine Faulheit sorgte dafür, dass er in Mathe nicht mehr durchblickte und in Latein den Anschluss verpasste. Aber er war nicht nur einfach faul, sondern auch hochgradig irritiert durch die Frage aller Pubertätsfragen: Wie angesagt bin ich eigentlich? Das haben wir uns alle mal gefragt, doch in seiner Generation wurde sie noch angeheizt durch das erste Instant Messaging Programm, durch ICQ, das AOL gratis zum Download bereithielt. Es lief auf jedem Betriebssystem und stürzte nie ab. Das war schon etwas Besonderes.

Pünktlich zu Maiks Peergroup-Reife und noch bevor sich überhaupt jemand vorstellen konnte, was ein soziales Netzwerk zukünftig alles können würde, infizierte ICQ jeden Rechner. Von uns Alten wusste niemand, was die drei Buchstaben bedeuten, aber das störte uns nicht, solange wir glauben durften, dass die Schüler ihre neue Plattform für den Austausch von Hausaufgaben nutzen. ICQ steht für I seek you – ich suche Dich – und passte in die Zeit, in der es chic war, Großbuchstaben oder Zahlen als Chiffre zu verwenden und wo auch Befindlichkeiten und Liebkosungen ihre Kürzel fanden. Auf Englisch oder Deutsch wurde geknuddelt und atmosphärisch verdichtet: HDL – Hab Dich lieb, LOL – Laughing out loud, FG – frech grinsend oder auch nur Gute N8.

In herausragender Selbstüberschätzung und grenzenloser Naivität glaubte ich nicht an Einflüsse, die stärker sein konnten als meine. An elektronische schon gar nicht. Durch ICQ spiegelte sich Maik durch den Nachmittag, parallel entdeckte er auf derselben Maschine die männliche Welt in Form von Kriegsspielen. Was im Unterricht mühsam unterbunden wurde, kriegte ich zuhause aus gutem Grund erst gar nicht mit. Und so ging es weiter bergab mit den Noten.

Die Konsequenzen blieben nicht aus. In Klasse 9 waren am letzten Schultag vor den Osterferien vier blaue Briefe in der Post: Kunst, Mathe, Religion und Latein. Anderthalb Tage brüllte ich Maik in Grund und Boden, und selbst Rolf gelang es nicht, mich zu beruhigen. Erstaunlicherweise konnte er schneller als ich akzeptieren, dass der Traum vom Abitur gefährdet war. Oder lag es daran, dass mein Mann intuitiv die rationalen Areale seines Hirnes aktivierte, während in mir ein Wirbelsturm der Gefühle tobte? Ich fühlte mich verraten und ausgenutzt: Alles taten wir für den Bengel, und er schaffte noch nicht mal das bisschen Schule. Ich hatte radikale Racheträume, vom Bau und der Hotelküche. Da würde er dann sehen, wie gut er es mal gehabt hatte.

Als Maik auf meine Frage, welche Lehre er denn zu machen gedachte, keine Antwort parat hatte, lud ich aus dem Internet eine Bewerbungsanleitung runter und bestellte gleichzeitig Übungshefte mit Lösungen in den Fächern Mathe und Latein. Beides hielt ich ihm unter die Nase und zeigte ihm mit dem Zeigefinger die beiden Optionen für seine Zukunft auf: Bewerben oder üben. Er schluckte einmal und wollte üben.

Am nächsten Morgen weckte ich meinen Sohn um acht, ab neun machte er sich an die Aufgaben. Ich kaufte Kleister, Farbe, dazu einen neuen Akkuschrauber, und ich setzte Lysa an das Kunstprojekt, das ihr Bruder nach den Ferien abgeben sollte, die perspektivische Betrachtung eines Motorradfahrers, der eine Landstraße entlangfährt. Sie malte, klebte und schraubte ordentlich zusammen, was er im Unterricht nur flüchtig zusammen getackert hatte. Und sie erwähnte nebenbei, nun wisse sie, was zu tun sei, wenn sie mal mehr Aufmerksamkeit brauche. Ich saß daneben, bemalte Ostereier und strickte den ersten Pullover seit 20 Jahren. Ich wollte nicht aufgeben.

In Sachen Bundeswehr will ich auch nicht aufgeben, aber schlauer sein und fahre eine neue Taktik. Nun will ich Maik mit guten Aussichten locken und krame in meiner Erinnerung. Maik schaut auf die Uhr, er hat noch zehn Minuten, bis er los muss. Mein Bruder kam mit der Schule auch nicht klar und kriegte nur knapp die Kurve. Danach verpflichtete er sich für zwei Jahre beim Bund. Das war neun Monate länger als der Wehrdienst dauerte, und fast genauso lang wie der Zivildienst vorsah. Wehr- und Zivildienst unterschieden sich nur um einen Monat. Die Verpflichtung als Zeitsoldat bescherte ihm eine bessere Besoldung und jede Menge Lehrgänge für die Offizierslaufbahn. Die großzügigen Lockangebote der Bundeswehr zielten auf eine langfristige Mitarbeit. Falk nahm es pragmatisch. Er verließ die Bundeswehr nach zwei Jahren als Fähnrich, was das Bafög-Amt als abgeschlossene Berufsausbildung einstufte und ihm deshalb den Höchstsatz für sein Studium gewährte.

Nicht einer der Vorzüge von damals ist heute noch aktuell. Die stufenweise Verpflichtung ist vorbei. Wer sich verpflichtet, tut dies für zwölf Jahre. Studieren kann man nur noch mit einem ordentlichen Abitur bei der Bundeswehr, sie bieten eine Menge Studiengänge an. Aber dass die Wirtschaft sich nach studierten Zeitsoldaten sehnt, die nach zwölf Jahren in die Freiheit drängen, ist eine Legende. Dafür sind viel zu viele im Angebot. Und außerdem: Der Zeitsoldat verpflichtet sich zu Auslandseinsätzen. Da schlagen dann zwei Herzen in meiner Mutterbrust. Natürlich soll mein Kleiner zum Mann reifen, aber muss das unbedingt am Hindukusch sein? Im Zinksarg will ich ihn nicht zurück.

Nach den Osterferien damals verpflichtete sich Maik zu einem anderen Auslandseinsatz. Er bat in Religion um ein Referat und schlug auch gleich das Thema vor, das ich ihm ins Ohr geflüstert hatte: »Die Verschleierung in der islamischen Welt – Burka, Hidschab und Tschador. Warum Korangesetze die Verschleierung der Frauen vorsehen«. Der Lehrer gab seiner Bitte statt, zeigte aber zu meiner großen Überraschung eine ungewöhnlich klare Grenze auf. Jede weitere lästerliche Äußerung über Gott würde Maik endgültig disqualifizieren: »Wer so schlecht über das christliche Abendland informiert ist wie du, dem steht die These nicht zu, der Papst sei ein Idiot.« Die Ansage hinterließ Eindruck. Maik schien es plötzlich peinlich zu sein, wenn der einzige Lehrer, der auf Mails reagierte und aus dem Stand mit beiden Füßen auf den Tisch springen konnte, an seiner Urteilsfähigkeit zweifelte.

In Mathe und Latein gelangen ihm bei den nächsten Klassenarbeiten die nötige 3, und der Motorradfahrer bekam auch eine. Im nächsten Jahr gab es für Lysa dieselbe Aufgabenstellung. Gut, sie hatte schon einen Prototypen, dennoch fand ich nicht, dass ihr Motorradfahrer nach einer glatten Eins ausgesehen hätte. Noten der sanften Kreativität. Maik zuckte nur noch die Schultern: »Zuhause bin ich immer der zweite und in der Schule der letzte.« In diesem Jahr hatte er ziemlich knapp das Klassenziel erreicht. Er war durch und selbst richtig froh darüber. Ohne Abitur die Schule zu verlassen, erschien ihm doch etwas unheimlich.

In der 10. Klasse strengte sich Maik mehr an und passte sich besser an. Aber er vertiefte auch seine Leidenschaft zur Musik. Sie war die Nische, die er brauchte, um in der Schule zu überleben und mir zu entkommen. Wir erlaubten ihm, das Tonstudio einzurichten. Kaum ausgesprochen, wurde die Abstellkammer schallgedämmt, schleppte

Jannick sein Schlagzeug an, bestellten die beiden von gespartem Geld Verstärker und Mikrophone.

Mehr Tiefgang bringt wenige Wochen später die Aufarbeitung der Kunduz-Affäre in unsere Auseinandersetzung über die Militärfrage. Das Bombardement zweier Tanklastzüge auf deutschen Befehl, bei dem viele Zivilisten umkamen, zeigt, wie komplex die Zusammenhänge sind und wie beliebig ungerecht das Ergebnis sein kann. Plötzlich wird sichtbar, dass es um viel mehr gehen könnte als um die Frage nach Uniform oder Rot-Kreuz-Jacke. Nun wird kein Wehrpflichtiger sofort in die Afghanistan-Schutztruppe geschickt, doch eine einigermaßen differenzierte Haltung zur Sicherheitspolitik ist schon gefragt. Maik informiert sich nun besser über den Einsatz deutscher Soldaten im Ausland.

Schließlich bringt eine Gesetzesänderung die Entscheidung gegen die Wehrpflicht. Die Armee soll von 252.000 auf ungefähr 170.000 Mann verkleinert werden und setzt mit attraktiven Angeboten auf mehr Freiwillige; der Wehrdienst wird abermals verkürzt. Ab dem 1. Juli 2010 hat die Bundeswehr nur noch sechs Monate Verwendung für die Rekruten. Gleichzeitig kündigt sie die vollständige Aufgabe der Wehrpflicht an, ab 2011 wird sie erstmal ausgesetzt. Damit ist die Wehrpflicht nicht aus dem Grundgesetz gestrichen und es bedarf keiner Zweidrittelmehrheit im Bundestag, um sie wiederzubeleben. Männer werden künftig erfasst, aber nicht mehr gemustert. Das, so findet Falk, hat der Verteidigungsminister Theodor zu Guttenberg beachtlich gelöst, juristisch betrachtet. Den Bürger in Uniform wird es nicht mehr geben, die Bundeswehr ihren Bezug in die Gesellschaft verlieren. Kritiker befürchten einen Verstoß gegen die Wehrgerechtigkeit und den leichtfertigen Kriegseinsatz von Berufssoldaten.

Damit hat auch der Zivildienst in seiner jetzigen Form keine Berechtigung mehr, und das trifft das Sozialwesen ganz bitter. Um diesem Dilemma zu entgehen, müsste man eine allgemeine Dienstpflicht einführen, die aber eine Verfassungsänderung voraussetzt, denn Artikel 12 des Grundgesetzes verbietet Zwangsarbeit. Was bleibt, ist die Idee eines Bundessozialdienstes auf freiwilliger Basis.

Für ein halbes Jahr lohnt der Streit nicht, finden wir alle in der Familie, zumal der Zivildienst gleichzeitig auch auf sechs Monate gekürzt wird und damit erstmals nicht länger als der Wehrdienst dauert. Die von mir so heiß ersehnte Auseinandersetzung mit männlicher Autorität ist in dieser Frist nicht nachhaltig zu realisieren, und die Zeit ist auch zu kurz, um die Tonstudio-Idee zu versenken. Maik grübelt Stunde um Stunde und entscheidet sich binnen Minuten für den Zivildienst, als er hört, dass der Stadtjugendring für das Haus der Jugend einen Zivi sucht, der ihnen die Tontechnik auf Vordermann bringt, die sie für ihre Veranstaltungen brauchen. So wird mein Sohn zum Wehrdienstverweigerer.

In der Schule verdankten wir es einer anderen Gesetzesänderung, dass Maik unerwartet komfortabel in die Oberstufe aufrückte. Die zentrale Abschlussprüfung, ein neues Verfahren für den mittleren Schulabschluss, wurde in Nordrhein-Westfalen zum Schuljahresende 2006/07 eingeführt. Die Aufgaben beziehen sich auf die Fächer Mathe, Deutsch, Englisch und machen 50 Prozent der Abschlussnote aus. Ein Segen für Maik. Die zentral gestellten Aufgaben waren vergleichsweise einfach, das Niveau deutlich unter dem unserer Schule. Maik schrieb alle Prüfungen gut, was ihn zuversichtlich, meinen Mann froh und mich fröhlich stimmte.

Zukünftig ist der Schulbesuch freiwillig. Die Bundeswehr will auch nur noch die Freiwilligen, aber davon nicht zu viele, dabei ist die Welt nicht sicherer geworden, nur die moderne Kriegsführung nicht mehr so personalintensiv. Die erfreuliche Nachricht ist also gar keine. Nicht für unser Land, nicht für die jungen Männer. Jetzt entfällt auch noch das letzte Stück gewissenhafter Auseinandersetzung mit dem Dienst an der Waffe. Es ist ein qualitativer Unterschied, ob man sich das »Nein, danke, ohne mich!« erobern muss oder ob man es frei Haus geliefert bekommt. Die Heranwachsenden werden weder gebraucht noch erwartet. Auch hier nicht.

Und ich will nicht, dass Maik ein paar Straßen weiter ein bisschen rumkabelt, ein paar Boxen hin und her trägt oder gar den Probenraum aller Tonkünstler im Dorf gleich in unser Haus verlegt. Himmel, was nun? Ich muss zurück auf Los und fühle mich allein.

1997: DEUTSCHLAND UND DIE WELT

KRIEG

Nach über 80.000 Toten im Tschetschenien-Krieg zieht Russland seine Truppen zurück.

PRÄSIDENT

In seiner Berliner Rede kritisiert Bundespräsident Roman Herzog Erstarrungen in der Gesellschaft und prägt die Formulierung: Durch Deutschland muss ein Ruck gehen.

KOLONIE

Nach 100 Jahren läuft der Pachtvertrag über die britische Kolonie Hongkong ab, die als Sonderwirtschaftsgebiet an China zurückfällt.

SPORT

Als erster Deutscher gewinnt der Radprofi Jan Ullrich die Tour de France.

WIRTSCHAFT

In einem Vergleichsvertrag mit den Justizministern zahlreicher US-Bundesstaaten verzichtet die heimische Tabakindustrie auf Werbung und stimmt der Zahlung von 369 Milliarden Dollar Entschädigung zu.

STUDENTEN

In Bonn protestieren 40.000 Studenten gegen die Verschlechterung ihrer Studienbedingungen.

UNFALL

Lady Diana stirbt gemeinsam mit ihrem ägyptischen Verlobten bei einem Verkehrsunfall in Paris, dessen Umstände nie vollständig geklärt werden.

INTERNET

Larry Page und Sergey Brin registrieren die Domain google.com und starten die erfolgreichste Suchmaschine der Welt.

TERROR

Bei einem Terroranschlag vor dem Ägyptischen Museum in Kairo kommen neun deutsche Touristen um.

SCHACH

Der amtierende Schachweltmeister Garri Kasparov verliert gegen den eigens für diesen Wettkampf konstruierten Computer Deep Blue.

KLIMA

Auf der internationalen Klimakonferenz im japanischen Kyoto verpflichten sich die Industrienationen zur schrittweisen Senkung ihrer Treibhausgas-Emissionen.

GESUNDHEIT

Um die Verbreitung der Vogelgrippe zu stoppen, werden in Hongkong etwas 1,5 Millionen Hühner getötet.

1997: FAMILY AFFAIRS

TOD

Meine Mutter stirbt im Alter von 60 Jahren unerwartet an Herzversagen.

SCHULE

Am Tag von Maiks Einschulung vergessen wir vor lauter Aufregung seine grüne Schultüte. Der Vater muss nach Hause fahren und sie holen. Auf dem Klassenfoto steht unser Sohn als einziger solo, was er uns lange nicht verziehen hat.

HOBBY

Lysa fängt mit Ballettunterricht an, ganz in rosa.

TECHNIK

Ich schreibe die erste Kurznachricht auf meinem Handy.

ACTION

Onkel Falk nimmt Maik heimlich mit ins Kino: Men In Black mit Tommy Lee Jones und Will Smith. Obwohl die Actionkomödie erst ab 12 Jahre freigegeben ist, gibt es an der Kasse keine Probleme.

1998: DEUTSCHLAND UND DIE WELT

GESETZ

Mit einer Grundgesetzänderung schafft der Deutsche Bundestag die Grundlagen für den umstrittenen Großen Lauschangriff, die akustische Wohnraumüberwachung zur Strafverfolgung.

SEILBAHN

Ein amerikanischer Militärpilot verursacht beim unerlaubten Tiefflug über einem Skigebiet in den italienischen Alpen das Seilbahn-Unglück von Cavalese mit 20 Opfern.

TOD

Der österreichische Popsänger Falco stirbt bei einem Autounfall in der Dominikanischen Republik.

ABTREIBUNG

Auf Druck des Vatikan stoppen die katholischen Bistümer in Deutschland die Ausstellung der gesetzlich vorgeschriebenen Beratungsscheine zur Schwangerschaftsunterbrechung.

KRIMINALITÄT

Bei der größten gentechnischen Reihenuntersuchung mit 18.000 DNA-Proben wird der Mörder der elfjährigen Schülerin Christina Nytsch identifiziert.

UNGLÜCK

Auf der Bahnstrecke Hannover-Hamburg zerschellen nach einem Radbruch mehrere Waggons eines Intercity-Express-Zuges an einem Brückenpfeiler bei Eschede, 101 Passagiere können nur noch tot geborgen werden.

RECHT

Nach einer gesetzlichen Neuregelung haben bei einer Scheidung beide Eltern nun das gemeinsame Sorgerecht für ihre Kinder. Bei nicht verheirateten Paaren steht es nur der Mutter zu.

TERROR
Die US-Botschaften in Kenia und Tansania werden durch Bombenattentate fast zeitgleich zerstört, mehr als 200 Menschen sterben.

POLITIK
Durch publikumswirksame Auftritte während der Hochwasser-Katastrophe an der Oder sichert Gerhard Schröder einen rot-grünen Sieg bei der Bundestagswahl und wird zum Kanzler gewählt.

POLITIK
Das oberste Zivilgericht in London nimmt den Beschluss gegen die Aufhebung des Haftbefehls gegen Pinochet wieder zurück.

1998: FAMILY AFFAIRS

FINANZEN
Aus Geldmangel ist unser Haus immer noch nicht verputzt.

UNTERHALTUNG
Unsere beiden Kinder sind begeistert von Guildo Horn. Der tritt beim Eurovision Song Contest an und singt: Guildo hat euch lieb!

SCHULE
Lysa wird eingeschult. Diesmal denken wir an die Schultüte.

FUSSBALL
Maik bekommt einen neuen Trainer und ein Mädchen in die Mannschaft.

COMPUTER
Bei Aldi kaufen wir für 1.998 Mark einen 1,8-Gigahertz-Computer mit 512 MB Ramspeicher. Dafür habe ich seit halb acht Uhr in der Schlange angestanden.

BERUFLICHES

FREIWILLIG GESCHUBST

WAS SOLL ICH WERDEN UND WARUM?

Es drängt meinen Sohn, den Zivivertrag beim Stadtjugendring zu unterschreiben, und es drängt mich, das hinauszuzögern, am besten zu verhindern. Ich wünsche ihm eine größere Herausforderung und mir eine größere räumliche Entfernung. Zum Glück kommt mir Maiks Schlunzigkeit entgegen. Er vergisst immer wieder, das polizeiliche Führungszeugnis zu beantragen, beim Arzt einen Termin für den Gesundheitscheck zu vereinbaren und er verpasst ständig die Bürozeiten des Jugendringleiters, um sich bei ihm erstmal persönlich vorzustellen. Bis zum Jahreswechsel passiert in der Sache nichts Entscheidendes.

Lysa und ihr Freund Patrick planen ein paar gemeinsame Tage über Silvester bei Patricks Vater, der seit der Trennung von seiner Frau in Süddeutschland lebt. Matthias bekommt die knappe Aufforderung, ab 1. Januar mehr Unterhalt für seinen Sohn zu zahlen und die ausführliche Anweisung, Paul künftig montags und donnerstags vom Kindergarten abzuholen, weil Verena noch mehr für ihre Figur tun will und sich deshalb auch noch beim Lauftreff angemeldet hat. »Das ist ja für einen Freiberufler gar kein Problem«, regt er sich auf.

Bei Rolf stapeln sich die ADHS-Jungs und die Lese/Rechtschreibschwachen im Wartezimmer; die Jahresstatistik aller angemeldeten Fälle ist auch noch fällig. Unser Herr Sohn arbeitet intensiv an einem Weihnachtssong und deutlich weniger intensiv für das anstehende Abi. Er will bis Heiligabend Bob Geldofs »Do they know it's Christmas?« aufgenommen haben und koordiniert dafür Musiker und Sänger aus den umliegenden Ortschaften. Mit argwöhnischem Blick beobachte ich sein Engagement, und mit viel Atü in der Stimme mahne ich täglich mehr Schulfleiß an. Ich selbst langweile mich auch nicht, bis zum Jahresende muss für einige Moderatoren noch Garderobenbudget verbraucht werden. Allenthalben hektische Betriebsamkeit vor der stillen Nacht.

Dass Maik in der Oberstufe von seinen Lehrern beim Vornamen genannt und dabei gesiezt wurde, gefiel ihm gut. Das halbe Sie kombinierte Vertrautes mit Neuem. Durch diese Ansprache fühlte er sich erwachsener und mehr respektiert. Die 11. Klasse gab dem Jungen neuen Schub, auch weil sie ihm das Ende der Schulzeit in Sichtweite rückte. Das Abitur war nun wieder ein fester Bestandteil all seiner Zukunftspläne, kurz vor dem Ziel aufzugeben doch keine Alternative. Außerdem, so beruhigte er sich und uns, sollte das Zentral-Abi gar nicht mehr so schwer sein, weil ja nun die Schwächsten im Lande das Niveau vorgaben.

Einige seiner Kumpels waren nach den Sommerferien nicht mehr auf die Schule zurückgekehrt. Aber nur einer ging ab, um tatsächlich eine Lehre anzufangen, die anderen hatten sich auf eine der zahlreichen Berufsbildenden Schulen geflüchtet. Sie nutzten die vielfältigen Möglichkeiten des dualen Bildungssystems, das sie auch zur Allgemeinen Hochschulreife führte, wenn sie denn dort ein anderes Lernverhalten an den Tag legten als zuvor im Gymnasium. Maik sah, dass seine Ex-Kollegen jetzt den ganzen Tag über beschäftigt waren. Mit so geringer Stundenzahl wie in seinem Stundenplan kam man nur auf dem Gymnasium zum Abi. Das war Ansporn genug, sich nicht abhängen zu lassen. Aber es reichte nicht, um für das Leben zu lernen.

Maik lernte immer noch für mich. Mir sollte das recht sein, wenn er es denn überhaupt tat. Hinter jedem guten Manager steht eine Frau, hinter jedem guten Schüler eine Mutter. Das geben mittlerweile selbst die Lehrer zu und widersprechen auch nicht der Annahme, dass mit Schüler vornehmlich der männliche gemeint ist.

Mit dem Einzug in die Oberstufe endete auch die gesetzliche Schulpflicht. Maik konnte nun jederzeit gehen, und außer seiner Mutter würde ihn niemand aufzuhalten versuchen. Auch sein Vater nicht, denn der verließ sich auf meine Terrierqualitäten und verstand es besser als ich, Druck rauszunehmen, bevor der Ballon platzte. Sich ständig gegen eine grundsätzlich andere Vorgehensweise aufzulehnen, hielt er ohnehin für Energieverschwendung. »Das bringt doch sowieso nichts«, bemerkte er mehr als einmal. So gesehen verhielt sich Rolf wie die bessere Mutter im kaukasischen Kreidekreis. Er ließ immer zuerst los. Wenn ich sagte: »Sag du doch auch mal was«, dann sagte mein Mann: »Es ist alles schon gesagt.« Zu meinem Ärger hielt er diese Verweigerungshaltung konsequent durch. Zu unserem Glück wollte Maik die Schule gar nicht verlassen, er wollte bleiben. So herrschte in der Familie traute Einigkeit darüber, dass wir die Nummer jetzt durchziehen würden.

Das Ende der Schulpflicht entspannte auch die Lehrerschaft sichtlich. Welcher Schüler jetzt weitermachte, der tat es auf eigene Verantwortung und auf eigene Gefahr. Und hoffentlich mit der wachsenden Einsicht, dass die Investition in Bildung immer das Beste war und nie groß genug sein konnte. Der Unterricht im Gymnasium wurde jetzt ganz offiziell zum freiwilligen Angebot, allerdings mit Anwesenheitspflicht.

Und das war ein Problem, denn die nun meist volljährigen Schüler genehmigten sich ihre Freistunden selbst. »Es wäre schön, Sie könnten ihre Kinder motivieren, morgens aufzustehen und den Bus in unsere Richtung zu nehmen», formulierte es der Stufenleiter im ersten Treffen, das auch gleichzeitig das letzte war. Die erste und zweite Stunde sind schlecht besucht, zur dritten wird es besser.

Die Schule leistete ihren Beitrag, um die flüchtigen Teilnehmer wieder einzufangen, und hatte ein komplexes Entschuldigungssystem eingeführt. Es gab Laufzettel, die ein Schüler von jedem Lehrer, in dessen Stunde er gefehlt hatte, binnen einer Woche abzeichnen lassen musste. Geschah das nicht, hatte der Schüler unentschuldigt gefehlt. Und unentschuldigte Fehlstunden führten schnell dazu, dass die Teilnahme am Kurs nicht benotet werden konnte. Wer sich öfter mal krank meldete, hatte ein Attest vorzulegen. Wo einst auf Einsicht und Partnerschaft gesetzt wurde, wurde nun kontrolliert. Die Schule bat die Eltern um Mitwirkung, aber unsere Macht war jetzt auch zu Ende.

Die Garantie ist abgelaufen, es geht nur noch über Kulanz. Ausgerechnet in Maiks Lieblingsfach Musik muss ich zwei Tage vor Ferienbeginn stellvertretend für meinen volljährigen Sohn zum Lehrerbesuch antreten. Maik ist der einzige aus der Stufe, der Musik als mündliches Abiturfach gewählt hat. Damit hat er der Schule ein Problem beschert. Was nur einer will, ist kein Kurs. Und so ein Alleingang bedeutet vermehrt Arbeit für die Lehrerin, aber das belastet meinen Sohn nicht, ihn interessiert nur seine letzte Arbeit, die er als ungerecht bewertet empfindet. Er versteht nicht, warum es nur sieben Punkte geworden sind.

Maik ist stinksauer und will sich mal so richtig beschweren. Angesichts seiner übersichtlichen Gesamtleistungen rate ich von dieser späten Revolte dringend ab: »Außer kleinen Brötchen solltest du jetzt gar nichts mehr backen.« Ich schlage ein klärendes Gespräch mit Frau Schmidt-Hahn vor. Widerwillig stimmt er zu, das näher rückende Abitur macht den Burschen kleinlaut, aber seine Enttäuschung ist nicht zu übersehen. Er hat deutlich mehr Streithilfe von mir erwartet.

Seine Bindestrich-Lehrerin hat Mittwoch vierte Stunde angeboten. Leider kann Maik da nicht, denn da schreibt er Mathe. Nein, tut mir leid, eine Alternative gebe es nicht, meint die Dame, das sei nun mal ihre einzige Sprechstunde. Mit viel Bitte-Bitte habe ich meinen Job-Termin auf einen Tag zwischen den Jahren verlegt und treffe Frau Schmidt-Hahn zu ihren Bedingungen im Rote-Kreuz-Zimmer, einem kleinen Raum von 7 qm mit einer Pritsche, an deren Fußende eine zusammengelegte Decke liegt. Das erinnert mich an meine Zeltlager-Aufenthalte mit der katholischen Jugend. An der Wand hängt ein Erste-Hilfe-Kasten, der kleiner ist als unserer daheim. Vor dem Fenster steht ein kleiner runder Tisch mit zwei Stühlen. Alternativ stehe noch die Asservatenkammer zur Verfügung, falls der Sanitätsraum besetzt sei, hatte mich die Lehrerin wissen lassen, damit ich sie im Zweifel dort hätte suchen können.

In dieser Schule mit über tausend Schülern gibt es kein Besprechungszimmer, in das sich Lehrer mit Eltern oder Schülern zurückziehen könnten. 1971, als diese Schule gebaut wurde, gab es dafür offenbar noch keinen Bedarf, da war die Welt noch in Ordnung.

Frau Schmidt-Hahn erscheint fast pünktlich, sie war nur noch kurz im Lehrerzimmer und hat sich einen Kaffee geholt. Sie umklammert die Tasse mit beiden Händen, als wärme sie sich daran auf. Auf der Tasse steht ›Schuhle ist doov‹. Das sei ein Geschenk der 7. Klasse zu Weihnachten, erklärt sie mir lächelnd und fragt, ohne ihr Lächeln auszusetzen: »Was kann ich für Sie tun?« Da brauche ich nicht lange zu überlegen: »Gern einen Kaffee!«

Frau Schmidt-Hahn schaut auf die Uhr, und ich habe verstanden. Ich fasse lieber nicht nach, sondern zusammen: »Ähem ... ja, die letzte Klassenarbeit, ich mein' ich verstehe ja nichts davon, aber Maik meint ... könnte es vielleicht sein, dass da an ein paar Stellen ein Missverständnis ...« In meiner Wortwahl bin ich so vorsichtig, als gelte es über hundert rohe Eier zu laufen. Ich komme als Bittsteller, denn ich habe dazugelernt. Frau Lehrerin unterbricht mich, lächelt immer weiter und gibt mir einen Abriss über die Lerninhalte des Halbjahres. Dann weist sie mich kurz in ihre seit Jahren bewährten Lehrmethoden ein. Währenddessen schaut sie immer wieder in ihre Unterlagen und mit Beendigung des letzten Satzes wieder hoch, wahrscheinlich um zu schauen, ob ich noch da bin.

Sie ist für eine Lehrerin überdurchschnittlich gut angezogen, ihre Garderobe ist teuer, das erkenne ich schnell. Sie trägt ein modisches Strickleid und Schuhe mit Absatz, was ich bei einer Lehrerin zum ersten Mal wahrnehme. Deshalb beschließe ich, sie nett und kompetent zu finden und ihr Metall in der Stimme zu ignorieren. Ich nicke, als verstünde ich alles, und lächele nun auch dauerhaft. In einer winzigen Sprechpause schiebe ich das Bestechungsgeschenk über den Tisch: eine Produktion der The Sixth Records, Maiks jüngste Aufnahmen. Ich verpacke sie in warme Worte und schwärme, wie engagiert und leidenschaftlich unser Sohn bei der Sache ist, wie löblich ich das finde und mein Mann auch. Musik verbindet die Welt.

Ich ahne ja nicht, welch wunderbares Stichwort ich da geliefert habe. Frau Schmidt-Hahn ist nun wirklich bei der Sache: Sie war ja als junger Mensch ein Jahr in Afrika, und da habe sie die Musik über ihr Heimweh hinweggetragen, schwärmt sie. Sie kommt richtig in Fahrt. Sie finde es ja so wichtig, dass junge Menschen fremde Kulturen kennenlernen, auch damit sie unsere zu schätzen lernen. Sie selbst betreue die Dritte Welt AG und stehe im engen Kontakt mit dem Ministerium für Wirtschaftliche Zusammenarbeit, das ein Weltwärts-Programm ins Leben gerufen hat. Da könne man ein freiwilliges soziales Jahr im Ausland machen oder in irgendeinem Land den Zivildienst ableisten. Nun werde ich wach. Ausland? Zivildienst? Weit und lange weg? Ich notiere mir die Webadresse und den Namen der Ansprechpartnerin aus dem Ministerium. Das ist doch mal ein aufschlussreiches Gespräch. Maiks nächste Arbeit wird bestimmt besser.

»Es sind nur noch wenige Meter bis zum Abitur, also durchhalten!«, rufe ich mich selbst zur Ordnung und erinnere mich an die Anfänge: Das freiwillige Angebot der Oberstufe beinhaltete ein unübersichtliches Menü an Fächern, die ein Schüler wählen konnte oder wählen musste. Ohne Mathematik, Deutsch und Sport führte kein Weg mehr zur Allgemeinen Hochschulreife; es ist kaum noch vorstellbar, dass es einmal möglich gewesen war. Auch sonst hatte sich im Kurssystem einiges getan. Es war in der unterschiedlichen Gewichtung der abiturrelevanten Fächer derart komplex geworden, dass es selbst nicht alle Lehrer auf Anhieb verstanden. Uns hielten die Detailfragen beim Mittagessen auf Trab, die Familie stritt ausdauernd über unser unterschiedliches Verständnis der Regeln und Verordnungen. Bei welcher Fächerkombination musste man den Zusatzkurs SoWi belegen? Wurden die Leistungskurse in der 13/2 anders gewichtet, und wenn ja, wie? Galt es wirklich für jedes Fach, dass die mündliche Mitarbeit zu 50 Prozent zählte, auch für Sport? Und: Wie viele entschuldigte Fehlstunden durfte man eigentlich haben und wie viele Defizite in der Benotung?

Es gab im Vorfeld einen Informationsabend, bei dem man gut aufpassen und fein mitschreiben sollte. Der Teufel ist ein Eichhörnchen: Die Gefahr, die Zulassung für das Abitur zu gefährden, weil man in der Qualifikationsphase einen Kurs übersehen oder die Anzahl der Defizite unterschätzt hatte oder aber zu häufig ferngeblieben war, schien deutlich höher als die Wahrscheinlichkeit in den Abiturklausuren selbst durchzufallen.

Das Jahreszeugnis der Stufe 11 wischte zum letzten Mal die Tafel sauber, hier zählte noch kein Kurs für den finalen Abschluss. Es war wie in allen vorherigen Klassen: Hauptsache, man kam durch. Die 11. Klasse galt als gechillt, und solange die Schulzeit noch 13 Jahre dauerte, nutzten einige der guten Schüler das Jahr für einen Auslandsaufenthalt. Auch unsere Lysa hat das getan. Ab der Stufe 12 wurden die Punkte fürs Abitur gesammelt, dann konnte man auch keinen Patzer mehr ausbügeln. So verstand es Maik ganz richtig, doch er übersah dabei, dass man in die Fächer, die man in der 11 abgewählt hatte, nie mehr einsteigen konnte. So kam ihm Französisch abhanden, was ihm leid tat, als die hübschen Austauschschülerinnen kamen, und er stieß gleichzeitig Biologie, Physik und Chemie ab, was er nicht bedauerte, ihn aber in die Bredouille brachte.

Das fehlende Französisch zwang ihn dazu, Informatik bis zum Schluss durchzubuchen, und die drei abgestoßenen Naturwissenschaften zwangen ihn, Mathe als schriftliches Abiturfach zu wählen. Beinahe hatte er es geschafft, keinem der drei vorgesehenen Aufgabenfelder, dem sprachlich-literarisch-künstlerischen, dem gesellschaftswissenschaftlichen und dem mathematisch-naturwissenschaftlich-technischen Aufgabenfeld die vorgeschriebene, schwerpunktmäßige Bedeutung zu geben. Zum Glück passte Maiks Stufenkoordinator auf und warnte ihn, wenn er Fächer entsorgte, die das Regelwerk unbedingt vorsah. »Unter Fächerwahl habe ich mir was anderes vorgestellt«, beschwerte sich Maik. Das sei eine so magere Auswahl wie bei einer Pauschalreise.

Ich schlug ihm vor, dass er sich bei den Pionieren der reformierten Oberstufe beschweren möge, bei denen, die sich vor über 30 Jahren als erste dem Leistungskurs *Große Pause* verschreiben durften. Das war das Kurssystem mit sehr individueller Spezialisierung, das sich als Mittler zwischen Schule und Hochschule verstand. Jeder wie er wollte und am besten konnte, mit der einzigen Hürde, dass auch noch ein paar andere dieselben Interessen wählen mussten, damit der Kurs überhaupt zustande kommen konnte. Daran scheiterte die Kursplanung oft genug. Und auch daran, dass manche den Lehrer nicht mochten, der den Kurs geben sollte. Früher hingen Kursthemen samt Lehrernamen rechtzeitig am schwarzen Brett aus. Da wählte man doch lieber den netten Lehrer in einem Fach, das einem nicht ganz so lag statt im Lieblingsstoff an Langeweile zu sterben. Heute ist die Schulleitung klüger und verrät nichts mehr, was aber den Schüler zu schrägen Spekulationen animiert, wer welchen Kurs behalten wird, abgeben muss oder übernehmen könnte.

Ich kläre Maik im Kurzabriss über die Geschichte der reformierten Oberstufe auf und darüber, welche Probleme sie uns gebracht hat. Erstaunlich viele Kursindividualisten bekamen ihre persönliche Allgemeine Hochschulreife, die den Namen schon ab dem ersten Jahrgang nicht mehr verdiente, weil das Letzte, was man von Mathe gehört hatte, der Dreisatz war. Da wunderte ich mich, dass Ruth Maier doch zur Abschlußfeier erschien, von der ich immer gedacht hatte, die packt das nie, und Karsten Lampe plötzlich von Studienplänen schwadronierte, den ich immer nur in der Caféteria beim Doppelkopf gesehen hatte.

Die Kurspioniere bauten im Anschluss an die Schule ihre Allgemeine Hochschulreife zur speziellen Reife aus, in endlos langen, bevorzugt schöngeistigen oder Lehramts-Studiengängen verlängerten sie ihren Aufenthalt im Schutzprogramm, das sie sofort infrage stellten, als es ihnen durch günstige Umstände gelang, in gute Positionen zu kommen.

Die Nutznießer sahen in der reformierten Oberstufe auf einmal eine falsch-gute Idee, weil das Grundwissen im Lesen, Schreiben und Rechnen sank, während nur das Niveau im Spezialwissen um seltene Enzyme, kaum bekannte Literatur und abseitige mathematische Beweise stieg. Die Abiturienten wussten viel, aber ihr Wissen hatte keine Relevanz. So sammelten die Pioniere Freiheit um Freiheit wieder ein. Und sie haben vor, es wieder zu etwas hinzuführen, das man irgendwann wieder Allgemeine Hochschulreife würde nennen können. »Mein lieber Sohn«, beende ich den abgeschlossenen Kurzroman, »diese Vorschriften retten dich gerade.«

Ich schätzte den ersten richtigen Meilenstein in Sachen Transparenz sehr, auch wenn er noch Mängel hatte und zu neuen Problemen führte: die Einführung des Zentralabiturs. Das gibt es bei uns in Nordrhein-Westfalen seit 2007. Die Aufgaben werden zentral gestellt und dezentral ausgewertet. Dabei korrigiert der Lehrer die Arbeiten seiner Kursschüler nach einem vorgeschriebenen Kriterienkatalog, und überdies gibt es einen Zweitkorrektor, der die bewertete Arbeit des Erstkorrektors prüft. Das ist entweder ein Lehrer von einer fremden Schule oder ein Kollege an der eigenen.

Ich erkenne die Bemühungen um objektivierbare Notenurteile an, frage mich aber, ab wann ein Lehrer die Korrekturen eines Kollegen ernsthaft anzweifeln würde. Warum bewerten nicht zwei Lehrer dieselbe Klausur, ohne dass der eine von den Korrekturen des anderen weiß? Es ist, als würde ein Arzt die Diagnose eines Kollegen überprüfen und nicht den Patienten noch einmal untersuchen. Ich ahne dunkel, was dabei nicht herauskommt, beschließe aber, alles besser zu finden, als das niemals nach außen sichtbare Wirken eines Fachpädagogen mit Endlosvertrag. Schließlich ist es viel mehr, als es je gab.

Die angestrebte Transparenz wird mit selbst organisiertem Lernen garniert, einem neuen systemischen Ansatz, bei dem ausgefeilte Arbeitsblätter wichtiger sind, als die Person, die sie verteilt. Anstatt des schnöden Frontalunterrichts nähert sich ein Kurs den Lösungen im abgesicherten Gruppenpuzzle an oder als Lerntempoduett. Der Lehrer wird vom Wissensvermittler mit Vorsprung zum Teamführer einer kooperativen Lernkultur. So was denken sich die Lehrer der Lehrer aus, die von der Landesakademie für LehrerInnen-Fortbildung und Personalentwicklung, und treiben den qualifizierten Schullehrer in den abgesicherten Wahnsinn. Und richtig neu ist es auch nicht, wir haben früher auch schon gequatscht, bis es klingelt.

Maik begriff, dass die Anstrengungen um das beste Verfahren und gerechte Bewertungen die Benotung in kleinste Einheiten zerlegte, und er sah, dass es zur Inflation der Einsen und Zweien führte. Aber es gelang ihm nicht, beim Sammeln und Punkten mitzumischen.

Die mündliche Beteiligung und Referate zählen ebenso wie die schriftlichen Klausuren, auch soziales Engagement innerhalb und außerhalb der Schule prägt die Noten mit. Das ist gut für Sammlernaturen, die gern vorbeugen und nicht alles auf eine Karte setzen wollen. Es ist auch gut für umtriebig-gesprächige Kandidaten mit großem Wortspeicher, der jeden Tag geleert werden muss. Und es ist sehr gut für Charaktere, die um die Sympathie von Autoritätspersonen buhlen. Kurz: Das Bewertungsprinzip ist nahezu perfekt für das moderne Rotkäppchen.

Soziales Engagement ist immer ehrenwert und wird immer beliebter, denn es zeigt das Mädchen hinter der Schülerin. Die kleinen Lehrgänge im Sanitätsdienst oder in der Streitschlichtung, derer sich die Biologielehrerin auf halber Stelle angenommen hat, eignen sich hervorragend zur Profilierung, zumal sie im Abschlusszeugnis nicht unerwähnt bleiben. Das moderne Rotkäppchen hüpft fröhlich über den ausgeschilderten Sicherheitsparcours, der Korb für die schmackhaften Beeren, die es am Wegesrand pflücken will, wippt in seiner Hand. Rotkäppchen hat allen Grund, fröhlich zu sein, denn am Ende wartet nicht der böse Wolf, sondern tatsächlich die kranke Großmutter im Bett. Die ist zu schwach, um aufzustehen, und ihre Augen sind schlecht geworden. Sie erkennt nicht mehr alles, freut sich aber über jeden Besucher, der ihr wenigstens etwas mitbringt, Engagement ist zur Leistung an sich geworden. Was für Mädchen gut ist, kann für Jungs nicht schlecht sein. Doch Maik steckte in seiner Schublade fest.

»Und?« fragt Maik, als er nach Hause kommt, und ich erinnere mich nur mühsam, was Frau Dingens eigentlich zur Analyse seiner letzten Musik-Klausur gesagt hat. Da es nie konkret wurde, sondern immer beim Diffusgeplauder geblieben war, konnte ich es mir nicht gut merken. Ich sage ihm also, was immer stimmt: Dass er sich darin üben solle, präziser zu formulieren und die Fragen genau zu lesen. Und dass ich das Buch geordert habe, das seine Bindestrich-Lehrerin wärmstens empfiehlt, aber nicht verbindlich vorschreiben darf. Und ich erzähle ihm, dass sie ihn mag und an ihn glaubt. Na ja, und da gebe es doch dieses Weltwärts-Programm. Das interessiert Maik nicht. Er will nur wissen, ob seine Klausur nachträglich nach oben korrigiert wird. »Nein, keine Chance.«

Maik setzt sich erstmal ans Klavier. »Wäre es nicht besser ...?« Den Rest der rhetorischen Frage verschlucke ich.

Natürlich sind die Elitegirls auch daheim bienenfleißig, was sie gerne leugnen. Verbissene Erfolge wirken nicht sympathisch, nur

Klugheit aus dem Stand. Am besten, man kann sich selbst gar nicht erklären, wie es zur Eins kam. Das kommt gut an auf Facebook. Das alte Spiel der Bescheidenheit funktioniert immer noch, meist ein Schülerleben lang. Bis Lehrer und Mitschüler das Kalkül hinter der Tiefstapelei begriffen haben, ist die Schulzeit zu Ende. Die Koketterie mit dem Verstand unterstreicht die eigene Intelligenz, und man muss sich nicht in die Karten schauen lassen. Jungs wie Maik nehmen die Aussage wörtlich: Ich tu gar nicht so viel. Und mit dem angeborenen männlichen Selbstbewusstsein kommt ihnen gar nicht in den Sinn, weniger intelligent zu sein. So tut er auch nicht viel und wundert sich, dass bei ihm weniger rauskommt.

Die zukünftigen Alphagirls haben aber noch einen ganz anderen, ganz natürlichen Vorsprung. Sie können um Punkte kämpfen, man könnte auch sagen: feilschen, auf eine Art, wie es einem Jungen nicht möglich ist, ohne dass er auf ewig das Gesicht verliert. Im Zwiegespräch texten die weiblichen Powerkekse ihre Lehrer zu und sich ein paar Punkte höher, verbindlich in der Form, knochenhart in der Sache. Und es muss ihnen noch nicht mal peinlich sein. Der Gedanke vom kleinen Mädchen, das es zu stärken gilt, so dass es die angeborene wie anerzogene Schüchternheit überwinden und sich endlich trauen kann, für die eigenen Rechte einzutreten, sitzt tief in allen Köpfen.

Die Beurteilung der mündlichen Mitarbeit ist die Manövriermasse, mit der man von einem guten Niveau leicht auf ein sehr gutes kommt und wo sich das Mädchen besser erinnert als jeder Lehrer, mit welchen klugen Beiträgen es den Unterricht bereichert hat. Wer vermag da zu sagen, es sei anders gewesen? Es funktioniert in fast allen Fächern, nicht nur in den weichen, und bei allen Lehrern, die gern mit sich reden lassen, wenn sie dafür nur etwas Anerkennung und Liebe zurückbekommen. So können sich die Mädchen hochquatschen, aber kaum runter. Eine gute Klausur legt die grobe Messlinie fest: Ein schweigsamer Schüler mit schriftlicher Bestnote wirkt immer tiefgründig, nie unwissend. So bekommt er eine bessere mündliche Note als ein schweigsamer Schüler mit schlechteren Klausurergebnissen. Der hat einfach nur keine Ahnung.

Hoffentlich kommt bald der Tag der letzten Prüfung, und dann ist die ganze Sache vorbei. Bis dahin muss ich Maik auf den Auslandsdienst eingeschworen haben. Der war meine Idee, Europa wird unser Kompromiss. Die meisten europäischen Plätze sind mit Billigfliegern gut zu erreichen. Mein Vorschlag ist letztlich eine Vorschrift, das versteht Maik blitzschnell. Eine, die ihm Ruhe vor mir schenkt. Deshalb willigt er ein und weiß natürlich auch, dass er jederzeit absagen kann, und soviel muss man da erstmal gar nicht ausfüllen.

Maiks Nervosität vor den letzten Klausuren wird täglich größer. Dabei ist es jetzt völlig unnötig, besonders aufgeregt zu sein: Die Noten der Abiklausuren fließen nur zu einem Drittel in die Gesamtnote ein. Außerdem schließt er sich einer Lerngruppe an und lernt, dass mir das Herz aufgeht, ohne Aufforderung und mit System.

Er hatte das Prinzip Schule dem Grunde nach verstanden: dass es in erster Linie um Leistungsbereitschaft geht und erst dann um den Leistungsstand. Wer faul ist, darf nicht dumm sein, und wer dumm ist, den rettet der Fleiß. Bei Note Drei treffen sich beide Kategorien. Doch ist sie auch gleichermaßen verdient? Der liebe Gott hat einen großen Zoo und die Talente ungerecht verteilt. Bei solchen Diskussionen ereifern wir uns oft. Ist einer, der sich stets bemüht, aber aus dem sich nicht mehr rauspressen lässt, nicht eigentlich der bessere Schüler? Besser, weil seine Lernerfolge aus dem System stammen? Und was verdient einer, der recht clever ist, aber alle Mühen scheut und keine Fleißpunkte sammelt? Die Antwort auf diesen Konflikt ist mittelmäßig: eine Drei.

Auf der Drei schwimmt der Schüler im ruhigen Fahrwasser, sie ist nah dran an der Zwei und weit weg von der Fünf; sie hält die Mutter vom Lehrer fern und den Lehrer von Ermahnungen ab. Die Aufteilung der sechs Noten auf fünfzehn Punkte ist etwas genauer, weil sie das Minus und das Plus gleich impliziert. Dennoch bleibt das Mittelfeld ein Sammelbecken, das alle Informationen enthält und keine preisgibt. Universitäten und große Unternehmen, die ein duales Studium finanzieren, suchen gezielt. Sie verlassen sich schon lange nicht mehr auf Abschlussnoten, auch nicht auf die guten, und laden zu eigenen Tests ein, denen sie deutlich mehr vertrauen.

Eine Drei ist für sie bereits inakzeptabel. Es gibt so viele Abiturienten, dass es Unternehmen wie Uni ausreicht, sich nur mit der oberen Hälfte zu beschäftigen. So großartig die inneren Werte und der Geist eines schlechten bis durchschnittlichen Abiturienten auch sein mögen, so niederschmetternd gering ist die Chance, dass er oder sie sich im Bewerbungsverfahren als kluger Bursche oder schlaue Lady vorstellen kann. Für die untere Hälfte ist das Abitur längst nicht mehr wert als eine ausgebaute Mittlere Reife. Abiturientenlehrlinge aber sind noch nicht einmal besonders beliebt. Sie gelten als faule Besserwisser. Einzig, dass sie nicht mehr dem Jugendschutz unterliegen und meistens einen Führerschein haben, macht sie halbwegs attraktiv.

Maik erkennt leider zu spät, dass man entweder ganz oben mitschwimmen muss oder die Note so gut wie keine Rolle mehr spielt. Entweder eins oder keins. Ohne Top-Abitur schränkt sich die Auswahl der Möglichkeiten dramatisch ein. Unser Sohn wusste zwar schon lange, dass er nicht zu den Besten gehörte, aber es schmerzte ihn trotzdem, je mehr es Realität wurde. Seine größte Leistung war, dass er tapfer und diszipliniert gegen diesen Chancenlosigkeit ankämpfte.

Maik hatte auch verstanden, dass bei der Bewertung Wohlverhalten eine große Rolle spielt, als Teilmenge der Anstrengungsbereitschaft. Und in der 13. Klasse versucht er, sich anzupassen, sich zu sortieren, auf den letzten Metern fleißig zu sein. Das fällt ihm schwer. Was Montag noch gelingt, hält er kaum bis Donnerstag durch. Und es fällt ihm schwer aufzuholen. Immer häufiger erholt er sich in seiner Nische: Musik wird für ihn täglich wichtiger. Im Tonstudio gibt es ständig was zu tun. Besser so, denke ich, als Kiffen oder magische Pilze. Dabei habe ich die nur noch nicht gefunden. Ein Drogenverdacht ließe mich Postgeheimnis und Privatsphäre bedenkenlos ignorieren, skrupellos würde ich alles öffnen und jeden Winkel durchsuchen. Aber ich schwanke so schon hin und her zwischen kontrollieren und laufen lassen, manchmal im Stundentakt. Wenn ich glaube, mal wieder richtig durchgreifen zu müssen, drohe ich damit, dass er seinen Probenraum räumen muss. Das ist nicht schön, aber wirkungsvoll.

Die Gymnasiallaufbahn ist auch nicht schön, aber auch nicht wirkungsvoll. Sie ist bar einer soliden Grundlagenbildung und der Humboldtsche Bildungsgedanke »Lernen als Selbstzweck« längst ersatzlos abgeschafft.

Und dennoch tragen die Lehrer des staatlichen Gymnasiums Chancengleichheit und Diskriminierungsfreiheit vor sich her wie ein stolzes Schild, und tun dabei so, als würde niemand bemerken, dass es längst zerbrochen ist. Dabei ist es ihnen noch nicht einmal peinlich, wenn aus den Absolventen nichts wird. Es wirkt perfide, Schüler in dem Glauben zu entlassen, sie seien gewappnet für den Kampf auf der Karriereleiter, für den Beruf und fürs Leben, sie kämen jetzt gut allein zurecht, ungeachtet ihrer Herkunft. Das staatliche Gymnasium ist eine Hauptschule für ehrgeizige und finanziell potente Eltern. Indem Unterschiede geleugnet werden, werden sie manifestiert. Die noch ehrgeizigeren und potenteren Eltern sind mit ihren Kindern schon lange zum privaten Gymnasium weitergezogen. Das ist elend zynisch.

Was Maik und Lysa besonders gut können, haben sie nicht in der Schule gelernt. Weder praxistaugliches Englisch noch sportliche Fitness, weder das Singen noch das Klavierspiel, und auch ihr Know-how mit der Hard- und Software am Rechner stammte aus anderer Quelle, die kriminelle Energie beim Download von Songs und Filmen inklusive.

Beinahe hätte ich Maik ein *iPhone* geschenkt, als er mir erzählte, dass das Netzwerk der Schule noch immer ungeschützt ist. So hätte er sich bei Klausuren auf der Toilette zur richtigen Antwort googeln können. Ich habe es dann doch gelassen, weil sich in mir ein Rest von Anstand rührte und mir das Kult-Handy überdies zu teuer war.

Maik schaffte die Prüfungen auch ohne *iPhone*. Mit viel Musik und einigen Joints packte er die Klausuren im gewohnten Notenschnitt. Die laute Musik konnte ich nicht überhören, den süßlichen Haschischduft habe ich erst wahrgenommen, als alles vorbei war. Ich wollte einfach nicht noch ein Problem. Am Tag der Abiturprüfung im Fach Musik kam der Brief von der Auslandsorganisation mit der Einladung zum Auswahlverfahren in Frankfurt. In der Musikprüfung musste Maik Schumanns »Fröhlichen Landmann« spielen und ich fand, dass es dazu passt.

Von den neun Kindergartenjungs, die mit Maik eingeschult wurden, waren sieben mit ihm aufs Gymnasium gewechselt. Beim Abitur sind sie nur noch zu dritt. Die fünfte Jahrgangsstufe begann vierzügig mit sehr vollen Klassen zu je 32 Schülern, also mit 128 Gymnasiasten. Daraus wurden 109 Abiturienten. Von denen fiel einer durch: Er hatte die Zulassung bereits im Vorfeld verspielt.

Von den 108 Hochschulgereiften haben ein gutes Drittel eine Abiturnote unter 2,0 erreicht. Unter den besten zehn waren sechs Mädchen, von den besten zwanzig Schülern waren 14 weiblich und unter den besten dreißig waren es 22. Damit lag unser Gymnasium genau im Bundesdurchschnitt. »Lasst den Jungs doch den Numerus clausus«, schloss der Stufenleiter seine warmen Worte zur Abschlussfeier, »sie haben doch sonst kaum noch was.« Ein Raunen ging durchs Publikum. Den Mädels kann man nicht vorhalten, den gebotenen Rahmen genutzt zu haben. Und den Jungen nicht, dass nur zwei von ihnen Wehrdienst leisten wollen.

Die Schulzeit meines Sohnes war anstrengender als meine eigene, seine Erleichterung über das glückliche Ende so offensichtlich wie meine. Noch vor dem Abiball warf er alle Schulsachen weg, bloß die Kontaktliste auf Facebook hat er gesichert.

1999: DEUTSCHLAND UND DIE WELT

WÄHRUNGSUNION

In elf europäischen Staaten wird der Euro als Buchgeld eingeführt.

POLITIK

Nach einem Zerwürfnis mit Bundeskanzler Schröder tritt Finanzminister Oskar Lafontaine überraschend von allen Ämtern zurück.

INTERNET

Der Computer-Wurm Melissa verbreitet sich über das Internet und sorgt weltweit für Chaos in Firmennetzwerken.

GEHEIMDIENST

Der Chef der kurdischen Arbeiterpartei wird von türkischen Geheimagenten aus seinem kenianischen Exil entführt und in seiner Heimat zum Tode verurteilt.

TUNNEL

Bei Bränden zuerst im französischen Montblanc- und zwei Monate später im österreichischen Tauerntunnel kommen über 50 Menschen um.

UNGLÜCK

Weil Bauarbeiter ein Werkzeug nicht weggeräumt haben, verunglückt ein Zug der Wuppertaler Schwebebahn, die damit ihren Ruf als sicherstes Verkehrsmittel der Welt einbüßt. Fünf Menschen sterben, 47 werden verletzt.

AMOK

Zwei Schüler laufen an der Columbine Highschool im amerikanischen Bundesstaat Colorado Amok und töten zwölf Schüler, einen Lehrer und anschließend sich selbst.

WAHL

Johannes Rau, SPD, wird zum Bundespräsidenten gewählt. Die Kandidatin der CDU, Dagmar Schipanski, unterliegt erst im 2. Wahlgang.

ARCHÄOLOGIE

Raubgräber entdecken auf dem Mittelberg nahe Nebra in Sachsen-Anhalt eine Bronzeplatte mit Himmelsdarstellungen.

TENNIS

Deutschlands erfolgreichste Tennisprofis, Boris Becker und Steffi Graf, ziehen sich vom Leistungssport zurück.

SPENDENAFFÄRE

Der frühere Bundeskanzler Helmut Kohl, CDU, räumt ein, dass er in der CDU-Spendenaffäre insgesamt 2,1 Millionen DM illegale Parteispenden entgegengenommen hat. Die Namen der Spender gibt er nicht preis.

1999: FAMILY AFFAIRS

MUSIK

Maik fängt mit Klavierunterricht an.

KINO

Wir verhindern in letzter Minute, dass Falk unseren Maik ins Kino mitnimmt, um Matrix zu schauen.

HOFFNUNG

Lysa fängt mit Geigenunterricht an.

ENTTÄUSCHUNG

Lysa hört mit Geigenunterricht auf.

MUSIK

Maik spielt gern Klavier.

2000: DEUTSCHLAND UND DIE WELT

WIRTSCHAFT

Nach einer erbitterten Übernahmeschlacht fusioniert der britische Vodafone-Konzern mit dem deutschen D2-Mannesmann, während die Bundesregierung mit der Versteigerung von Mobilfunk-Lizenzen 50,8 Milliarden Euro erlöst.

UMWELT

Die zyanidhaltige Giftbrühe aus einer rumänischen Goldmine verseucht die Donau und verursacht die größte Umweltkatastrophe seit Tschernobyl.

COMPUTER

Microsoft bringt sein Windows 2000 auf den Markt und entgeht nur durch Zahlung von hohen Bußgeldern der Zerschlagung durch die amerikanischen Kartellbehörden.

KIRCHE

Bei einer Pilgerreise in den Nahen Osten bittet Papst Johannes Paul II. öffentlich um Vergebung für die jahrhundertealten Feindseligkeiten gegenüber anderen Religionen.

KINDERBUCH

Mit einer Startauflage von über fünf Millionen Exemplaren erscheint die englische Ausgabe von »Harry Potter und der Feuerkelch«, die deutsche Übersetzung folgt mit einer Million Exemplaren.

ABSTURZ

Der Absturz einer französischen Concorde kurz nach dem Start vom Pariser Flughafen Charles-de-Gaulle, den keiner der 113 Menschen an Bord überlebt, ist der Anfang vom Ende ziviler Überschallflüge.

EXPO

Die Weltausstellung auf dem Messegelände in Hannover schließt mit rund zwei Milliarden Mark Verlust.

GESETZ

Das Recht von Kindern auf gewaltfreie Erziehung wird gesetzlich festgeschrieben.

UNGLÜCK

Bei einem Tunnelbrand sterben in einem vollbesetzten Zug der Gletscherbahn Kaprun 155 Wintersportler.

GLEICHSTELLUNG

Nach einem Urteil des Europäischen Gerichtshofes beschließt der Bundestag eine Grundgesetzänderung, die es Frauen erlaubt, auch in Kampfeinheiten der Bundeswehr Dienst zu tun.

EHRUNG

Einführung des Weltmännertags. Er wird auf den 3. November festgelegt.

2000: FAMILY AFFAIRS

MUSIK

Maik und Lysa sind begeistert: Stefan Raab tritt mit »Wadde hadde dude da?« beim Eurovision Song Contest an und erreicht Platz 5.

FAMILIE

Falk wird nun selber Vater und hat kaum noch Zeit für Maik.

FILM

Maik ist begeistert von Scary Movie, der Persiflage auf die Horrorfilmreihe Scream.

FORTSCHRITT

Seinen zehnten Geburtstag feiert Maik mit sechs Jungen und drei Mädchen am Rhein. Wir spielen Fußball und grillen anschließend.

WEIHNACHTEN

Lieber nicht daran denken.

17 - 3
11 + 5

SPIELERISCHES

MAMA, WO IST MEIN GEWEHR?

ACHTZIG MEILEN WESTWÄRTS

Die Schule kann Maik nun nicht mehr stören. Er vertreibt sich die Zeit, wie es ihm gefällt, ohne meine schiefen Blicke. Bis zum Abiball ist er im Ferienmodus, außer dem anstehenden Termin in Frankfurt gibt es nichts, woran er denken müsste. Mein Sohn geniesst den Anspruch auf Erholung nach all den Strapazen und mäht einmal sogar unaufgefordert unsere kleine Rasenfläche. Die noch gar nicht so lange wieder frei ist. Erst kurz vor seinem 17. Geburtstag haben wir die Schaukel und die riesige Sandkiste entfernt, aber auch nur, weil das Holz mit Umweltanstrich morsch geworden war. Nicht, dass noch mal jemand hätte schaukeln oder eine Burg hätte bauen wollen, aber so sehr wir einst die Entwicklung unserer Kinder beschleunigen wollten, so sehr versuchten wir dann, uns ihre Kindheit zu erhalten. Offiziell hatten wir die Spielgeräte für meine beiden Nichten und Gästekinder bereitgehalten.

Unsere beste Elternzeit hatten wir in den Jahren, als Maik und Lysa sich unserer Geschenke noch nicht erwehren konnten und die Klamotten, die wir ihnen über den Kopf stülpten, noch nicht allein wieder auszogen. Wir investierten in süße Mode, die den Teenager im Kleinkind hervorblitzen ließ, und in exklusives Simpel-Spielzeug, vorzugsweise aus Holz und unbedingt schadstofffrei hergestellt. Das gab uns die Gewissheit, etwas Gutes für unsere Kinder und den Planeten zu tun. Lärmend quietschbunte Teile aus Fernost kamen nicht ins Haus. Für Markennamen interessierten sich weder mein Mann noch ich, doch nach unserem Verständnis fertigten leider nur namhafte Hersteller das beste Spielzeug und die schönste Kleidung.

Sobald sie uns dabei den modernen Übertrag zu unseren eigenen Kindheitserinnerungen lieferten, bezahlten wir jeden Preis. Ob sündteure Steifftiere oder das Großpaket Duplo, her damit. Ob Holzeisenbahn oder Fischertechnik, wir zuckten nicht zurück. Wir liebten den Luxus der einfachen Dinge, und je genauer wie eine Tradition darin erkennen konnten, um so besser. Wir konnten uns diese Marotten leisten, auch die Großeltern waren großzügig, nicht nur zu Weihnachten, schließlich hatten sie nur zwei Enkel.

Unsere eigene Kinderwelt war geprägt vom Fortschritt der Kunststoffindustrie und Monopoly. Unser Plastikspielzeug roch nicht nach Natur und war nicht robust, aber unsere Eltern waren aufgeschlossen und arglos. Kaum dass wir erwachsen waren, zeigten wir ihnen vorwurfsvoll, was sie uns angetan hatten. Wir entdeckten die krebserregenden Formaldehydzusätze in Puppenhaus und Trecker, und für uns entdeckten wir das alternative Spiel Ökopoly.

Für unsere Kinder wollten wir es ursprünglich modern. Ihr Spielzeug musste neuesten Sicherheits- und Pädagogikvorgaben standhalten, aber es durfte nicht neu aussehen. Im Gegenteil. Der Teddy sollte den Anschein erwecken, als sei er schon über Generationen hinweg geküßt worden. Und die Motive auf dem Puzzle sollten das Landleben anno 1900 zeigen. Unsere Ökovisionen gaben wir nicht auf, sondern bereicherten sie mit technischen Innovationen. So wurde unser Blick immer verklärter.

Nur das Holzgewehr meines Bruder war echt alt, denn es stammte vom Großvater, der es für unseren Vater geschnitzt hatte. Ich rettete es über etliche Umzüge hinweg, aber nun hatte ich Bedenken, es dem kleinen Maik in die Hand zu drücken. Ausgiebig überlegten Rolf und ich, wie wir uns verantwortungsbewußt verhalten sollten. Wir entschieden, ihm die Waffenattrappe zu überlassen. Aber wenn er einmal Unfug damit anstellen sollte, wollten wir sie sofort wieder einziehen. Wobei wir die Definition von Unfug offen ließen. Unser dreijähriger Pöks war begeistert. Fortan hatte er einen treuen

Begleiter, den er ständig mit sich rumschleppte und immer wieder verlegte. Breitbeinig wie Clint Eastwood baute er sich dann auf und blickte mir herausfordernd in die Augen: Mama! Wo ist mein Gewehr? Ich fand diese Szene sehr niedlich und hatte deshalb ein schlechtes Gewissen. Die Fürsorgekultur in den 90ern ließ eine Mutter hysterisch reagieren bei allem, was pädagogisch nicht preisverdächtig war.

Wenn das Bobby Car so unverwüstlich wirkte, als würden noch unsere Kindeskinder damit achtzig Meilen westwärts rutschen können, waren wir fröhlich gestimmt. Dazu zogen wir dem kleinen Fahrer Schuhe an, die seine Füße auch bei 60 Grad minus warm gehalten hätten, obwohl im Rheinland der Gefrierpunkt nur selten unterschritten wird. Und seinen Kopf schützte ein Helm aus der Kollektion Tour de France. Wenn schon, denn schon. Die Kombination aus Einfachheit, individueller Note und einem pädagogisch wertvollen Anspruch machte uns schwach und willig, denn wir glaubten an die Synthese von Spiel, Spaß und Lernen. Oder: Spielend lernen macht Spaß. Das Leben war ein Ponyhof und wir hatten das herausgefunden.

Der Spaß war grenzenlos. Er fand im Wohnzimmer, im Schlafzimmer, in der Küche, auf dem Flur und manchmal sogar im Kinderzimmer statt. Überall lagen Spielsachen verstreut, altersgerecht und zukunftsweisend. Vom ersten Tag an vereinigten wir Spiel und Bildung: Erst Baby-Puzzle, Kreativ-Mobile und Klangkörper zum Schlagen, dann Steckringe, Bauklötze, danach Kaufmannsladen und Puky-Roller, schließlich ferngesteuerte Autos mit Batteriebetrieb, ein Spielklavier für die Feinmotorik und den Klassiker *My First Sony*. Nach und nach verwandelte sich unser Haus in ein Spielhaus. Und im Sommer wurde der Garten zur Freiluftbühne: Mit riesigem Planschbecken, dem kindersicheren Quadro-Großbaukasten fürs kontrollierte Klettern und der übergroßen Sandkiste konnten wir die Kids von der Straße fernhalten und selbst teilhaben an ihrem Vergnügen. Der Rasen musste auch nicht mehr gemäht werden.

Wir sorgten dafür, dass selbst Zähneputzen Spaß machte. Wir kauften Zahnbürsten mit lustigen Borsten und probiotische Zahnpasta, die Bakterien nicht zerstörte, sondern nur zum Abflug aufforderte. Im Kapitalismus für Kreative war alles Profane heilig, wenn es die Entwicklung der Kurzen beschleunigte, ihre Gesundheit schützte und uns als perfekte Eltern auswies. Think big. Bloß nicht kleinkariert, bloß nicht zaudern. Im Spielzeug unserer Kinder konnten wir uns wiederfinden, konnten ungestraft nostalgisch sein und alles besser machen als unsere Eltern damals.

Wir gewährten Sohn und Tochter dauerhaft Hausrecht in allen Räumen und freien Eintritt in unser Bett. Wir verschmolzen mit ihnen zu einer völlig neuen Einheit, und ich fand nichts dabei, mir ihre Bedürfnisse anzueignen. »Das Kind ist ein Teil von mir«, sagte ich und dachte: Das Kind ist mein Teil. Darüber versäumte ich es, unsere eheliche Privatsphäre zu erhalten oder wenigstens irgendwann wiederherzustellen.

Mit 19 erhält Maik seine Privatsphäre besser als wir. Er steuert seinen Tag abseits unseres Alltags, mit dem er nur selten in Berührung kommt: Für die Zeit nach der Schule haben wir Handwerker bestellt, damit sie unser Haus anstreichen. Die Männer kommen aus Polen, nur einer spricht gut deutsch. Sie haben eine wirklich heiße Woche erwischt und stehen in der brüllenden Sonne schwitzend auf dem Gerüst. Einer ist dabei, der gerade mal so alt ist wie unser Sohn. Der junge Pole macht schon Mittag, wenn unser Sohn sich gerade mal aus den Federn quält. Die beiden wagen nicht, sich in die Augen zu schauen, und sie siezen sich, als der junge Mann Maik nach der Toilette fragt. »Dumm sein und Arbeit haben, das ist das Glück«, sprach Gottfried Benn zu einer anderen Zeit. Sogar Harald Schmidt findet, dass dieses Zitat nahezu der Gipfel dessen ist, was er heutzutage dem Kabarettpublikum an Zynismus zumuten darf, wobei auch ihm aufgefallen ist, dass das Entsetzen mit zunehmendem Alter nachlässt. Maiks verlegen-verzagter Gesichtsausruck liefert jedenfalls kein Indiz dafür, dass ihn dieser Gedanke umtreibt. Vielmehr irritiert ihn der real existierende Zwang des polnischen Altersgenossen, eine körperlich anstrengende Arbeit zum überschaubaren Tarif verrichten zu müssen.

Ich bremse mich mühevoll, Maik zu predigen, um wie vieles besser sein Leben bleiben könnte, wenn er sich mal richtig aufstellen würde. Aggressivität steigt in mir auf. Seine Entspannung ist in meinen Augen Antriebslosigkeit, ein Beweis dafür, dass er noch keinen Plan hat, nur fehlende Entschlußkraft. Er ist groß, er ist kräftig. Was um Himmels Willen hält ihn davon ab, die Welt zu erobern? ich beschließe, ihn höchst selbst nach Frankfurt zu bringen. Zu groß erscheint mir die Gefahr, er könnte das Auswahlverfahren verpassen.

Noch immer nehme ich seine Sache in meine Hand, auch wenn Rolf mir tausendmal sagt, ich solle es lassen. Ihn loslassen. Ich höre, was er sagt, aber verstehe nicht, was er meint. Ich will den Auswahltag zu unserem Familienausflug machen, ins Senckenberg-Museum wollte ich schon lange mal wieder, und ich bin mir sicher, dass Maik eine gemeinsame Fahrt am Steuer unseres Autos einer Reise mit der deutschen Bahn vorziehen wird. Ich bin sehr zufrieden mit meiner Idee.

Die geschäftige Baustelle am Haus motiviert mich, auch rege zu werden. Damit ich den Handwerkern nicht im Weg stehe, nehme ich mir den Dachboden vor. Da verstopft viel vergessenes Zeug dem Heizungsmonteur jedes Jahr den Weg zur Gastherme, worüber er stets aufs Neue flucht.

Über Barbie stolpere ich zuerst. Sie liegt gegrätscht zwischen Weihnachtsschmuck, Schaukelpferd und Schultüten. So, als wäre sie nur kurz abgelegt worden, als würde die kleine Lysa gleich wiederkommen und weiterspielen. Barbie ist übel dran: spärlich bekleidet, im Gesicht und an den Beinen verdreckt, Spliss im Haar, nur ihre Wahnsinnsfigur hat sie immer noch. Das Wiedersehen ist für mich verheerend, genau wie an dem Tag, als Lysa mir mit dieser Puppe aus dem Kindergarten entgegenwedelte. Ich war empört, das Model in den Händen meiner vierjährigen Tochter zu sehen und meinte, sie solle es dem Mädchen, dem die Puppe gehörte, sofort zurückgeben. Das tat sie maulend und vergaß die Puppe leider nicht, und ich vergaß nicht, Frau Mohrle zu fragen, wer Barbie denn den Zutritt in den Kindergarten gewährt hatte. Die perfekt qualifizierte Frau meines Alters, in deren tägliche Obhut ich meine Kinder gab, schaute mich an, als sei ich gerade aus dem Dornröschenschlaf erwacht. Sie müsse ganz andere Schlachten schlagen, beispielsweise die restliche Mischpoke abwimmeln: das Barbie-Pferd, das Barbie-Mobil und das Barbie-Boot. Und das sei noch gar nichts gegen Baby Born, die realistische Babypuppe mit neun lebensechten Funktionen, wahlweise als Junge oder Mädchen zu haben, die derweil andere Familien terrorisierte.

Ich könne darauf vertrauen, dass der Barbie-Zauber nur kurze Zeit anhalte, versicherte mir die erfahrene Kindergärtnerin. Barbie spiele längst nicht mehr die Rolle, an die ich mich erinnerte. Mit jedem Jahr voranschreitender Emanzipation habe sie an Bedeutung verloren. Sie sei nicht mehr das Sinnbild für die Schicki-Micki-Maus ohne Verstand und nicht mehr verantwortlich für den allgemeinen Verfall der Sitten, sondern nur noch eine Ankleidepuppe in penetrant rosa Ambiente – nicht mehr. Und als sei es ein letzter Trost, meinte Lysas Erzieherin auch noch, dass aus uns trotz Barbie ja auch etwas geworden sei. Es fehlte nur noch, dass sie mir kumpelhaft in die Seite geboxt hätte. Ich schaute mich um und blieb skeptisch. Meinte sie die Frauen um mich herum, von denen die meisten stilsicher in 7/8 Hosen mit Gummizug und Fleece-Pullover gefunden hatten, seit sie im Müttermodus waren?

Meine eigene Barbie war immer schön gewesen, gepflegt und sauber. Ich hatte sie in einem kleinen Koffer verwahrt und ihre Kleider in einer Zigarrenschachtel, kaum jemand durfte sie anfassen. Ich war erst mit zehn Jahren ins Barbiefieber gefallen, und meine Mutter war sehr skeptisch. Sie war gerade zur Emanzipation aufgebrochen und hatte wohl Sorge, dass ein sexistisches Frauenideal ihre Tochter unter Streß und auf die falsche Fährte setzen, womöglich gar in die Abhängigkeit von einem Mann führen könnte. Dabei verstand ich auch zehnjährig noch nicht, was an einer tollen Figur und schönen Kleidern auszusetzen sei oder an einem netten Mann. Meine Mutter erlaubte mir das Spiel, weil sie Verbote prinzipiell für kontraproduktiv hielt und jede Auseinandersetzung wichtig fand, wohl auch, weil ich rundherum so kreativ mit Barbie umging. Zehnjährig konnte ich schon mit der Hand nähen, und zusammen mit meiner Freundin erweiterte ich die Garderobe unserer Barbies aus Taschentüchern und kleinen Stoffresten mit Zick-Zack- und Kreuzstich. Aus einem Umzugskarton bauten wir ihnen ein Puppenhaus.

Ich musste mir aber sagen lassen, dass das Geheimnis eines glücklichen Frauenlebens nur in ihrem eigenen Geist liege und der könne sich viel besser in einem natürlichen, nicht in so einem dürren Körper entfalten. Offenbar war Mamas Leben auch als junge Offiziersgattin nicht immer so toll. Ich versenke Barbie im Müllsack, die nächste Generation soll selbst sehen, wo sie ihre Traumfrau herbekommt. Und *Diddl* werfe ich gleich hinterher.

Die weiße Springmaus mit rosa Schnute, die eigentlich ein Känguruh hätte werden sollen und deshalb die großen Füße behielt, denen im Nachhinein der gesamte Erfolg zugeschrieben wurde, hatte in unserer Familie einen Präzedenzfall geschaffen: die Ohnmacht vor den Wunderwelten. Die Wunschliste meiner lieben Kleinen wurde immer länger und lag häufig abseits des von uns gesetzten Trends.

Die Grundschüler Maik und Lysa standen gerne Montagmorgens früher auf, um noch vor Schulbeginn im örtlichen Schreibwarengeschäft die neuen Diddl-Motive zu erstehen. Die wurden gesammelt, katalogisiert und mit anderen Kindern getauscht. Unsere beiden opferten freudig ihr gesamtes Taschengeld, und sie bekamen nie genug. Die Großeltern leisteten ungebeten Hilfestellung, wenn ihnen die Geschenkideen ausgingen.

Rolf und ich waren uns mal einig. Wir fanden Diddl hässlich, wir fanden Diddl überteuert und uns fiel auf, dass Diddl ja gar nichts konnte. Der Mäuserich sprach nicht, er sang nicht und er tanzte nicht. Das tat Barbie auch nicht, aber die war wenigstens schön und hatte eine stattliche, auswechselbare Garderobe. Diddl war kein Held wie Wickie, nicht frech wie Pumuckl, nicht intelligent wie Alf. Er hatte nur Klotzfüße.

Während wir noch darüber nachdachten, wie wir die Liebe unserer Kinder wieder auf Dody, das Bärchen, und Nils, das Flusspferd, lenken könnten, wuchs Diddl zu einem Imperium heran. Verwandte Produkte, mit denen jeder Schulranzen bestückt werden musste und ein Kinderzimmer ausgestattet werden konnte, wurden geschickt platziert: Buntstifte, Radiergummis und Spitzer, Etuis und Ringbücher, Schreibtischunterlagen, Bettwäsche und Papierkörbe. Relativ spät gab es die Springmaus auch als Plüschtier und dann in der Jungen- und Mädchenversion, Diddl und Diddlina. Heute gibt es eine Großfamilie mit annähernd tausend Alltagsprodukten wie Badeschaum, Süßigkeiten und Lippenbalsam, auf deren Verpackungen Diddl als Dachmarke platziert wird.

Rolf und ich waren irgendwann zu dem Schluss gekommen, dass es wohl das Beste sei, nur das Geld zu limitieren und Diddl auszusitzen. Wir fühlten uns tolerant dabei und waren in Wahrheit machtlos. Die Welle wird gewiss vorüberziehen, formulierten wir optimistisch und wussten, dass sie nur von der nächsten abgelöst werden würde. Im Sommerurlaub vergaß Lysa ihre Diddlmaus versehentlich im Hotel. Ich versprach, alles zu unternehmen, um sie wiederzubekommen, und unternahm in Wahrheit nichts. Oma kaufte ihr eine neue, aber es war das falsche Modell. Lysa weinte und warf den falschen Diddl in die Ecke. Ein paar Tage später war dieser böse Zauber vorbei.

Die nächste Welle aus der Spielzeugwelt kratze ich nun vom Fußboden ab. Weil es so heiß ist draußen, geht das wenigstens leicht. Die Hüllen der *Pokémonkarten* sind von der Dachbodenhitze zusammengeschmolzen und liegen vereinzelt zwischen den Tieren des Playmobil-Bauernhofs. Die *Pokémon* überrollten Ende der 90er unser geordnetes Lifestyleleben. Das neue Softwarefutter für die Spielekonsole von Nintendo lehrte uns fröhlichen Bildungseltern das Fürchten.

Wir kannten ja schon Super Mario, gemacht für den Nintendo, den wir alle liebten. Die Entwickler der Hauptfigur hatten nur 16 mal 16 Pixel zur Verfügung. Da musste der Superheld grob geschnitzt werden und auf dem Kopf eine Mütze tragen, weil man Haare nicht scharf darstellen konnte. Und der Schnauzbart ersetzte den Mund. Doch mit dem fröhlichen Klempner in der roten Latzhose und seinem nicht minder vergnügten Drachenfreund Joshi, die ganz simpel eine Prinzessin zu befreien versuchten, hatten die kleinen Taschenmonster nichts gemein. Der neue Angriff aus der Animéwelt war gleich ein ganzes Geschwader, und dass er zeitgleich auf drei Wegen kam, war für uns neu: als Kartenspiel, als Konsolenspiel und als Fernsehserie.

Die Pokémon waren von aggressiver, hybrid asiatisch-europäischer Anmutung und in der Trickzeichnung ein Rückschritt. Das bewährte übertriebene Kindchenschema war simpel illustriert und ganz platt zweidimensional, wo doch schon längst der computeranimierte Kinofilm Toy Story 1 mit seiner plastischen Darstellung einen beeindruckenden Standard gesetzt hatte. Unsere Eltern hatten an der Anmutung von Donald Duck und seiner Verwandtschaft auch jede Menge auszusetzen gehabt. Die Enten waren ihnen zu plakativ, zu amerikanisch. Mehr aber noch richtete sich ihre Ablehnung gegen den Inhalt. Die Figuren seien zu intrigant, zu kapitalistisch, auch wieder zu amerikanisch. Eben nichts für Kinder. Nur im Unterschied zu uns verstanden sie wenigstens, worum es ging.

Was damals ein Comic war, hieß nun Manga, was soviel bedeutet wie zwangloses, ungezügeltes Bild. Und als ich noch dachte, Donald in 3D sei die Zukunft, lösten weit aufgerissene Münder und übergroße Kulleraugen unter dunklem Schopf einen neuen Hype aus. Das wirkte fremd auf mich, und ich kapierte nichts. Während es Mario und Joshi reichte, von Level zu Level Unholden auszuweichen, über Löcher und Kisten zu springen, begriff ich hier das Prinzip erst gar nicht, weder auf der Konsole noch als Kartenspiel. Ich verstand bloß, dass es um Monster ging, die vom Spieler gefangen, gesammelt und trainiert werden konnten. Aber welchen Pokémon Maik wohin trainierte, damit er einen Gegner aus dem Team Rocket zu schlagen imstande war und welchen Pokémon er zum gleichen Zweck sammeln musste, habe ich nie durchschaut.

Ich verstand die geheimen Regeln nicht, nicht den Mythos, der meinen Kleinen so faszinierte. Ihn erfreute das. Später las ich mal, dass die Begriffsstutzigkeit der Erwachsenen beabsichtigter Teil der Marketingstrategie war. Die Kinder konnten sich dadurch abgrenzen und fühlten sich schlauer als ihre Eltern. Das wiederum leuchtete mir ein. Die Geheimsprachen, die wir uns früher ausdachten, ließen uns auch überlegen erscheinen. Ich beobachte Maik, wie er akribisch und sorgsam Karten in kleine Hüllen steckte, was mir gut gefiel, solange ich die Hoffnung hegte, dass er dieses Ordnungsprinzip auch auf seine Hausaufgaben übertrug.

Die Spielzeugindustrie setzte konsequent um, was Pädagogen schon lange wissen, aber in ihren eigenen Bereichen nicht konsequent umsetzen: Jungen und Mädchen spielen geschlechtsspezifisch. Figuren wie das niedliche Monster-Maskottchen *Pikachu* oder das süsse *Togepi* sprechen die Mädchen an, und solche wie das alles zerstörende *Glurak* die Jungen. Mädchen wollen sie sammeln, Jungen wollen, dass sie kämpfen. Beides geht mit allen. So konnten die Jungs Kartenduelle gegen Freunde ausfechten oder die Monster virtuell auf dem Nintendo gegeneinander antreten lassen. Die Karten wurden wie die Diddl-Bildchen untereinander getauscht, oft sogar verkauft. In der großen Pause herrschte reger Handel.

Letztlich sind die *Pokémon* nichts anderes als ein altes Rollenspiel mit den neuen Möglichkeiten der Technik: ein Strategie-Kriegsspiel für die Kleineren. Ob nun ein böser König seine Widersacher guillotiniert oder ein Taschenmonster Blitze aussenden kann, spielt erstmal keine Rolle. Die Sorgloseren unter den Eltern erinnerten daran, dass Grimms Märchen deutlich grausamer waren.

Die Spielewelten, die uns in Sorge versetzten, erwiesen sich immer dann als Renner, wenn Maik in genau dem Alter war, sie spielen zu können. Gleichzeitig wurden Internet-Flatrates bezahlbar. Das war kein Vorteil. Unsere Generation ist weiß Gott nicht intolerant, wenn es um die beste Entwicklung der Ichlinge geht, und wir sind sehr darauf bedacht, mit Unverfälschtem und Ursprünglichem zu glänzen. Aber wir konnten nicht länger darüber hinwegsehen, dass unsere Kinder ihren eigenen Lifestyle etablierten und uns nur die Wahl ließen zwischen rosa und digital. Manchmal unternahmen wir hilflose Abwehranstrengungen, mit bescheidenen Ergebnissen, weil wir uns doch so unendlich schwer taten mit dem Wort Nein. Es fiel uns doppelt schwer, weil wir uns die Ausgaben leisten konnten, nicht aber die Ablehnung durchs eigene Kind. Denn schlimmer als ein kindlicher Kollateralschaden war der enttäuschte Blick, das missmutige, womöglich wütende Gesicht. Rolf und ich wollten unbedingt zurückgeliebt werden von den Menschen, die wir gemacht hatten.

In der Öffentlichkeit wurden die Verkaufserfolge der japanischen Pokémon-Versionen kontrovers diskutiert, auf den Elternabenden in der Grundschule einvernehmlich. Der Einfluss, von dem niemand wusste, wie er sich auswirkte, sei ganz sicher nicht gut, meinten die Lehrer. Ein Verbot aber könne man in der Schule nicht aussprechen, denn wie solle man das Mitbringen der Karten kontrollieren? »Das müssen Sie verstehen!«

Die Spielwelt war reine Privatsache. Schön, wenn die Hausaufgaben auch reine Schulsache gewesen wären. Aber da war keine Hoffnung. Die Eltern sollten der Spielwelt etwas Gescheites entgegensetzen, hieß es. Also kauften wir erstmal zwei Rechner bei Aldi mit schnellen Prozessoren und ordentlichen Grafikkarten. Dann verkabelten wir unser Haus, um ein häusliches Netzwerk zu installieren.

Maik konnte nun im Echtzeit-Strategiespiel *Age of Empires* Konflikte der Zivilisation simulieren. Er konnte Assyrern, Babyloniern oder Griechen helfen, eine Dorfgemeinschaft zu entwickeln. Und er konnte gegen seinen Vater antreten, der eine Etage tiefer vor dem Monitor saß. Als besonders wertvoll galt das Computerspiel *Anno 1602*, weil es fast ganz ohne kriegerische Handlungen auskam. Mit jedem höheren Level stiegen nur die Bedürfnisse der Bewohner, was zwar richtig nervig war, uns aber nicht gefährlich erschien. Das kannten wir aus dem echten Leben.

So beschäftigten wir uns, bis dann die bösen Spiele auf unsere Rechner kamen, für die wir mit der modernen Hardware gerade erst die Voraussetzungen geschaffen hatten. *Grand Theft Auto* (GTA) bedeutete Autos klauen und Leute umhauen. Das war uns noch einigermaßen sympathisch, weil sein Entwickler der humoristisch-satirische Schotte Rockstar North war und unser Junge mit 14 in einem Alter, in dem der Führerschein nicht mehr ganz so weit entfernt schien. Aber erst *Counter Strike* und *Warcraft II und III* ließen Maiks Puls höher schlagen. Endlich war mal wieder klar, wohin die Reise ging: immer ein tödliches Level weiter.

Bevor man sich mit Hunderten von Gamern im Netz treffen konnte, um in der Fantasywelt von Azeroth seine Mission zu erfüllen, gab es Partys im Local Area Network (LAN). Röhrenmonitor, Rechner, Tastatur, Maus karrten wir toleranten Mütter für unsere Söhne mit dem Auto drei Häuser weiter, um sie beim Kumpel im Keller wieder aufzubauen. Mit lauwarmer Vier-Jahreszeiten-Pizza (von Aldi) und ebenso lauwarmer Cola (bitte nicht von Aldi) zogen die Knaben nächtens hinaus in die Schlacht, um heldenhaft gegen Fratzen, lle und Warrior zu kämpfen, bis die Mutter sie am nächsten Morgen mit Nutellabrötchen ins Erdgeschoss locken konnte. Ganz wohl war uns nicht, aber machten es nicht alle? Beim Abholen zeigten wir gespieltes Unverständnis wie M, wenn ihr James Bond mal wieder über die Stränge geschlagen hat: vermeintlich böse, dabei liebevoll nachsichtig und immer auch ein bisschen stolz.

Ich wußte immer noch nicht viel über die Rollenspiele, aber genug, um sie nicht mehr für simple Ballerspiele zu halten. Gegen die Komplexität der Spielregeln und sprachlichen Vorschriften ist der Gauß'sche Algorithmus ein Leichtgewicht und der Ablativus Absolutus die Partizipialkonstruktion einer Vulgärsprache.

Als der erste Schüler in Erfurt Amok lief, wurde aus Spiel tödlicher Ernst, und entfachte eine Diskussion über die Gefährlichkeit von Computerspielen. Amokläufe kannten wir bis dato nur aus Amerika, nun erschoss ein 19-Jähriger mit einer Pumpgun mitten in Deutschland zwölf Lehrer, zwei ehemalige Mitschüler, eine Sekretärin, einen Polizisten und sich selbst.

Die Diskussion wurde in der Öffentlichkeit wie stets angst- und interessengesteuert geführt. Lehrer und Eltern kannten die Spiele in Wirklichkeit nicht, was ihre diffuse Sorge um deren Schädlichkeit nur vergrößerte und eine ganze Weile von den üblichen Problemfeldern rund um den Rechner ablenkte: zu wenig Bewegung, zu wenig frische Luft und zu wenige Echtmenschen. Und dass man ständig die altersgerechten Fernsehsendungen verpasst, wo sich ARD und ZDF doch erst kürzlich soviel Mühe gegeben haben, den Kinderkanal einzurichten.

Wie sehr sich die Grafiken der Kampfsimulationen in den Köpfen einprägen, begriff ich, als Maik die Bilder von der Nachtsichtkamera aus dem Irakkrieg in der Tagesschau sah. Er hielt sie für eine schlechte Spielversion.

Maßnahmen wurden ergriffen, eine Lösung gab es nicht. Der Spielehersteller *Blizzard Entertainment* reagierte geschickt und bietet seither eine integrierte Elternuhr an, um die Spielzeit zu regulieren. So wird die Zeit protokolliert, die das Kind am Monitor verbringt, und es können Zeitsperren aktiviert werden, beispielsweise nicht länger als drei Stunden oder nicht mehr abends nach neun.

Das Suchtpotential der Spiele ist unumstritten und dürfte kaum jemanden verwundern. Die Spiele haben für heranwachsende Männer viele unwiderstehliche Eigenschaften: Sie bieten Kampf und Wettkampf, Siege und Niederlagen, sie fordern und fördern strategisches Denken, schnelle Reaktionen, und sie folgen klaren, fairen Regeln. Warum lernt die Industrie immer von der Pädagogik und warum nie umgekehrt die Pädagogik von der Industrie? Die Pädagogen schaffen es doch, Fehler in Lernchancen umzubenennen. Bitte sehr, hier ist eine.

Für die bürgerlichen Elternhäuser bedeutete der Amoklauf von Erfurt, dass nun Schluss war mit der arglosen Konsumfreude für den Nachwuchs. Einer von Deutschlands besten Counter Strikern wohnte in unserem Dorf. Tobby ist der Sohn eines Lehrers, der sich an unserem Gymnasium schon oft als Streitschlichter verdient gemacht hatte. Als der Junior schon im Studium war, viele Jahre nach Erfurt und ein Jahr nach Winnenden, wo etwas vergleichbar Schreckliches passierte, wurde er gebeten, in der Schule eine Präsentation zu machen. Er saß auf der Bühne, und was er spielte, sahen wir über den Beamer auf einer großen Leinwand.

Die schnellen Aktionen machten mich ganz schwindelig. Dann durfte ein Vater sich mal versuchen, nach 30 Sekunden war er tot, erschossen von Tobby, dem erfahrenen Kämpfer. Ein anderer Vater rief: »Jetzt verstehe ich, warum so viele den Wehrdienst verweigern. Sie können das Schießen einfach nicht mehr mit ihrem Gewissen vereinbaren.« Das gab ein paar Lacher.

Eine Mutter meldete sich und sagte, es gäbe doch auch so schöne neue Spiele, da würden die Bewegungen des Spielers in die Bewegung der Spielfiguren umgesetzt. Man könne da surfen und rennen, Fußball oder Golf spielen. Das sollte man mal fördern und das andere einfach verbieten. Sie meinte die Spielkonsole *Wii*, und mit ihrem Einwand zeigte sie, wie eindimensional die Betrachtung der Ängstlichen in der komplexen Faszination sein kann. Counter Strike gegen Wii auszutauschen, bedeutet, Cowboy und Indianer durch Gummitwist zu ersetzen. Wii könnte man aber gut in der

Pausenhalle aufbauen, alternativ zum fehlenden Sportunterricht bis es jemandem gelingt, die Sportlehrerin davon zu überzeugen, sich den Krankenschein mal für länger und nicht immer wieder ausstellen zu lassen, damit die Schule nach Ersatz suchen darf. Aber bevor ich das vorschlagen konnte, meldete sich Tobby. Er bemerkte dazu, dass Geld ja den Charakter auch nicht verderbe, sondern ihn nur zeige. Und irgendwie war das der schlauste Satz an diesem Abend. Dann gingen wir nach Hause mit der Erkenntnis, dass die Welt immer was Gutes und was Böses bereithält.

—

Auch an dem Tag nach Frankfurt ist das so. *Never complain, never explain:* Familie. Maik darf auf der gesamten Strecke unser Auto steuern, und so schließt er wie erwartet Frieden mit der Entourage. Nur Lisa krawallt, weil sie sich eigentlich mit Patrick treffen wollte. Es kommt kaum noch vor, dass wir alle zusammen irgendwohin fahren, und dieses eine Mal scheint auch schon zu viel zu sein. Warum mein Mann unbedingt die Frankfurter Allgemeine Sonntagszeitung bei uns an der Tankstelle kaufen musste, obwohl er im Auto noch nie gern gelesen hat, und meine Tochter kurz vor der Abfahrt ihren iPod suchen musste, gehören zu den Dingen, über die ich besser nicht nachdenke. Vor allem aber, warum mein Sohn die halbe Nacht vor der Entscheidung über sein neues Leben am Rechner verdaddeln musste und jetzt in einer Tour gähnt, ist mir ein Rätsel. Ich bin stocksauer, und alle merken es mir an. »Ey, mach dich 'ma locker!« Maik nimmt nicht ernst, worauf wir unsere gesamte Planung abgestellt haben. Jetzt fragt er plötzlich, wonach er sich längst hätte erkundigen können. Um ihn nicht nervös zu machen, geben wir Auskunft, ganz von vorn und ganz langsam. Rolf weiß, wo es stattfindet und wie lange es voraussichtlich dauern wird. Ich referiere über aktuelle Projekte und Ausrichtung der Organisation, die körperlich und psychisch gehandicapte Menschen betreut, Alte und Obdachlose, und in vielen Ländern Europas, mit Schwerpunkten in Großbritannien und Irland. Ich rede mich in Begeisterung, und Maik nickt zustimmend, so als erinnere ich ihn an Dinge, die er schon mal gewußt hat. Vielleicht hat er das Ganze immer wieder vergessen, weil er es sich überhaupt nicht vorstellen konnte. Ein Jahr ist verdammt lang. Und diesmal ist es kein Spiel.

Wir kommen gerade noch pünktlich. Ein Kuß, ein Klaps und bitte ab mit dir, hinein ins pralle Leben, mein Sohn! Lysa drückt sich die Nase an der Autoscheibe platt. »Wie gut, dass es keinen Zivildienst für Mädchen gibt.« Stimmt, sie könnte ein soziales Jahr ableisten, und sie könnte auch zur Bundeswehr gehen. Aber sie muß nicht. Das nennt man Gleichberechtigung.

Nachmittags um vier sammeln wir Maik wieder ein. »Und?« Er schweigt eine kleine Ewigkeit, bevor er antwortet: »Irland. Ich will nach Irland gehen.« Ich zucke zusammen, beiße mir aber auf die Lippen. Spontan hätte es nur wieder zu einem Einwand gereicht: Mein Junge, doch nicht so weit weg.

2001: DEUTSCHLAND UND DIE WELT

BUNDESWEHR

Mit Jahresbeginn dürfen Frauen in der Bundeswehr auch an der Waffe ausgebildet werden, der Grundwehrdienst wird von zehn auf nur noch neun Monate verkürzt.

WIRTSCHAFT

Die Volksrepublik China beschließt den Kauf der deutschen Magnetschnellbahn Transrapid und beginnt mit dem Bau einer 30 Kilometer langen Strecke von Shanghais Zentrum zum Flughafen

POLITIK

Nach monatelangem Rechtsstreit um die Auszählung der Wahlmännerstimmen bei einem einmalig knappen Wahlausgang wird der republikanische Kandidat George W. Bush zum neuen Präsidenten der Vereinigten Staaten vereidigt.

MARINE

Bei einem Auftauchmanöver versenkt ein amerikanisches U-Boot vor Hawaii einen japanischen Fischkutter, neun Seeleute ertrinken.

RAUMFAHRT

Nach 15 Jahren in der Umlaufbahn wird die russische Raumstation Mir gezielt zum Absturz gebracht und verglüht über dem Pazifik.

AFFÄRE

In der Parteispendenaffäre wird das Strafverfahren gegen den ehemaligen Bundeskanzler Helmut Kohl gegen Zahlung eines Bußgeldes in Höhe von 300.000 Mark eingestellt.

BERUF

Industrieunternehmen laden erstmals gezielt Mädchen zu beruflichen Informationsveranstaltungen ein, dem Girls Day.

TERROR

Islamistische Selbstmordkommandos entführen vier amerikanische Verkehrsflugzeuge, lenken zwei davon in die Zwillingstürme des World Trade Center in New York, eines auf das Pentagon in Washington und bringen das vierte über Pennsylvania zum Absturz. Bei dem größten Terroranschlag der Geschichte kommen mindestens 2.993 Menschen um; in der Reaktion löst 9/11 den Krieg in Afghanistan aus.

TUNNEL

Ein alkoholisierter Lastwagenfahrer verursacht im Schweizer Gotthard-Tunnel einen Unfall mit anschließendem Feuerinferno, elf Menschen sterben.

INSOLVENZ

Die Flotte der Swiss Air bleibt am Boden, da der Flugbetrieb nicht mehr finanziert werden kann.

2001: FAMILY AFFAIRS

FILM

Maik und Jannick schauen heimlich »Gladiator« auf DVD.

FORTSCHRITT

Maik wechselt gemeinsam mit Jannick auf das Gymnasium in Klasse 5.

LATERNE

Zum letzten Mal geht Maik mit zum St. Martinsumzug und zum ersten Mal trägt er anstatt einer Laterne eine Fackel. Damit steckt er aus Versehen die Laterne eines kleinen Mädchens in Brand. Im nächsten Jahr sind Fackeln verboten.

9/11

Maik zeichnet die Fernsehberichterstattung zum Anschlag auf das World Trade Center auf Video auf und schneidet einen eigenen Film daraus.

HAARE

Maik wünscht sich zu seinem elften Geburtstag einen Besuch bei einem echten Friseur.

2002: DEUTSCHLAND UND DIE WELT

GELD
In den 16 Staaten der Euro-Zone und in drei weiteren Ländern werden Münzen und Scheine der neuen Währung ausgegeben.

UNGLÜCK
Bei der Explosion eines Munitionslagers kommen in der nigerianischen Hafenstadt Lagos über 1.000 Menschen um.

WIRTSCHAFT
Der Zusammenbruch des Medienimperiums von Leo Kirch ist die größte Pleite der deutschen Nachkriegsgeschichte. Der Konzern hat 9,4 Milliarden Euro Schulden angehäuft, hunderte Mitarbeiter verlieren ihren Job.

AMOK
Beim Amoklauf am Erfurter Gutenberg-Gymnasium erschießt der 19-jährige Robert Steinhäuser zwölf Lehrer, zwei Schüler, eine Sekretärin und einen Polizisten, ehe er sich selbst tötet.

INTERNET
Das Online-Auktionshaus eBay übernimmt für 1,5 Milliarden Dollar den Bezahldienst PayPal, später auch die Kommunikationsplattform Skype.

FILM
Erstmals erhalten zwei afroamerikanische Schauspiel den Oscar als beste Hauptdarsteller: Halle Berry und Denzel Washington.

TOURSIMUS
Auf der spanischen Mittelmeerinsel Mallorca wird eine Ökosteuer für Touristen eingeführt.

LUFTVERKEHR
Über dem Bodensee kollidiert ein russisches Passagierflugzeug mit einer Frachtmaschine. Unter den 69 Opfern sind zahlreiche Kinder.

FLUT

Eine Flutwelle fordert in der Elbregion 20 Todesopfer und richtet Milliardenschäden an. In Dresden steigt der Pegel auf einen historischen Höchststand.

ANSCHLAG

Bei einer Bombenexplosion in einem Nachtclub sterben auf Bali fast 200 Menschen.

WAHL

Bei der Bundestagswahl am 22. September behaupten SPD und Grüne ihre Regierungsmehrheit knapp.

UNWORT

Das Unwort des Jahres ist »Ich-AG«.

2002: FAMILY AFFAIRS

FUSSBALL

Maik verfolgt gespannt die Fußballweltmeisterschaft in Japan und Südkorea. Durch die Zeitverschiebung bekommen wir etwas Stress mit der Schule.

TOD

Meine Schwiegermutter stirbt nach langer Krankheit im Alter von 71 Jahren.

FORTSCHRITT

Lysa wechselt auf das Gymnasium in Klasse 5.

SCHULE

Maik macht eine Klassenfahrt nach Aachen. Nach einer Fahrtstunde ist der Bus mit Chips und Cola verwüstet. Der Klassenlehrer säubert den Bus, nachdem ihm der Fahrer mit Zusatzkosten gedroht hat. Die Kids toben derweil im Schullandheim. Nach der Fahrt beruft der Lehrer einen Elternabend ein und beschwert sich über unsere verwöhnten Kinder.

MOBILFUNK

Maik bekommt sein erstes Handy, mein altes Siemens S10.

DIGITALES

DIE WELT IST EINE GOOGLE
INDIVIDUELL. SPONTAN. VERLOREN.

Von Matthias habe ich länger nichts mehr gehört. Ich bin etwas unschlüssig, was ich davon halten soll, weil ich erwarte, dass er sich meldet, was er nicht tut. Schließlich schicke ich ihm eine Kurznachricht und seine Antwort kommt umgehend: »Klar, Kleine, jederzeit. Nur derzeit habe ich elende Magenschmerzen. Ich drehe mich gerade von innen nach außen. Komm' vorbei, bring' Hühnersuppe mit und lass' die Strapse zu Hause. M.«

Ich bezweifele, dass seine Antwort stimmt. Zumal der Witz nicht zündet, weil ich Strapse bei ihm noch nie getragen habe. Ich fühle mich wieder zu ihm hingezogen, aber er offenbar nicht mehr zu mir. Ich bin als Frau verunsichert und als Ehefrau erleichtert, dass auf diesem Weg meine lustvollen Gedanken gestoppt werden. Ich ändere meine Meinung, als er mir die Tür öffnet. Matthias sieht wirklich angezählt aus. Ich habe tatsächlich einen Topf Suppe dabei, aber darauf wollte er sich wohl nicht verlassen. Vom China-Imbiss hat er Thai-Suppe bestellt. Wenn er die jetzt vorzieht, bin ich beleidigt.

Aber er ist noch in einem anderen Film. Matthias entschuldigt sich; er habe einen Dialog auf einer Datingbörse angefangen und da müsse er *Lorelei_78* grad' mal antworten. »Darf ich gucken?«, frage ich gespielt locker. »Da gibt's nicht viel zu sehen«, meinte er. Das sehe ich aber ganz anders. Die junge Dame hat schon gut vorgelegt, in ihrem VIP-Bereich zeigt sie sich in eindeutiger Pose auf einem roten Ledersofa. Ich wollte ja nie glauben, dass so was tatsächlich Käufer findet. Und bin gespannt, ob wenigstens die Besitzerin den Geschmack meines ehemaligen Freundes trifft. Ihre Brust halb freigelegt, ein Bein hat sie einladend angewinkelt. »Und jetzt?«, frage ich.

»Jetzt sage ich ihr, dass sie eine süße Geilschnecke ist«, sagt Matthias. »Und ist sie das?« Er verzieht das Gesicht: »Ich habe Magenschmerzen. Aber sonst? Sonst vielleicht. Das kommt darauf an, was sie so erzählt.« Ich bin zu eifersüchtig, um mich mit Allgemeinplätzchen abspeisen zu lassen. »Was sucht sie denn?« Er rollt die Augen: »Na, was wohl? Sie sucht, was sie alle suchen: einen Liebesschwur, der immer gilt, einen Vollmond, der immer leuchtet, und Kerzen, die nie ausgehen.«

So was Ähnliches hat die Shellstudie 2010 auch herausgefunden. Den gut 2.500 Befragten im Alter zwischen 12 und 26 Jahren ist Familie sehr wichtig. Sie alle versprechen sich emotionale Unterstützung und Rückhalt bei den Herausforderungen in der *big bad world*. Das betrifft sowohl ihre Herkunftsfamilie als auch die Idee von der Gründung einer eigenen. Die meisten haben ein gutes Verhältnis zu ihren Eltern und würden ihren Nachwuchs genauso erziehen, wie sie selbst erzogen wurden. Und zwar immer noch nach dem klassischen Modell, auch wenn sie selbst aus einer Scheidungsfamilie stammen und keinen Anlass haben, romantischen Ideen nachzuhängen. Dass sie selbst erst spät Kinder bekommen wollen, liegt erst an der langen Ausbildung und später an unsicheren Zeitverträgen.

Die Mehrzahl der jungen Leute sorgt sich zunächst und vor allem um das eigene Fortkommen, bevor sie sich über sozialmoralische Ungerechtigkeiten in der Gesellschaft aufregt. Und für ihre beruflichen Ziele strengen sie sich an, obwohl sie begreifen mussten, dass weder Bildung noch Ausbildung eine Garantie auf die Zukunft sichern. Doch sie wissen auch: Wer nicht ganz vorn mitspielt, kann es gleich sein lassen. Ihre Zuversicht, es zu packen, wächst mit der wirtschaftlichen Kraft des Elternhauses. Gute Noten und gute Eltern beruhigen enorm.

Das Alter der befragten Zielgruppen wurde weit gefasst, weil die Pubertät immer früher beginnt und die Ablösung von den Eltern immer später endet. Die jungen Menschen stehen anders als wir damals nicht vor einem kämpferischen Aufbruch, weil sie in der globalen Welt nicht an Veränderungen glauben, die sie provozieren könnten. Sie sind sanfter, wirken respektvoller und reklamieren das Anrecht auf Gefühl. Sie verhalten sich dabei trotzdem ganz pragmatisch, planen nicht, sondern passen sich veränderten Rahmenbedingungen an, immer flexibler, immer schneller. Im Großen und Ganzen sind sie auch durchaus nicht unzufrieden. Gewiss: Im Detail könne man optimieren, aber nur im persönlichen.

Die Ergebnisse der Studie entlasten mein Gewissen. Bislang dachte ich, die Jugend sei echt sauer auf mich und auf uns. Was mir Anfang der 80er noch Schweißausbrüche verursachte, habe ich abgelegt, ohne es an meine Kinder weitergegeben zu haben und das beunruhigte mich zwischendurch: Ich fühle mich schon lange nicht mehr schuldig, wenn der Wald stirbt und ich im Supermarkt zu einer Dose Mais greife, dessen Gene manipuliert sein könnten. Für den Umweltschutz baue ich keine Krötenbrücken mehr, sondern setze auf Technologien, mit denen wenigstens irgendeiner Geld verdienen kann. Verdienste ohne Verdienst bieten auch mir keinen Anreiz mehr.

Ein Marathonlauf lockt mich mehr als jede Demo. Mein Körper ist mir wichtiger als die nationale Sicherheitsfrage oder die Unterdrückung der Frauen in der Welt der Scharia. Man könnte auch sagen: Ich ändere die Dinge, die ich ändern kann. Und die nachfolgende Generation findet das logisch. Meine Kids und ihre Freunde vermissen die Auflehnung nicht, den Protest gegen die, deren Erbe sie antreten müssen. Für uns war es einfach, die Nazi-Vergangenheit der Großeltern oder nur ihre Untätigkeit anzuklagen. Es war auch einfach, die sexuelle Befreiung auszurufen, zumal mit dem philosophischen Überbau, dass niemand einen Krieg anzettelt, wenn er gut befriedigt ist. Jetzt aber sind die meisten Grenzen offen und fast alle Übergänge verwischt. Aus Staatstheorien wurden Lebensentwürfe.

Und dann sehe ich in der Tagesschau wie in Stuttgart Bäume umarmt werden, die dem ambitionierten Bahnhofsneubauprojekt Stuttgart 21 im Wege stehen und sehr viele aufgebrachte Menschen, die protestieren. Meine Hausärztin Anke, die ich duze, weil unsere Kinder in demselben Chor singen, hat ihren alten *AKW-Nein-Danke-Sticker* an den Kittel geheftet und daneben den neuen »No Castor«. Sie ist mit Mann und Tochter ins Wendland gefahren, um den 12. Castor-Transport zu behindern, am besten zu stoppen. Die Laufzeitverlängerung für die Atommeiler ist der überraschende Ausstieg aus dem versprochenen Atomausstieg und den wollte sie nicht einfach so hinnehmen. Es wird endlich Zeit, dass wir uns wieder bewegen. Es geht uns gut, und wir müssen wenigstens vor unseren Kindern bestehen. Sie hat Bio-Würstchen von Galloway-Rindern gegessen und Gregor Gysi auf dem Trecker angefeuert. Sie hat Ökos, Anarchos, Realos, Bauern und Rechtsanwälte getroffen. Und Senioren wie Kinder. Ein fröhliches Volksfest, das von den Etablierten im Lande angeführt wurde. Viele von ihnen haben Erfahrung im Demonstrieren. Die liegt lange zurück, und sie waren jung, angetrieben vom Glauben an neue Ideen. Heute sind sie gereifte Wutbürger und wie damals auf Eskalation vorbereitet.

Anke fühlte sich gut, sie hat endlich wieder etwas Gutes und Richtiges getan, und ich musste nicht antworten, weil ich mich auf das Ein- und Ausatmen im Asthmaprogramm konzentrierte. Während ich pustete erinnerte ich mich daran, dass ich meinen AKW-Sticker weggeworfen hatte, als wir in unser neues Haus zogen und das Geld für Solaranlage und Zisterne hatten wir auch nicht mehr. »Aber ich habe nicht geschottert«, sagte Anke, »das ist ja strafbar.«

Um mich mitzuteilen, habe ich lange kein Flugblatt mehr verteilt und mir auch nicht die Nacht mit endlosen Diskussionen um die Ohren geschlagen. Ich brauche nur noch eine Tastatur. *Second Life*, die Online-Parallelwelt hat mich auch kalt gelassen, weil ich gerade selbst dabei war, in den kostenfreien sozialen Netzwerken mein eigenes Zweitleben aufzubauen. Als digitaler Einwanderer zuckte ich vor dem Fortschritt nicht zurück und versteckte unsere Renovierung, Kater Tom und die Kinder nicht mehr länger auf meiner Festplatte, sondern zeigte unser erfolgreiches, fröhlich-buntes Dasein unaufgefordert den 200 besten Freunden. Dass es allenthalben von Interesse ist, setzte ich voraus. Aber jetzt kam mein schlechtes

Gewissen in voller Größe zurück: Zu meinem Leben gehörte auch mal Brokdorf. Die Realität holte uns schneller ein, als wir dachten. Mit der Reaktorkatastrophe in Fukushima im Frühjahr 2011 hat sich vieles verändert.

In Matthias Wohnung interessiere ich mich vorrangig für *Lorelei_78*. Auf mein hartnäckiges Nachfragen verrät er mir, dass er gerade erst seit einer Stunde mit der Sofafrau in Kontakt ist. »Und dann zeigt sie dir solche Bilder?« Er nickt. Scheinbar wundert ihn nur meine Frage. »Warum tut sie das?«, bohre ich nach. »Weil die Schwarzer irrt. Frauen brauchen Sex genauso wie wir.« Also doch keinen Mr. Right für immer? Mein Freund widerspricht: »Doch, Frauen wollen alles, die eierlegende Wollmilchsau.« Ob er sich mit der kleinen Geilschnecke treffen mag, lässt er offen. Denn: »Eigentlich gefällt es mir nicht, wenn mir das Wild vor die Stoßstange springt.« Das überrascht mich jetzt, bislang dachte ich, Männer können nicht immer, aber eigentlich wollen sie immer.

Doch an dem Abend hält sich Matthias zurück. Er ist unpässlich, und außerdem bin ich da. Mich die Suppe allein löffeln zu lassen, um bei einem anderen Rock Witterung aufzunehmen, traut er sich hoffentlich nicht. Um Lorelei loszuwerden, wagt er sich vor. »Gib mir deine Nummer!« Die Antwort kommt sekundenschnell: »Wir kennen uns doch noch gar nicht.« Die junge Dame ziert sich plötzlich wie die Prinzessin auf der Erbse. »Dir kann doch nur Gutes widerfahren, so wie du aussiehst«, schmeichelt Matthias. Und als sie mögliche Gefahren eines Wechsels ins richtige Leben beschwört, beruhigt er sie. Von einer telefonischen Vergewaltigung habe er noch nie gehört. Trotzdem, Blondie zickt rum. Mein Freund kommt nicht zum Ziel, so sehr er sich auch ins Zeug legt. Mit Argumenten nicht, mit Lockungen nicht und mit seiner Telefonnummer schon gar nicht.

Matthias ist müde. Heute ganz besonders, aber auch sonst. Er würde jetzt gern dieses verquaste Jagen und Locken gegen bewährte Action à la Top Gun eintauschen. *Lorelei_78* ist 32. Sie hat auch verraten, dass sie Jura studiert hat und seit einem Jahr bei einer Kölner Versicherung arbeitet. Ihr Motto lautet: Mir zu begegnen ist Glück, mich zu bekommen ein Sieg. Sie gibt an, dass sie einen Mann suche,

... situiert ist und durchtrainiert. Der soll sie nehmen, wie sie ist, und genügend Zeit für sie haben. Er soll sie halten, wenn es drauf ankommt, und walten lassen, wenn ihr danach ist. So steht's geschrieben im Kleinmädchentraum eines Alphagirls des 21. Jahrhunderts.

Der elektronische Flirt lässt besonders viel Platz für Fantasie rund um unser Ich und schafft noch mehr Projektionsfläche auf den potentiellen Partner, inklusive freundlicher Entschuldigungen, wenn es doch nicht klappt. Die Gedanken sind frei, und die Hoffnung stirbt zuletzt: Wir träumen vom unverbindlichen Sex ohne Verletzungen und sehnen uns nach reiner Liebe, bis dass der Tod uns scheidet. Und als sei das nicht schon ambitioniert genug, kann man sich auch noch ganz unauffällig parallel umtun.

Den Kontaktbörsen haftet nicht mehr der Makel an, dass die Figuren dort sonst keinen abkriegen würden. Die eFlirter betrachten die Suche nach dem geeigneten Partner eher sportlich und sehen einen fließenden Übergang zu anderen Social Networks. Das Verfahren vereinfacht die Anbahnung und macht sie reproduzierbar. Dadurch wiederum wird der Flirt anstrengend, und zum Schluss zählen wie bei jedem Ballspiel nur die Tore. Vergebliches Jagen und Locken endet auch digital im realen Frust.

Wird das für Maik und Lysa der Normalfall sein? Oder nur eine weitere Möglichkeit? Ich will ganz bestimmt nicht, dass so eine wilde Braut wie *Lorelei_78* meinen Kleinen einfängt. Und ich will nicht, dass meine Tochter sich so gebärdet. Dabei erkenne ich schlagartig das Dilemma, und mich erkenne ich in der fremden Frau wieder. Sie lebt die real existierende Gleichberechtigung, das pragmatische Resultat meiner romantischen Vorstellungen einer Partnerschaft auf Augenhöhe.

Es stößt mich als Mutter ab, aber auch als Frau. Sollen das die Ergebnisse von vier Jahrzehnten Feminismus sein? Die Frau schreit: Nimm mich! – nur um anschließend in atavistische Muster zurückzufallen. Und er jagt durchs Netz, parallel und ruhelos. Dabei durchschaut keiner mehr, ob sie bei ihm oder er bei ihr die Fäden zieht. Die Polarität der Geschlechter ist perdu; wir ziehen uns nicht mehr gegenseitig an, sondern nur noch gemeinsam runter. Wir Frauen haben den Männern nicht nur ihre Männlichkeit abtrainiert, sondern dabei auch unsere Weiblichkeit aufs Spiel gesetzt. Feministinnen waren noch nie liebreizend, aber die anderen sind es auch nicht mehr.

Die eigentliche Revolution ist das Internet. Maik und Lysa konnten wir nur bis zum siebten Lebensjahr mit Fernsehverbot beeindrucken, und Wetten, dass...? vereinte die Familie alle paar Samstage nur solange vor dem Fernseher bis sie in die Pubertät kamen. An die Tagesschau konnten wir sie nicht mehr heranführen. Den Gong vermissten sie nicht, weil er abgeschafft wurde, bevor sie sich daran gewöhnen konnten. Meine Kinder werden von den Soziologen in knackigem Englisch *Digital Natives* genannt, weil sie mit den Digitaltechnologien von Computer, Internet und Handy aufgewachsen sind. Im Gegensatz zu uns, den Einwanderern: Wir sind so alt, dass wir uns noch gut erinnern, wie die Welt ohne aussah, und zu jung, um uns den vielen Errungenschaften entziehen zu können.

In unseren Ohren hatte der öffentlich-rechtliche Name von ARD & ZDF noch den guten Klang von pädagogisch wertvoll, als die Privatsender an den Start gingen. Fernsehen war bereits gesund, wenn es ohne Werbeunterbrechung auskam. So sehr, dass wir nicht so genau hinschauten und die dämlichen unter den guten KiKa-Sendungen geflissentlich übersahen. Dem Teletubbie-Alter waren Maik und Lysa zum Glück schon entwachsen, darüber sollten sich andere Eltern aufregen. Dafür hatte SuperRTL meine beiden schon längst mit amerikanischen und japanischen Trickserien gefesselt. Und danach wurden sie User.

Die großen Veränderungen im aufgeklärten Online-Miteinander vollzogen sich leise. Es war kein Zufall, dass der lineare Medienkonsum, wie die Experten das Fernsehen bis zum Umfallen nennen, im gleichen Maße an Bedeutung verlor, wie Breitbandkabel verlegt, Speicher und Flatrates bezahlbar wurden. Maik und Lysa schauten immer weniger hintereinander weg, sie mochten es lieber zeitsouverän, konsumierten Information nach eigener Auswahl nur noch on demand. Wann immer sie Bock hatten, wonach ihnen gerade war und, bitteschön, am eigenen Monitor. Das Fernsehen hatte aus der Familie einen Halbkreis gemacht, der Computer löste die Sitzordnung auf und verteilte die Individuen auf ihre Zimmer. So wurde die Schnittmenge an Allgemeinwissen immer kleiner.

Es war aber ein schöner Zufall, dass die Hochphase der Emanzipation in die Zeit fiel, als unsere Haushalte flächendeckend mit Internetanschlüssen versorgt wurden. In Mails und Chats reüssierten wir Frauen zu Wortführerinnen; endlich hatten wir ein Gegengewicht zu den Ballerspielen für Männer und Jungs. Das brachte uns noch ein gutes Stück voran in die Richtung, in die lange zuvor die Weichen gestellt worden waren nach dem Motto: Frauenförderung schön und gut, aber es muss noch viel mehr getan werden. Weil wir doch immer noch voll krass benachteiligt sind.

Das sieht *Lorelei_78* auch so, denn sie erwartet jetzt ähnlich freizügige Bilder von Matthias: »Zeig Dich, Kerl, zeig deine geilen Muskeln!« Matthias grinst, ganz der erfahrene Netzritter: »Das ist typisch.« An dieser Kandidatin müsse er jetzt mindestens eine Woche rumbaggern, ehe es konkret werden könne und damit real. Aber, so wie die sich da räkelt, sei das doch eine Einladung pur, wende ich ein. »Klar, das könnte Mann so interpretieren – und hätte nichts begriffen.« Matthias erklärt es mir: »Diese Karriereweiber tun nur so emanzipiert. In Wahrheit haben sie sich vom traditionellen Balzverhalten noch keinen Millimeter entfernt.« Ja, und weiter?

Dumm nur, dass sie mittlerweile Karriere machen müssen, weil kein Mann mehr den zuverlässigen Versorger gibt. Das Familienrecht hat die Versorgungsehe in einen Beziehungsausgleich verwandelt. Und genauso dumm, dass viele Frauen die Kehrseite der sexuellen Befreiung nicht begreifen wollen. »Ich kann Sex doch an jeder Ecke haben«, sagt Matthias. »Und seit sich im Internet Abertausende anbieten, kann ich doch auch ganz wählerisch vergleichen. Warum also sollte ich meine Energie an diese sperrige Braut verschwenden?« Er zuckt die Achseln. »Die nächste wartet doch nur einen Mausklick entfernt.« Mit einer elektronischen Abfuhr schickt Matthias seine unentschlossene Lorelei zu Bett: »Dann eben nicht, Süße. Gute Nacht.«

Ich mag *Lorelei_78* auch deshalb nicht, weil sie fünfzehn Jahre jünger ist als ich. Weil sie in mir den Verdacht nährt, dass kein Schwanz mehr erigiert, wenn ich mich auf einem roten Ledersofa räkeln würde. Schon deshalb brauche ich mir keines anzuschaffen.

Matthias lobt nur meine Hühnersuppe. Damit trägt er nicht dazu bei, dass ich mich attraktiver fühle. Heute habe ich einen knappen Einblick genommen in eine Welt, die es noch nicht gab, als wir einen Internetanschluss bekamen, geschweige denn als ich nach einem Mann suchte.

In den 90ern bot das Internet erstmal ein unsortiertes Allerlei und lief überdies noch auf dem Betriebssystem Windows 95, das für seine Abstürze berüchtigt war, die um so ärgerlicher waren, weil Microsoft eigens den Slogan *Plug'n'Play* kreiert hatte. Daraus wurde bei uns zu Hause *Plug'n'Pray.* Wir konnten uns nicht vorstellen, dass ein Rechner, noch dazu mit Anbindung an den Rest der Welt, eines Tages stabil laufen und komfortabel zu bedienen sein würde.

Nur wenige Jahre später aber waren wir ruckzuck drin im Netz – und sahen den Wald vor lauter Bäumen nicht mehr. Larry Page und Sergey Brin halfen uns da raus mit ihrer Suchmaschine *Google.* Marc Zuckerberg hatte im realen Leben kaum Freunde und erfand wohl deshalb das soziale Netzwerk *Facebook.* Chad Hurley und Steve Chen erkannten das menschliche Urbedürfnis zur Selbstdarstellung und schufen *YouTube.* Die jungen Kreativköpfe wurden zu Millionären, indem sie uns das gaben, was wir vermissten: Orientierung, Gemeinschaftsgefühl und eigenes Sendungsbewusstsein.

Zwei andere Männer fanden den digitalen Übertrag für etwas, was es in unserem analogen Leben schon lange gab, aber an Ladenschlusszeiten gebunden war: Jeff Bezos vereinfachte den Erwerb von Büchern und gründete *Amazon*, Pierre Omidyar wusste um den Flohmarkt-Spaß und gründete *eBay.*

Mit *Wikileaks* wurden Julian Assange und Daniel Domscheit-Berg zu neuen Aufklärern. Maik fand die geklauten Verschlusssache-Veröffentlichungen so interessant, dass er nach einem Praktikumsplatz dort googelte. Dass Wikileaks eine Firma ohne Impressum ist, fand seine Bewunderung, machte die Sache aber schwierig. Ein Hacker in guter Mission zu sein, war für ihn durchaus vorstellbar und viel besser als das Runterladen von Filmen oder Musiktiteln, das er, seitdem er selber Musik produzierte, kritisch betrachtete.

Es fällt auf, dass ausschließlich Männer die erfolgreichsten Internet-Plattformen bauten und Aufsehen erregende Anwendungen entdeckten. Wo sind die Frauen, wenn in die Zukunft gedacht und gehandelt wird? Mit mangelnden Ausbildungschancen kann es nichts mehr zu tun gehabt haben. Es ist kaum zehn Jahre her und die Jungunternehmer waren allesamt unter 30, als sie ihre konstruktiven Ideen aus dem Nichts umgesetzt hatten.

Offenbar laufen wir Frauen erst auf, wenn schon etwas da ist. Und das gestalten wir dann um. Genauer gesagt: Wir mischen uns gern ein. »Frauen drücken sich überall rein und anschließend das Niveau.« Dieser Satz stammt von einer heute 70-jährigen Journalistin, die auch ohne Quote eine internationale Karriere hingelegt hat, lange bevor wir uns an der Vereinbarkeit von Familie und Beruf abgearbeitet haben.

Natürlich sind die selbst gemachten Millionäre nicht so locker, wie sie auf ihren Pressefotos aussehen: Geschäfte in Jeans und T-Shirt sind nicht minder hart, als die in Anzug und Krawatte. Ich erkläre Maik immer wieder, dass informelle Attitüden nichts bedeuten, und schnitt ihm Zeitungsartikel von Gerichtsverfahren der ehemals besten Freunde aus. Und solche, bei denen unsere eigene Privatsphäre immer mehr zur Disposition gestellt wird.

Meine Kinder waren die Pioniere, die schon in jungen Jahren mit der Dauer-Onlinekommunikation umzugehen lernen mussten. Der Gruppenzwang hatte sich rasch verlagert: Soziale Netzwerke begleiteten ihre Hausaufgaben und Partys. Am Nachmittag übten sich Maik und Lysa darin, ihre Freundschaften zu bewerten. Auf SchülerVZ und Facebook brandmarkten sie sich selbst: Wer bin ich? Wo muss ich hin? Und was ziehe ich an? Attraktivität ist nicht mehr eine Frage der Perspektive, sondern zur harten Währung mutiert.

Meine Facebooker wollten im Netz gefunden werden, aber nicht als Suchende dastehen. Es war ein gehöriger Reifeprozess, von dem ich nichts mitbekam, bis sie gelernt hatten ein Facebook-Profil zu deuten und ihres zu bedienen, solange bis ihnen ihr Wunschbild ICH 2.0 attraktiv genug erschien. Im Umgang mit dem interaktiven Internet vermochte ich von Anfang an keinen Unterschied zwischen dem Userverhalten meines Sohn und meiner Tochter zu erkennen, wohl aber in den Konsequenzen, die sie daraus zogen. Beide hatten

Freude daran, sich mitzuteilen und darzustellen. Beide schrieben frisch, frech und fehlerhaft; die korrekte Rechtschreibung hatte sich genauso verflüchtigt wie eine korrekte Ansprache. Und beide fanden alles Belanglose dieser Welt berichtenswert. Aber Maik lernte in einem schmerzhaften Prozess, sich zu emanzipieren, während Lysa von einer ungetrübt positiven Resonanz ihrer Freunde immer abhängiger wurde.

—

Als ich nach Hause komme, ist mein Fräulein noch wach. Sie sammelt die Freunde auf Facebook zusammen und kalkuliert die Kosten in Excel: Der 18. Geburtstag wird ihr Gesellenstück in Sachen Selbstdarstellung.

Wir wollen das Dorfgemeinschaftshaus mieten und wir bekommen es nur, wenn wir unterschreiben, dass wir eine Familienfeier ausrichten. Das heißt im Klartext: Auch Erwachsene sollen anwesend sein, möglichst den ganzen Abend lang. »Wissen Sie, so was läuft sonst schnell aus dem Ruder«, erklärt mir der Jugendringleiter den Hintergrund. Aha. Ich notiere: Baseball-Schläger besorgen.

Vier Wochen vor dem Großereignis lädt Lysa ihre Freunde ein. Nein, falsch: Sie postet das Event auf die gut 100 Pinnwände ihres Online-Stammes. Ein Viertel sagt innerhalb der nächsten Tage ab, weil an gerade diesem Tag schon was anderes anliegt. Ein weiteres Viertel sagt spontan zu, darunter sogar einige, die hinzufügen, dass sie sich über die Einladung freuen. Der große Rest schweigt oder antwortet: Mal sehen.

Lysa hat keine Ahnung, ob sie 60 oder 120 Liter Bier bestellen soll, ob fünf Kisten Cola reichen oder zehn noch nicht genügen. Und wie viele Baguettes, Käse und Salate? Langt die hauseigene Stereoanlage, oder brauchen wir große Verstärker? Und zusätzliche Biertische? Ihre Partypläne werden zum Totalstress für die Gastgeberin. Sie will es perfekt und richtet sich auf verschiedene Szenarien ein. Eine Woche vor der Party haben vom großen Rest nur einige wenige verbindlich zugesagt. Meine Tochter weiß also jetzt, dass sie zwischen 30 und 70 Gäste erwarten darf.

Zwei Tage vor dem großen Tag meldet sich eine andere Fraktion, die Ungeladenen. Sie sagen: »Long time no see« oder fragen: »Wie geht's denn so?« Von Freunden der Freunde haben sie von der Party gehört und spekulieren nun auf eine spontane Einladung. »Das wär's noch«, stöhnt Lysa, »die ganze Nummer nur, damit ich an meinem Geburtstag mit Leuten sitze, denen ich schon in der Schule aus dem Weg gehe.« Sie lässt sich nicht erweichen. Und ich bin stolz auf meine Kleine.

Maik und Lysa verschwendeten keine Zeit aufs Sozialisieren. Warum sich mit Leuten umgeben, die keine Musik machen oder nicht tanzen können? Warum sich aufhalten mit artfremden Interessen oder jemanden, der die Disco Funny Emotion nicht kennt? In der Community war immer jemand in Rufweite, der so tickte wie sie. Meine Onliner verhielten sich effizient und konnten trotzdem an das Gleichheitsversprechen glauben, das ein soziales Netzwerk bereithält: Unabhängig von deiner Hautfarbe, deinem Alter und deiner Herkunft kannst du 300 Freunde haben. Es funktioniert dort genauso, wie dasselbe Versprechen in der Bildungspolitik funktioniert hat, denn wir alle lieben diesen utopischen Gedanken der Gleichheit über alles. Das echte Leben verträgt nach übereinstimmender Meinung von Soziologen aber nur fünfzehn Freunde. Der Freund 2.0 gedeiht nur dort, wo es Strom gibt, was hierzulande nicht das Problem ist, aber Maik bei dem Gedanken weltwärts zu gehen, zunächst am meisten umtreibt.

Meine Kids konnten sich zeigen, wie sie sich am liebsten sehen wollten. Die Profilfotos dienen ja nicht der Identifizierung, sondern der Präsentation, selbstgefällig oder selbstkritisch, je nachdem. Wer ein Passfoto einstellt, hat schon verloren, bevor er alle Angaben ausgefüllt hat. Das eigene Profil gleicht einem *Tamagotchi*, dem virtuellen Küken, das man mit sich rumschleppte und per Tastendruck großzog. Nur, wer sein Profil ordentlich pflegt und das heißt: mit Neuigkeiten und peppigen Bildern füttert, wird geliebt und darf überleben. »Wenn du bei einem auf der Liste bist, fühlst du dich schlecht, wenn er nicht auf deiner steht«, sagte Maik und Lysa nickte. Sie homogenisierten sich mit ihrer Großgruppe und erweiterten das Wort Freundschaft um die Komponente Beliebigkeit. Im Internet hat es noch nie zuwenig Gefühl gegeben, es gibt davon immer viel zu viel.

Meine beiden Netzwerker spekulierten über die Befindlichkeit der anderen und verhedderten sich in ihren eigenen. Von morgens bis abends waren sie verdrahtet, sie steckten ein und teilten aus, sie waren immer auf Sendung, aber nur selten auf Empfang. Ganz besonders schwer fiel es ihnen, auf Antworten zu warten. Blieben sie tagelang aus, obwohl man den Dialogpartner häufig online sah, wurden aus kleinen Missverständnissen große Zerwürfnisse.

Die Social Networks ersetzten das Tagebuch, nur dass die Einträge jetzt nicht mehr im Vertrauen gelesen wurden oder postum. Das Private wurde sogleich in die Öffentlichkeit geschafft, in eine selbst gewählte, die so löchrig ist wie ein Schweizer Käse. Genauso, wie man sich im Auto traut, in der Nase zu bohren, weil man sich unbeobachtet wähnt, verhält es sich hier. Enthemmt und leutselig wird gesendet, Verschwiegenheit und Diskretion wird vom Empfänger erwartet. Der Kater ist längst weg, die Bilder vom Gelage bleiben. Das alles geht schnell, doch wer seine dokumentierten Ekstasen flächendeckend wieder loswerden will, braucht viel Geduld. Oder er engagiert für ein paar hundert Euro einen professionellen Rufverteidiger. Aber ohne Gewähr.

Die Volkszählung von 1987 nimmt sich lächerlich aus gegen die Selbstauskünfte bei Facebook und Co., wo jedermann sich spielerisch ausfragen lässt. *Farmville* zum Beispiel ist ein reines Spähprogramm, aber das finden wir nicht schlimm, weil es so niedlich ist. Die *Google Street Viewer* haben es einfach nur ungeschickt angefangen. Man muss mit uns umgehen wie mit den Kindern im Bällebad bei Ikea. Wir tauchen gern ab in fröhlich bunte Farben und dort, wo es keine Ecken gibt. Die Google-Leute hätten einfach so eine Art *Sim-City* auf Nachbarschaftsebene daraus machen sollen, dann hätten wir unser Haus klaglos in 300dpi Qualität selbst fotografiert und freudig hochgeladen.

Mit der Zeit kapierte Maik die Methodik hinter den Facebook-Existenzen. Als er auf dem Frankfurter Bewerbungstag Christoph traf und ihn sympathisch fand, obwohl der keine Ahnung von Musik hatte, weswegen er ihm in der Schule aus dem Weg gegangen wäre, begann mein Sohn, seine Haltung zu überdenken. Es war ihm angenehm, dass Christoph nicht nur den Tontechniker in ihm sah. Er begriff, dass ein Netzwerk Toleranzgrenzen nur verschiebt statt sie zu erweitern. Und schließlich sah er das, was es war: eine riesige Rationalisierungsmaschine.

Lysa hingegen hörte nicht auf, nach der Welt zu suchen, die eher als die Wirklichkeit ihren Ansprüchen genügte. Es liegt an den Menschen, dachte sie und suchte weiter. Sie pflegte 50 engere Kontakte, damit sie zwei verbindliche Verabredungen in der Woche hinbekam. Dabei war sie nie sicher, das Richtige zu tun.

—

Am Tag der Party will ich auswandern. Lysas Freund ist keine große Hilfe. Er fühlt sich nicht zuständig für die Bierbänke oder die Kabeltrommel, er fragt nur mal nach, welche Musik denn so gespielt wird. Patrick benimmt sich wie irgendein Gast. Auf seine Bandprobe verzichtet er am Nachmittag auch nicht, und so steht abends um halb neun eine ziemlich erschöpfte Gastgeberin im schwarzen Minikleid im immer noch leeren Partyraum.

Überhaupt sieht es so aus, als wäre es nicht mehr ganz so eng zwischen den beiden. Sie streiten nicht offensichtlich, aber Patrick kommt viel seltener als früher. Lysa schweigt sich aus und quält uns mit Launenhaftigkeit. Auch ihr Bruder hält sich am Partytag mit tatkräftiger Hilfe vornehm zurück. Das Vakuum an der Seite seiner Schwester irritiert ihn nicht so sehr, dass er kurzerhand in die Lücke springen würde. Er will gebeten werden, aber darauf kann er lange warten.

Ich mische mich ein und übernehme kurz entschlossen die Aufnahmeleitung. Das führt zu heftigem Gepolter. Meine beiden sind nicht mehr klein, und das lassen sie mich wissen. Rolf findet die Nische, in dem er sich um den Beamer kümmert, der Bilder aus Lysas Leben mit allen ihren Freunden in einer Endlosschleife an die Wand werfen soll.

Die Ansprüche an die Ästhetik der Bildschirmoberfläche haben das Auge geschult und der Bedienkomfort wurde immer wichtiger. Die schlechten Kopien und die unübersichtlichen Arbeitsblätter, die meine Kids in der Schule bekamen, gruben an der Autorität derjenigen, die sie verteilten. Sogar das Design der Fernsehstudios wirkte auf uns Eltern plötzlich angestrengt und die Moderatoren, als predigten sie vom Berg herunter. Die Damen und Herren litten unter einem Legitimationsdefizit. Sie waren nicht mehr die alleinigen Verkünder exklusiver Informationen, das Internet war längst auf dem Weg zum Leitmedium. Der Mikro-Blog Twitter mauserte sich binnen weniger Jahre von der Weltzentrale der Plattitüden zum Agenturdienst. Prominente, Politiker und Leserreporter füttern uns blitzschnell mit Schnipselbotschaften, in 140 Zeichen wissen wir Bescheid.

Die Bibliotheken mit ihren gemütlichen Öffnungszeiten konnten naturgemäß mit der 24/7-Präsenz des Internet nicht mithalten. Der omnipräsente Zugriff auf unendlich viele Fakten und Nachrichten, auf Klatsch und Tratsch, das Senden und Empfangen hatte uns schneller verändert, als wir es zugeben konnten. Der Meldeton eingehender Mails oder Short Messages konditionierte uns wie einst Iwan Petrowitsch Pawlow seinen Hund. Dessen Speichelsekretion stieg schon beim Anblick der Glocke an, unsere steigt beim akustischen Signal eines Smartphone. Das World Wide Web hat die Information demokratisiert und unsere Individualität zwangsoptimiert. Beides zusammen verschärft die Widersprüche im Alltag.

—

»Na, wie viele kommen denn nun?« Die Frage lässt Lysas Augen feucht werden und schnürt mir das Herz zusammen. Ich hasse das Internet. Ich hasse unsere grenzenlose Liberalität. Und ich hasse jede Inszenierung des Gesamtkunstwerkes Ich.

2003: DEUTSCHLAND UND DIE WELT

POLITIK

Im Bundestag präsentiert Kanzler Gerhard Schröder die Agenda 2010, ein Programm zur Reform des Arbeitsmarktes und der Sozialsysteme, gegen das in den folgenden Wochen Hunderttausende Menschen demonstrieren.

KRIEG

Amerikanische Truppen und ihre Verbündeten marschieren in den Irak ein und besetzen das Land. Der Diktator Saddam Hussein wird Monate später in einem primitiven Versteck entdeckt und festgenommen.

GRENZE

Erstmals nach fast 29 Jahren werden auf Zypern Übergänge an der Grenze zwischen dem türkischen Norden und dem griechischen Süden geöffnet.

TERROR

Bei fünf Selbstmordanschlägen kommen in der marokkanischen Hafenstadt Casablanca 43 Menschen ums Leben. Drei überlebende Attentäter und einer ihrer Hintermänner werden später zum Tode verurteilt.

KATASTROPHE

Ein schweres Erdbeben in Algerien fordert mehr als 2.000 Opfer und hinterlässt Zehntausende obdachlos.

FREITOD

Der prominente FDP-Politiker Jürgen W. Möllemann stirbt bei einem Fallschirmabsprung, nach den Ermittlungen der Polizei war es Selbstmord.

AUTOMOBILE

Im mexikanischen Volkswagenwerk läuft der letzte Käfer vom Band.

ENTFÜHRUNG

Nach sechs Monaten in der Hand von algerischen Rebellen kommen 14 Sahara-Touristen frei, darunter neun Deutsche.

MORD

In einem Stockholmer Kaufhaus wird die schwedische Außenministerin Anna Lindh von einem geistig verwirrten Mann niedergestochen, sie stirbt im Krankenhaus.

JUSTIZ

Der wegen der Todesschüsse an der innerdeutschen Grenze verurteilte letzte DDR-Staats- und Parteichef Egon Krenz wird auf Bewährung aus der Haft entlassen.

URTEIL

Das Bundesverfassungsgericht verkündet das Kopftuchurteil, nach dem eine Lehrerin aus Baden-Württemberg während des Unterrichts kein Kopftuch tragen darf.

2003: FAMILY AFFAIRS

GRÖSSE

Maik ist fast so groß wie ich: 165 cm. Lysa ist mit 137 cm klein für ihr Alter. Sie bekommt deshalb in der Schule einen doppelten Büchersatz, damit sie am Ranzen nicht so schwer zu tragen hat.

TOD

Mein Vater stirbt drei Wochen nach einer Herztransplantation in der Medizinischen Hochschule Hannover im Alter von 67 Jahren.

KINO

Lysa und ich machen unseren ersten echten Mädelsabend. Wir schauen im Kino »Freaky Friday«. Es geht um eine Mutter und ihre Tochter, die ihre Körper tauschen.

KINO

Maik ist völlig hingerissen von dem Film »8 Mile«, der das Leben von Eminem erzählt. Auch die satirische Dokumentation »Bowling for Columbine«, in dem Michael Moore mit dem Waffenfetischismus der USA abrechnet, fasziniert ihn.

2004: DEUTSCHLAND UND DIE WELT

GESUNDHEIT
Im Zuge der Gesundheitsreform müssen Kassenpatienten beim Arztbesuch künftig zehn Euro Praxisgebühr pro Quartal zahlen.

POLITIK
In Afghanistan verabschiedet die Große Ratsversammlung eine Verfassung; das Land wird eine Islamische Republik mit Präsidialsystem.

AUSTAUSCH
Auf dem Kölner Flughafen tauschen Israel und die libanesische Hisbollah 30 Gefangene aus.

PANIK
In Saudi-Arabien werden bei einer Massenpanik fast 250 Mekka-Pilger erdrückt.

GESETZ
Das Bundesverfassungsgericht entschärft den so genannten Großen Lauschangriff und verfügt eine gesetzliche Neuregelung.

TERROR
In der spanischen Hauptstadt Madrid kommen bei einer Anschlagserie auf Bahnhöfe und Eisenbahnzüge 191 Menschen um, mehr als 1.500 werden verletzt.

RÜCKTRITT
Wegen des Verdachts der Vorteilsnahme tritt Bundsbankpräsident Ernst Welteke zurück.

KUNST
Pablo Picassos Gemälde »Junge mit Pfeife« wird in New York zum Rekordpreis von umgerechnet 85,7 Millionen Euro versteigert.

FEUER
Bei einem Großfeuer in der Anna-Amalia-Bibliothek in Weimar verbrennen rund 50.000 historische Bücher.

JUSTIZ

Frankfurts stellvertretender Polizeipräsident Wolfgang Daschner wird wegen Folterandrohung gegen einen Kindesentführer zu einer Bewährungsstrafe verurteilt.

KATASTROPHE

Ein Seebeben im indischen Ozean löst verheerende Tsunami-Flutwellen aus. An den Küsten Indiens, Thailands und Indonesiens sterben über 300.000 Menschen.

US-WAHL

George W. Bush wird erneut zum Präsidenten der USA gewählt. Der Demokrat John Kerry unterliegt knapp.

BETRUG

Der Beitritt Griechenlands in die Euro-Zone beruht auf gefälschten Defizitzahlen. Das statistische Amt der EU, Eurostat, gerät ins Zwielicht.

2004: FAMILY AFFAIRS

WERKSTATT

Ich habe eine Woche lang kein Auto. Der voll bepackte Plan mit Kieferorthopädie, Logopädie, Klavier, Ballett, Chor und Fußball bricht ohne Direktshuttle sofort zusammen. Zu Fuß oder mit dem Bus schaffen wir nur knapp die Hälfte der Termine.

KINO

Rolf und Maik gehen in die lange Filmnacht »Herr der Ringe, Teil I – III«.

URLAUB

Wir verbringen den Sommerurlaub auf der Insel Gozo, wir haben ein Haus mit Pool gemietet. Weil es tagsüber so elend heiß ist und die Erfrischung direkt im Garten, verlassen wir das Haus in den 14 Tagen nur dreimal zum Einkaufen. Die Kinder sagen später, dass es ihr schönster Urlaub war.

MOBILFUNK

Lysa bekommt nun auch ihr erstes Handy, mein altes Nokia 6310.

SCHULE

Wir haben viel Streit wegen der Schule.

ANALOGES

IMMER UNTER SPANNUNG
RUNTERLADEN, WEITERLEITEN

Um 22 Uhr wird es auf der Party endlich voller. Viele bringen als Geschenk eine Flasche Wodka mit, von der sie im Laufe des Abends großzügig auch dem Gastgeber anbieten. Um halb zwölf gehen die ersten Gäste schon wieder, weil sie noch woanders eingeladen sind oder endlich in die Disco wollen. Das fällt aber nicht auf, weil kontinuierlich immer neue Leute kommen. Die Personenzahl im Raum bleibt annähernd gleich. Und da sich alle ähnlich sehen, kommt es mir vor, als habe sich nichts verändert. Wir Alten schieben vertragsgemäß Wache, und damit das nicht so auffällt, haben wir uns eine Grillecke hinterm Haus gesucht. Dort trinken wir Kölsch vom Fass und essen Bratwurst mit Kartoffelsalat. Später bedienen wir an der Bar.

Alles in allem wird es ein ruhiger Abend ohne Zwischenfälle. Auch zwischen Patrick und Lysa ist augenscheinlich nichts anders als sonst, außer, dass er sie nicht mit einer Gitarren- und Gesangseinlage beglückt, wie es mal angedacht war. Nach Mitternacht ist meine kleine Große vollkommen überdreht; es wird allenthalben wild und frei getanzt. Kurz nach eins verabschieden sich mein Mann und ich in der Überzeugung, dass eine Krawalltruppe hier nicht mehr aufkreuzen wird.

Im Morgengrauen höre ich die Haustür klappen. Es ist Lysa, allein. Sie kommt rücksichtsvoll leise die Treppe hoch. Minuten später hallen spitze Schreie und lautes Schluchzen aus ihrem Zimmer. Rolf und ich schrecken hoch. Auch Maik taumelt schlaftrunken auf die gegenüberliegende Seite des Flurs. Was ist los? Unsere Tochter kreischt und trommelt mit den Fäusten auf ihr Bett. Ihr Rechner ist hochgefahren. Offenbar wollte sie gleich die ersten Partybilder auf Facebook einstellen.

Ich starte einen Versuch, Lysa zu beruhigen und will mein Mädchen in den Arm nehmen, aber sie stößt mich weg. Ratlos hocke ich mich auf das Bettende. Rolf und Maik lehnen im Türrahmen. Wie Lysa weint, klingt es nicht nur traurig, sondern auch nach Wut und Verzweiflung. Zum Glück weiß ich aus der Werbung, was Kinder brauchen, um sich aufgehoben zu fühlen: Schokoladenpudding. Ich gehe in die Küche und kippe einen ganzen Liter Milch in den Topf.

Während ich rühre, überlege ich, ob es einen Zusammenhang zur geöffneten Facebook-Seite gibt. Ständig zu kommunizieren, findet jeder anstrengend, entgegen allen Vermutungen auch die Jugendlichen. Und trotzdem beteiligte sich Alt und Jung an der Dauerpräsenz im eitlen Glauben, nur zu reagieren. Wir hatten alle mitbekommen, dass uns die vielen Optionen schnell zusammenführten und genauso schnell wieder auseinanderbrachten. Maik und Lysa investierten all die Jahre viel mehr Zeit, sich zu verabreden, als tatsächlich mit ihren Freunden beisammen zu sein. »Wir telefonieren noch mal!«, hieß es Tage vorher oder: »Ich meld' mich!« Auch dann, wenn eigentlich nichts gegen eine konkrete Verabredung sprach außer der Hoffnung, es könne zwischenzeitlich noch etwas Spannenderes passieren. Stunden vorher, zwischen Schminken und Hairstyle, sogar noch kurz bevor sie das Haus verließen, wurden Kurznachrichten hin- und hergeschickt, um die Planung zu justieren. »Komme später. Muss noch bei Samuel vorbei.« Oder: »Kannst du mich doch abholen?« Oder: »Ich will mein neues Kleid anziehen, das geht aber nicht für die Rheinaue. Können wir woanders hingehen?«

So war unser Nachwuchs ständig unter Spannung, kam nie zur Ruhe. Und hatte die Clique endlich zueinander gefunden, konnte man darauf wetten, dass einer plötzlich eine neue Attraktion vorschlug. Dann wurde wieder diskutiert, erneut zwischen Anreiz und Bequemlichkeit abgewogen und wer bei wem im Auto mitfahren konnte. Wenn Maik oder Lysa mit einer Flappe bis zum Boden viel früher als erwartet heimkam, wusste ich, dass sich die Gruppe aufgespalten hatte, weil man sich nicht auf ein Ziel einigen konnte. Bekam ich hingegen eine SMS in der Art: »Liebste Mama, sind in Köln, schlafe bei Lena. Ist okay hoffe ich. HDL, L.« dann war der Plan zu Lysas Zufriedenheit verändert worden. Maik schrieb in so einem Fall: »Hey, bin in Kölle, komme nach Haus iwie. M.«

Einmal riss ich meinen Jungen höchst selbst aus der Gruppe. Er war 16 und auf einer offiziellen Karnevalsparty, die er um 24 Uhr hätte verlassen müssen. Um halb zwölf verlegt er unsere Abholvereinbarung um zwei Stunden in die Nacht: »Blib hier, kanste um 3 komen.« Wutentbrannt stieg ich in mein Auto und ließ ihn im Saal ausrufen. So hasserfüllt hatte ich ihn noch nie gesehen, und er wirft es mir heute noch vor.

Beide Youngster gaben sich, vermutlich wegen aller Möglichkeiten und Unwägbarkeiten, auch nicht mehr mit einer Clique zufrieden, sondern pflegten mehrere Gruppen, die sie aus unterschiedlichen Bereichen kannten: Schule, Tanzen, Musik, Chor, DLRG. Überall gab es Leute, mit denen sie irgendwie bekannt waren. Wer nicht dreimal bei uns war, dessen Namen merkte ich mir schon gar nicht mehr, und den ersten Verabredungsentwurf konnte ich getrost ignorieren. Das reichte aber nicht, um meine wachsende Aggressivität einzudämmen. Nur was ging mir eigentlich so auf die Nerven? Ihre Spontaneität oder die Tatsache, dass sie deutlich mehr Möglichkeiten hatten als ich damals?

Es machte mich rasend, dass sie mit sich und mit ihrem Wirkradius nicht wirklich etwas anzufangen wussten. Dass sie ihre Möglichkeiten mit Unverbindlichkeiten verplemperten. Natürlich wusste ich, dass ich mich auch mal so verhalten hatte, im Rahmen der vergleichsweise bescheideneren Möglichkeiten, und dass es damals meine Eltern und Lehrer wahnsinnig machte. Die hatten noch die erzwungenen Liebesbekundungen an die Verwandtschaft in Erinnerung, gequälte Weihnachtsfeste mit mühsam erhaltenem Familienfrieden, all diese mehr oder weniger verlogenen Rituale. Und sie mussten erwachsenen Autoritäten Respekt zollen, auch wenn die ihn nicht verdienten. In ihren Kinder- und Jugendtagen war zwar Aufschwung allerorten, aber die Zeiten waren auch fürchterlich spießig und extrem ungerecht. Es gab ein klares Oben und Unten, an dessen Auflösung unsere Eltern selbst mitgewirkt hatten, damit wir es einmal ehrlicher haben sollten.

Unsere Eltern saßen im Käfer und der musste ihnen reichen zum Glück. Wir sind heute noch stolz, dass wir uns mit dem Golf begnügten, aber in Wirklichkeit wurde der uns schon bald zu eng. Unseren Kindern würden wir am liebsten einen Porsche gönnen. Und könnten dann zuschauen, wie sie ihn an die Wand fahren.

Oder es muss irgendwas mit Patrick sein, schließe ich messerscharf. Er ist ein netter Junge mit einem freundlich-fröhlichen Wesen und höflichen Manieren. Dass er nicht gern zur Schule geht und deshalb mit dürftigen Noten hantiert, hatte uns überrascht. Er wirkt aufgeschlossen und neugierig. Er hat eine sehr schöne Stimme und zupft ganz entzückend die Saiten seiner Gitarre. Der Junge ist ein designierter Frauenversteher vom Typ Schwiegermutters Liebling. Er und unsere Lysa sind ein hübsches Paar. Gepflegt. Gestyled. Gebranded.

Aber es ist auch ein ungleiches Paar. Meine Tochter weiß mehr, kann mehr und ist perfekt organisiert. Von Anfang an machte sie in der Beziehung die Ansagen, und Patrick ließ sich das gefallen. Täglich rief er an, und ihren Antworten entnahm ich seine Frage: »Was spielen wir denn heute?« Lysa wusste es. Sie hatte stets einen Plan und auch gleich schon die passenden Busverbindungen parat. Er widersprach nur ganz selten.

Patrick und Lysa haben vor ihrem 16. Geburtstag zueinander gefunden, kurz bevor meine Tochter ihr Jahr in England verbrachte. Während dieser Zeit zweifelte ich, ob die Liebe trägt, weil sie sich nur so selten sehen konnten, und nach ihrer Rückkehr zweifelte ich, ob sie trägt, weil sie sich so oft sehen konnten. Lysa hielt ihren Freund an, mehr für die Schule zu tun. Und als es um sein Praktikum ging, sortierte sie die Möglichkeiten und suchte in gemeinsamen Überlegungen mit seiner Mutter die beste raus.

Er wird sich schon wehren, wenn es ihm zuviel wird, dachte ich oft. Lysa versuchte, seinen Ehrgeiz auch über den Schulvormittag hinaus anzutreiben, aber die Erfolge waren mäßig. Ihr zuliebe lernte er nicht mehr für die Schule, aber er tat das, was Männer so tun, wenn die Herzensdame ruft: Er schränkte den Kontakt zu seinen Freunden ein. Als ihr das noch nicht reichte, begann Patrick verhalten zu maulen. Lysa verstand nicht, warum er nicht jede freie Minute mit ihr verbringen wollte. Sie wertete es als mangelnde Zuneigung. Sie liebte ganzheitlich, er hatte zwischendurch zu tun. Und ich staunte, wie betonfest die archaische Sehnsucht nach totaler Verschmelzung im Kopf meiner Tochter sitzt.

In der Schule sind die vielen Kommunikationsmöglichkeiten dank der dritten Mobilfunkgeneration G3 angekommen. Die Schüler kennen alle Funktionen und der Schulleiter musste schon traurige Höhepunkte beim Gebrauch auf dem Schulgelände vermelden. Seine Beobachtungen und Anklagen füllten ein ganzes DIN-A4-Blatt, quer beschrieben in winziger 6-Punkt-Schrift, mit dem er alle zusammen ansprach, die Schüler von der 5. bis zur 13. Klasse und deren Eltern, so, als lohne es nicht, zwischen 10- und 18-Jährigen zu unterscheiden und unsere Rolle davon eigenständig zu betrachten. Seine Aufzählung las sich heftig: SMS und MMS während des Unterrichts, Runterladen und Weiterleiten von Pornobildern und Gewaltszenen, dazu noch der Austausch von Mathelösungen. Zu lautes Musikhören über Kopfhörer schadet wenigstens nur den eigenen Ohren. Aber erpresserische Fotos und das so genannte *Cybermobbing*, wenn per Kurznachricht ein Gerücht verbreitet wird, gäben aktuell besonderen Anlass zur Sorge.

Anlass für den Rundumschlag waren Sexbilder auf dem Handy eines Zwölfjährigen, die von dessen Mutter entdeckt wurden. Die schockierte Frau konfrontierte den Herrn Direktor mit der vorwurfsvollen Frage: »Von wem hat er das bekommen?« Die Vo stellung, das eigene Kind könnte selbst eine Quelle im Internet aufgetan haben und womöglich am Anfang der Verbreitungskette stehen, passt so gar nicht in die Köpfe von Guteltern.

Auf den letzten drei Zeilen seines Memorandums wiederholte der Oberpädagoge in Fettschrift die längst bekannte Regel: Handys sind mit Betreten des Schulgeländes auszuschalten und wegzupacken. Und wie immer warb er um Unterstützung und Verständnis der Eltern. Wer sollte etwas einzuwenden wagen? Vielleicht nur, dass die Anweisung nicht zu kontrollieren und damit nicht durchzusetzen war. Bestenfalls taugte sie als Diskussionsgrundlage.

Es ist schon verrückt. In meiner Schulzeit hätte uns niemand einen Fotoapparat, eine Stereoanlage, einen Fernseher, eine Schreibmaschine und ein Telefon mitgegeben. Heute erscheint der Schüler von Welt voll aufgerüstet im Klassenzimmer und offenbart jene unliebsamen Charaktereigenschaften, die wir glaubten durch stundenlange Debatten abgeschafft zu haben. Denn hinter den Kulissen organisieren die Kids eine Sozialauslese, von der die Mütter und Väter der modernen Mittelschicht keine blasse Ahnung haben. Nur die türkischen Jungs mackern noch offensichtlich rum.

Im Fernsehen werden *Social Spots* ausgestrahlt, von der Europäischen Union in Auftrag gegeben, um uns für die Missbrauchs-Problematik zu sensibilisieren. So weit, so wichtig. Und so nutzlos. Unsereiner hielt sich schon damals nicht mehr an die Regeln, die gerade im Stuhlkreis einvernehmlich beschlossen worden waren, kaum dass wir auf dem Pausenhof standen. Und unsere Kids verhalten sich offenbar genauso. Allgemeine Ansagen beeindrucken sie nicht, und konkrete Konsequenzen gibt es kaum.

Der vorsichtige Test eines Handy-Verbotes in der Schule sagt schon alles. In seinem eindringlichen Appell bat der Direktor uns Eltern, den Kindern nicht so teure Alleskönner-Geräte mitzugeben. Netter Versuch, mehr nicht. Ein Schulleiter kann eben nicht sagen: So läuft das hier nicht! Wen ich erwische, der fliegt! Er kann kein Handy elegant in die Toilette gleiten lassen und auch keine Lösungen anbieten wie diese: Ab Montag hängt das Mama-

Telefon vor dem Sekretariat zum folgenden Tarif: 99 Cent/Min ausgehende Anrufe, 1,99 Cent/Min eingehende Anrufe. Bitte geordnet in der Schlange anstellen. All das kann er nicht sagen, denn der Schulleiter ist per Dienstanweisung ein König ohne Land und seine übermächtigen Gegner sind die Mütter.

Ein Theaterabend in der Schule versöhnte mich etwas und beruhigte mich enorm. Wie jedes Jahr vor den Sommerferien gab sich der Literaturkreis die Ehre. Die Zwölftklässler spielten ihre Eigeninszenierung »Ab in die Kiste«. Es ging um Kartons, zu denen sie sich kleine Stücke ausgedacht hatten. So bauten sie beispielsweise das perfekte Designerkind zusammen, und sie erinnerten an Nintendos Super-Mario, der ja auch über Kisten sprang. Sie persiflierten den Fernsehkonsum und den Wellnesswahn. Sie karikierten überdrehte Kunstsachverständige, Casting-Shows, das Speeddating, die Finanzkrise und den Unterricht ihrer Lehrer. Zusammengefasst: Sie haben schon mitbekommen, was läuft. Sie sind kritisch, aber ihre Kritik sieht ganz anders aus als unsere seinerzeit: Deutlich unterhaltsamer.

Die Multimedia-Kids wissen schon in jungen Jahren, dass die weltweite Vernetzung erstens nicht nur intelligente Information produziert, und zweitens, wenn sie es täte, dies nicht in die Überintelligenz, sondern in die Banalität führt. Sie wissen es, und es erschreckt sie nicht. Es ist lediglich ein Fakt, mit dem sie jetzt schon umgehen. Entgegen allen Annahmen bloggen nicht junge Leute am häufigsten, sondern unsere Generation und die Frühpensionäre. Mein Schwiegervater war vom Fernseher auch kaum wegzubekommen, weil er die erste Hälfte seines Lebens ohne verbringen musste.

Der weiche Patrick hat scheinbar schon verstanden, was die Genderpolitik von ihm will. Die christdemokratische Familienministerin Kristina Schröder macht ernst mit der Chancengleichheit und hat den ersten bundesweiten Boys Day angekündigt, um Jungen für den Beruf des Erziehers, Alten- und Krankenpflegers zu begeistern. Die Informationsveranstaltungen sollen sie sensibilisieren, typisches Rollenverhalten zu hinterfragen. Und weil Jungs schwer von Begriff sind, unterstützt sie das Ministerium das ganze Jahr über mit dem offiziellen Vernetzungsprojekt *Neue*

Wege für Jungs. So finden sie ganz leicht den Weg in die Spree-kita und wissen auch schon bald im Haushalt Bescheid.

Das Projekt begeistert selbst meinen Macho Matthias. »Ich wollte immer schon wissen, wie man Hebammerich wird.« Bis Mitte der 80er ging das gar nicht. Erst dann wurden Männer für den Beruf des Entbindungspflegers zugelassen. Nicht, dass sie darauf gewartet hätten: Bislang sind es hierzulande gerade mal drei, die den Frauen bei der Niederkunft professionell beistehen.

Von meinen Mitschülerinnen haben viele studiert. Und sie haben nicht nur einen guten bis sehr guten Abschluss gemacht, sondern auch auf einer der zahlreichen Studentenfeten ihren zukünftigen Mann kennengelernt, der begehrenswert blieb, wenn er einen noch exzellenteren Abschluss hatte. Ich muss Lysa nun beibringen, dass der Mann ihrer Träume keinen Chefarztkittel mehr tragen wird, sondern sich in der Handtuchausgabe verdient macht oder gerade mit kleinen Kindern im Wald Blätter bestimmt. Und dass sie nicht arbeiten gehen kann, sondern muss.

Oder ist der Boys Day nur für die Jungs gedacht, bei denen es in der Schule nicht so gut klappt? Weil sie auf dem Arbeitsmarkt die schlechtesten Chancen haben, da sie nicht nur gegen die besseren Jungs bestehen müssen, sondern auch gegen die noch viel besseren Mädchen? Muss ich bald einen Numerus Clausus mit Mädchenquote befürchten? Vielleicht dürfen Jungs Technik und Naturwissenschaften eines Tages auch gar nicht mehr studieren, weil jetzt endlich mal die Mädchen dran sind.

Als ich noch mit dem Strom schwamm, hätte ich Ministerin Schröder gewiss zugestimmt, dass Jungs typisches Rollenverhalten hinterfragen sollten. Es dauerte eine Weile, bis ich begriff, dass es nur noch Familien ohne Oberhaupt gibt, egal ob die Eltern getrennt oder zusammen leben. In manchen Familien hat der Junge sogar schon zwei Mütter. Aber keinen Vater mehr, der auf den Tisch haut, Basta-Entscheidungen trifft und allein deshalb Recht bekommt, weil er sich einfach besser durchsetzen kann: Wenn der Kuchen spricht, schweigen die Krümel.

Kein Vater aus der Generation Golf darf sich nach der Arbeit für eine halbe Stunde auf die Couch legen, während die Mutter die Kinder mahnt, leise zu sein. Ich jedenfalls habe das nie getan. Ich hatte vielerlei Aufträge für meinen Mann, kaum dass er aus dem Büro daheim war: Aufräumen, Einkaufen, Kinder von Freunden abholen, Hausaufgaben kontrollieren, Fortschritte am Klavier beaufsichtigen.

Dass er mir diese Aufgaben abnahm, befreite ihn jedoch nicht von dem Gang in den Baumarkt, um meiner Erwartung an einen Alleskönner in Sachen handwerkliche Geschicklichkeit Genüge zu tun. Dabei stand er genauso hilflos wie ich vor defekten Haushaltsgeräten. Er schaute sie an, drehte und wendete sie, ehe er todesmutig zum Schraubenzieher griff, was in der Regel in die Entsorgung führte.

Unser Papa konnte nicht mehr heile machen, was mein Papa noch konnte. Aber er ist das letzte Exemplar aus der Generation, die es wenigstens noch versucht hat. Alles ist so komplex, so kompliziert geworden, manches Teil von vornherein schon als Wegwerfartikel konstruiert. Aber das war mir schwer zu vermitteln, wenn der Drucker und die elektrische Türanlage streikten, der Mixer Funken sprühte oder der Staubsauger den Geist aufgab. Was blieb, war Frust und die ungestillte Sehnsucht nach einem Kerl, der das Problem lösen konnte. Die Technik, einst von Männern erfunden, damit es die Hausfrauen einfacher haben, ließ sie jetzt als Loser dastehen. Der Mann im Haus ersetzt nicht mehr den Hausmeister. Und auch die klassische Gattin bekommt nicht mehr geregelt als die beruflich engagierte Mutter. Beider Anspruch aber leitet sich von einer Leistung ab, die ihnen kein Mann nachmachen kann: Ich habe zwei Kinder geboren; das muss an dieser Stelle reichen.

Am Wochenende stellte sich der Papa komplett in den Dienst seiner Lieben. Das heißt, er akzeptierte meine Planung und sorgte dafür, dass alles reibungslos lief. Die Termine der Kinder hatten immer Vorfahrt, ihre Wünsche oberste Priorität. »Frau verwöhnt, Kinder belustigt, Rasen gemäht. Nun ist meine Haut dran.« Das könnte Rolf gesagt haben, ist aber der neue Werbeslogan von *Men Care* aus dem Hause *Dove*.

Und wenn es raus ging, meinte ich nicht ins Grüne, sondern in eine europäische Metropole nach der nächsten. Da musste Rolf online den Billigflug bei Ryan Air buchen, und wenn er das mit Schweißausbrüchen, aber ohne Herzinfarkt hinbekommen hatte, kümmerte er sich um eine preiswert-luxuriöse Unterkunft und die bequeme Verkehrsanbindung. Bei Anmietung eines Leihwagens sollte er vorab mit *Google Earth* die Parkmöglichkeiten erkunden. Das war für ihn Stress pur, weil ich abweichend zum Alltag nun geführt werden wollte. In ein gutes Restaurant zu einem Tisch am Fenster, mit Blick auf den Eiffelturm oder über die Themse, je nachdem. In jedem Fall aber mit einer Spielecke für die Kinder. Wenn eine der Komponenten fehlte, konnte ich sehr unleidlich reagieren.

—

Ich gehe mit der Schüssel Trostpudding wieder zu Lysa ins Zimmer. Die hat nun Schluckauf. Unter Schniefen und Schluchzen erfahren wir so allmählich, was passiert ist. Patrick hatte ihr für die Zeit nach ihrer Party ein Gespräch angekündigt. Schluss machen wolle er nicht, vielleicht etwas mehr Distanz, aber darüber würden sie noch reden. Und dann hatte sie vorhin auf Facebook gesehen, dass er den Beziehungsstatus schon von *Liiert* auf *Single* umgestellt hat. Ich halte meiner kleinen Großen einen Löffel hin, aber sie dreht den Kopf zur Seite.

Patrick ist nicht unsensibel, er ist ängstlich. Weil er Lysa nicht wehtun wollte, sandte er diffuse Signale, wollte sich offenbar scheibchenweise trennen. Er ist ein Weichei, das macht es für meine Tochter besonders hart. »Ey, shit, der Typ. Das ist ja 'ne echte Pussy«, sagt Maik. Und dass Facebook genauso Shit ist, sagt er auch. Nur weil es Millionen benutzen, glauben alle, dass es gut sein muss. Er erscheint mir plötzlich männlich-pragmatisch: »Kann ich deinen Pudding haben, Lysi?«

Ministerin Schröder will mit dem Boys Day auch die sozialen Kompetenzen der Jungs fördern. Noch vor ein paar Jahren hätte ich über den Satz hinweg gelesen, so selbstverständlich erschien mir, dass diese sozialen Kompetenzen prinzipiell unterentwickelt sind. Das Gemüt eines Metzgerhundes ist den Knaben in die Wiege gelegt, zunächst und vor allem sind sie rücksichtslos. Dem kann man nur entgegenwirken, indem man ihnen zum Umbau e weibliche Hand reicht. So wird Konkurrenz zur Kooperation, aus Prahlerei ein Stück Bescheidenheit und aus jedem Kampf ein Gespräch. So dic Prämisse.

Ich hielt Maik für unsensibel, weil er auf viele meiner Anforderungen nicht sofort und für mich sichtbar reagierte. Oft dachte ich, ich erreiche ihn gar nicht, weil er kaum mit der Wimper zuckte. Dass meine Appelle trotzdem in ihm arbeiteten, konnte ich mir nicht vorstellen. Den Mann vom Typ Clint Eastwood, der erstmal auf dem Streichholz kaut und überlegt, bevor er ins Dorf reitet, um zu tun, was getan werden muss, hatte ich aus meinem Stammhirn gelöscht.

Der kleine Maik wurde bereits groß mit einem gehörigen Respekt vor Mädchen. Sie machen ihm Angst seit er drei Jahre alt ist. Aber er lernte von mir wie von jeder Lehrerin, dass wir das Opfergeschlecht sind. Die Unterlegenheit seiner Spielkameradinnen und Mitschülerinnen konnte er bis auf den körperlichen Unterschied nie so richtig erkennen, aber irgendwie musste er immer Rücksicht nehmen und sich darüber hinaus mädchenhafte Attitüden aneignen.

—

Am Montag stellt Lysa ihren Patrick, der ihrer nicht mehr sein will, in einem Vier-Augen-Gespräch zur Rede. Sie erfährt, dass es ihm zu eng geworden sei mit ihr. Natürlich habe er sie noch lieb, ja, ganz bestimmt. Aber er brauche mehr Freiraum und wolle es deshalb erstmal allein versuchen. Am besten, sie warte darauf, dass er sich wieder melde, sagt er. Auf keinen Fall solle sie ihn anrufen, und auch in der Schule will er die Pausen nicht mehr mit ihr verbringen.

Ich dachte, Lysa verliebt sich, aber zerbricht nicht daran. Jetzt erlebe ich sie tief verzweifelt. Sie ist am Limit. Diese Lysa hat nichts mehr mit dem Bild einer toughen Frau zu tun und schon gar nicht mit dem Bild, das Frauen in den Medien abgeben und mit denen sich Leserin und Zuschauerin identifizieren soll.

Da muss ich tollen Kommissarinnen mit dümmlichen Assistenten bei ihren Ermittlungen folgen, fröhlich chaotische Alleinerziehende in Führungspositionen beklatschen und von betrogenen Ehefrauen lernen, die ihr Leid kapitalisieren, sprich: ihn ausnehmen. Frauen, die das Leben so schwer durchwirbelt, bis sie endlich erkannt haben, was für Scheißkerle die Männer sind. Frauen, die eigentlich besser ohne Mann klarkommen, aber trotzdem im Film den einen kennenlernen, der ganz anders ist als alle anderen. Den, der sie aufrichtig liebt. Ihn nehmen sie großzügig in ihr Leben auf, damit sie ihn liebhaben können wie einen kleinen Hund. Mr. Right bewohnt ein großes Haus und fährt ein schnelles Auto. Erreicht hat er Reichtum und Status mit ungebrochenem Teamgeist und endloser Fairness.

Die beeindruckende Kulisse ist eine Mindestanforderung. Die muss er ihr bieten, um sich ihrer Liebe überhaupt würdig zu erweisen. Wir Frauen können es längst allein genauso gut oder besser, und wenn wir uns trotzdem auf eine Beziehung einlassen, dann müssen wir davon profitieren, auf die eine oder andere Weise, am besten in jeder Hinsicht. Der Mann unserer Träume ist ein nützlicher Idiot, nichts weiter.

Möglich, dass Mütter aus ihrem Kleinen schon immer den besseren Ehemann machen wollten, aber es gab als Regulativ die männliche Welt, in der sie nichts verloren hatten. Während der gesamten Emanzipationsbewegung beschränkte sich der Widerstand des Mannes darauf, die Frau aus seiner Welt fern zu halten. Er sagte: Ich will. Oder: Ich will nicht. Um ihren Kram mochte er sich nicht kümmern, ihn interessierte nicht, was sie einkaufte, wie sie kochte, mit wem sie sich zum Kaffeeklatsch traf. Er machte sein Ding. Das ist vorbei. Dank penetranter Hartnäckigkeit sind die Frauen nun überall drin, und da machen sie keineswegs nur ihr eigenes Ding, sondern sind ständig an ihm dran und sagen: Du sollst. Oder: Du sollst nicht.

Für Maik war es in dieser Gemengelage schwer bis unmöglich, seinen Platz zu finden, geschweige denn eine junge Frau zu erobern und dann zu beschützen. Denn was er auch tat, wie sehr er sich auch anstrengte, es war oft falsch und nie genug. Und die Mädels, denen er seinen Schutz anbieten wollte, lächelten ihn überlegen an.

Ein paar Tage später sieht Lysa ihren Ex Hand in Hand mit einem Mädchen gehen. Es ist eine jüngere Realschülerin, die zu ihm aufschauen kann. Patrick hat in der Kopfnote Sozialverhalten eine Eins. Wer weiß, wozu die sanften, gut aussehenden und gut duftenden jungen Männer eines Tages noch fähig sein werden.

2005: DEUTSCHLAND UND DIE WELT

RAUCHEN

Italien und Irland führen ein striktes Rauchverbot in Lokalen und öffentliche Gebäuden ein, die Europäische Kommission verbietet die Tabakwerbung.

MORD

Der Modeschöpfer Rudolph Mooshammer wird in seiner Münchner Villa ermordet.

PANIK

Im westindischen Bundesstaat Maharashta kommen während eines Hindufestes bei einer Massenpanik über 250 Pilger ums Leben.

JUSTIZ

Das Bundesverfassungsgericht erklärt das Bundesgesetz zum Verbot von Studiengebühren für nichtig; mehrere Länder erheben Studiengebühren.

PANNE

Als ihre Wiederwahl nach vier Wahlgängen im schleswig-holsteinischen Landtag gescheitert ist, tritt Ministerpräsidentin Heide Simonis zurück.

KIRCHE

Papst Johannes Paul II. stirbt nach fast 27-jährigem Pontifikat. Beim Konklave im Vatikan wird der deutsche Kardinal Joseph Ratzinger zu seinem Nachfolger gewählt. Die Bildzeitung titelt: Wir sind Papst.

HOCHZEIT

Der britische Thronfolger Prinz Charles heiratet seine langjährige Freundin Camilla Parker Bowles.

KATASTROPHE

Der Hurrikan Katrina verwüstet viele Ortschaften entlang der amerikanischen Golfküste. Nach Deichbrüchen versinkt New Orleans in den Fluten, 1.321 Menschen sterben.

FOLTER

Die amerikanische Soldatin Lynndie England wird wegen der Misshandlung irakischer Häftlinge zu drei Jahren Haft verurteilt und unehrenhaft aus der Armee entlassen.

POLITIK

Nach dem Wahlsieg des bürgerlichen Lagers wird Angela Merkel zur ersten Bundeskanzlerin gewählt.

ENTFÜHRUNG

Im Irak wird die Deutsche Susanne Osthoff entführt. Kurze Zeit später wird im Jemen die deutsche Familie Chrobog entführt. Bei beiden Entführungen kommen die Geiseln nach kurzen Verhandlungen unversehrt frei.

2005: FAMILY AFFAIRS

ERFAHRUNG

Beide Kinder fliegen mit der Billig Airline Easy Jet von Köln/Bonn nach East Midlands, England. Sie besuchen ohne uns für 14 Tage unsere Freundin Christine in den Sommerferien.

TOD

Mein Schwiegervater stirbt ganz unerwartet im Alter von 74 Jahren an Herzversagen.

EINFLUSS

Maik besucht in der Schule als freiwilliges Angebot den Workshop Hands On Mixing. Das entfacht die Leidenschaft zur Tontechnik.

ABSTURZ

Auf einer Party betrinkt Maik sich so heftig mit Wodka, dass er nur noch zuckend im Garten liegt. Seine junge Gastgeberin ruft mich zu Hilfe, ihre Eltern sitzen derweil im Wohnzimmer vor dem Fernseher. Ich lasse den Krankenwagen kommen und beinahe die Polizei.

2006: DEUTSCHLAND UND DIE WELT

UNGLÜCK

Das schneebeladene Dach einer Eissporthalle in Bad Reichenhall stürzt ein und erschlägt 15 Menschen, darunter viele Kinder.

ISLAM

Die Veröffentlichung von zwölf Mohammed-Karikaturen in einer dänischen Zeitung führt in vielen muslimischen Ländern zu gewaltsamen Protesten.

ENERGIE

In China wird der Drei-Schluchten-Staudamm eingeweiht, für dessen Bau anderthalb Millionen Menschen umgesiedelt wurden.

VERKEHR

In Sichtweite des Kanzleramtes wird der neue Berliner Hauptbahnhof eröffnet.

KATASTROPHE

Bei einem Erdbeben auf der indonesischen Insel Java sterben über 6.000 Menschen.

KRIEG

Israel greift aus der Luft und mit Bodentruppen den Süden Libanons an, nachdem die radikal-islamische Hisbollah zwei israelische Soldaten entführt hatte.

TERROR

Im indischen Mumbai explodieren in dichter Abfolge sieben Sprengsätze, die Terroristen in vollbesetzten Vorortzüge gelegt hatten, 207 Menschen sterben. In Dortmund und Koblenz werden in zwei Regionalzügen Bomben entdeckt, die aufgrund eines technischen Defekts nicht detoniert waren.

REFORM

Die neuen Rechtschreibregeln werden für Behörden und Schulen verbindlich.

FREIHEIT

Der Österreicherin Natascha Kampusch gelingt nach acht Jahren Gefangenschaft die Flucht. Ihr Entführer begeht am selben Tag Selbstmord.

UNFALL

Auf der Transrapid-Teststrecke im Emsland rammt ein Zug einen Werkstattwagen, 23 Menschen sterben, zehn werden verletzt.

TODESURTEIL

Der ehemalige irakische Diktator Saddam Hussein wird zum Tode durch den Strang verurteilt und in Bagdad hingerichtet.

SPIEL

Nintendo bringt die Wii-Konsole auf den Markt.

GRÜNDUNG

»Das macht Schule« wird gegründet. Ein Verein zur Verschönerung des Lernumfeldes. Vorbild ist das Gymnasium Farmsen in Hamburg.

2006: FAMILY AFFAIRS

LIEBE

Maik hat eine Freundin.

REISE

Wir fliegen mit dem Chor für eine Woche nach Moskau. Souverän und sicher führt das Chorleiterehepaar 60 Kinder und Jugendliche durch die Stadt. Keiner geht verloren.

NACHBARSCHAFT

Der Keller unseres Nachbarn wird am ersten Tag der Sommerferien überschwemmt, als es während heftiger Regengüsse bei Kanalarbeiten zum Rückstau kommt.

SPORT

Maik will nicht mehr Fußball spielen und meldet sich beim Verein ab.

KINO

»Der Teufel trägt Prada« hinterlässt bei Lysa nachhaltig Eindruck. Sie sortiert ihren gesamten Kleiderschrank aus.

KÖRPERLICHES

AUFKLÄRUNG ONLINE

ZART WIE EIN MÄNNERHERZ

In den nächsten Tagen und Wochen wird Lysa immer wieder von plötzlichen Heulkrämpfen geschüttelt. Sie dauern mindestens eine halbe Stunde und sind von niemandem zu überhören. Am Tag ihrer Französisch-Klausur kommt sie schon nach zwanzig Minuten wieder heim. Auf dem Weg in den Klassenraum war sie Patrick begegnet und danach arbeitsunfähig. Nun braucht sie ein ärztliches Attest, damit sie die Klausur nachschreiben darf. Ihre Hausarbeit »Gelebte Überzeugungen – Konrad Adenauer in der Zeit als Kölner Oberbürgermeister« ruht, und ihren Nachhilfeschüler schickt sie mit dünnen Ausreden wieder weg. Sie isst kaum und würde sich am liebsten im Bett verkriechen. Meine Tochter lebt nur noch passiv.

Mit Mühe und Not quält sie sich zum Tanztraining, weil ihr das die Figur erhält, und weil sie weiß, dass sie den Rauswurf riskiert, wenn sie die Gruppe mehr als einmal hängen lässt. Außerdem sind da Mädchen, die sie trösten können. In die Schule will sie nie, nie wieder gehen, und Patrick will sie auch nie, nie wieder sehen. Gleichzeitig ist er der einzige Grund, dass es sie dort magisch hinzieht. Wer weiß, vielleicht wird alles wieder gut und er verliebt sich neu in sie. Mit einem völlig überdrehten Styling, das ihren Schmerz verbergen und potentielle Rivalinnen herausfordern soll, stöckelt sie morgens durch die Tür. Bei dem Anblick wäre es mir fast lieber, sie ließe sich gehen.

Die Tochter der befreiten Mutter will sich nicht bequem kleiden und nicht ungeschminkt in die Welt blicken. Sie verzehrt sich lieber nach ihrem perfekten Alter Ego wie der schöne Jüngling Narziss in der Antike. Lysa ist selbst ihre strengste Kritikerin in Zeiten, da ein gesellschaftlicher Dresscode kaum noch existiert und jeder machen kann, was er will. Was sie will, ist ziemlich kurz, reichlich eng und immer zu dünn für eine kühle Wetterlage. Für mein Mädchen ist die offensichtliche Erotik etwas Alltägliches und steht nicht im Widerspruch zu einem klugen Geist.

Ich erinnere mich, dass Sex Appeal zu meiner Jugend auf dem Gymnasium absolut verpönt war. Labello war okay, Jeans und Parka waren Pflicht, wenn man mitreden und ernst genommen werden wollte. Also erwachsen sein, aber nicht so bescheuert aussehen wie die. Nie wäre ich nach Vollendung meines 13. Lebensjahres darauf gekommen, meine Mutter zu fragen, ob ich mal ihre Bluse tragen dürfte. Selbst keine ihrer Handtaschen wollte ich haben. Aber Lysa gefielen meine Sachen. Einmal kauften wir unabhängig voneinander eine Hose, die exakt denselben Schnitt und fast die gleiche Farbe hatte. Da dämmerte mir, dass in der Mode nicht sie mir, sondern ich ihr folgte. Meine Hose war girlielike wie ihre, nur deutlich teurer. Ich habe die Hose nur einmal getragen, in der Woche als Lysa auf Klassenfahrt war. Ich spürte, dass ich neben ihr nicht bestehen können würde, aber zum Umtausch reichte meine Einsicht nicht.

Seinerzeit wollte ich auf dem Sprung in die Erwachsenenwelt nicht mehr niedlich sein, ich bin es am ersten Schultag und bei meiner Kommunion gewesen und war stolz, als ich dem entwuchs. Ich hatte mich in Anzüge gezwängt, als ich die Fernsehsender erobern wollte, um mich nicht dem Verdacht auszusetzen, ich setzte auf meine Weiblichkeit. Jetzt will ich sie unbedingt zeigen, bevor es dafür zu spät ist, und sehe aus wie eine Absolventin der Hello-Kitty-Akademie.

»Fehlt nur noch diese unerträglich hohe Stimme, wie bei unserer neuen Praktikantin«, stichelte mein Bruder Falk. Sie überzuckerte das ganze Büro mit ihrer Niedlichkeit und das freute ihn nicht, sondern regte ihn fürchterlich auf. Am Anfang fand er es sehr entspannend, nicht auf Widerworte zu treffen oder über die Niederungen von Kaffeeholen und Kopiergängen diskutieren zu müssen, wogegen er sich früher selbst aufgemäntelt hatte. Sehr bald aber ging ihm die wohlgefällige Angepasstheit gegen den Strich. Dieses putzige Mädchen mit Einser-Abitur gefiel sich in ihrer Gefälligkeit und verweigerte sich jedem Kampf, vor allem mit den Männern. Sie hatte schnell raus, zu wem sie freundlich und zu wem sie noch freundlicher sein musste. Sie war gekleidet wie Alice im Wunderland, mit schicklichem Rock und feiner Bluse. Die Haare band sie meist bürotauglich zu einem Pferdeschwanz zusammen. Sie war klug, sie war lieb und sie war schön: für jeden Mann die perfekte Frau. Das würde sie nach oben führen, nicht die Auseinandersetzung.

»Vor Rehen wird gewarnt«, sagte Falk. Hinter der Putzigkeit stecke nur Kalkül. Das will ich für Lysa natürlich nicht. Ich reagierte schrill, als ich ihre Lolita-Fotos auf Facebook sah: »Sofort löschen!« Lysa war irritiert, weil ich verbot, was alle anderen Mädchen auch machten. Und ich war erschrocken, nicht nur wegen ihres Auftritts. Ich konnte schon zugeben, dass ich sie am liebsten im braven Faltenrock mit unschuldig weißer Bluse sah. Aber ich erschrak, weil ich mich für locker und aufgeklärt hielt und deshalb dachte, Lysa sei für solch eine Darstellung nicht anfällig. Nun krawallte ich wie eine spießige Mutterkuh. Die Kluft zur Realität schien mir unerträglich.

Ihren Zwang zur Sexyness hatte sich Lysa freiwillig auferlegt, und deshalb war er nicht zu stoppen, nicht zu toppen. Die dialektische Kehrseite der Möglichkeit, schön sein zu können, wurde zur ständigen Verpflichtung: Sei schön! ist der Imperativ des Spätkapitalismus, dem sich auch ihr Bruder Maik beugte, der irgendwann noch mehr Körperpflege betrieb als seine Schwester.

Piercing und Tattoo hatte ich gerade noch mit großem Getöse verhindern können. Den Digitalkameras konnte ich nichts entgegensetzen. Sie waren schuld, dass sich mein Junge wie mein Mädchen die Haare gelen und überall rasieren mussten, um allzeit aufnahmebereit zu sein, für Facebook und anderswo. Es war auch ihr ironischer Gruß an die eitelsteifen Eltern, die jeden Schritt von klein auf abgefilmt hatten. Nichts entzückte uns mehr als unser niedliches

Abbild. Dass es technisch immer einfacher und mit wachsender Speicherkapazität immer verführerischer wurde, jeden Atemzug mit einem JPEG zu dokumentieren, animierte erst uns, dann sie zu ungezügelter Knipserei und gehörte in die Rubrik: Machen, was machbar ist. Bis zur Volljährigkeit hatten unsere Kinder über 5.000 Bilder von sich gesehen. Sie wussten um ihre Wirkung und bald auch, wie die sich steigern ließ.

Als ich mich wegen des Facebook-Profils meiner Tochter etwas beruhigt hatte, musste ich neidvoll anerkennen, dass die Bilder richtig gut gemacht waren. Sie erinnerten an MTV-Videoclips und symbolisierten eine neue Ästhetik der Beiläufigkeit, von der angestrengten Mühe der Komposition war nichts zu ahnen. Lysas Posen wirkten leicht und natürlich, nicht künstlich. Und sie selbst wirkte authentisch offen. Sie hatte ihre Erotik eindrucksvoll selbstverständlich inszeniert.

Maik mauserte sich derweil zum duftenden Adonis mit Strahlegebiss. Ich fand erst nichts dabei, dass er sich im Fitness-Studio anmeldete. Schon James Dean war sichtbar eitel gewesen, also warum nicht. Und für unseren Alltag war das allemal angenehmer als üble Gerüche aus einem untrainierten Body. Die Zahnspange war unter Kassen- wie Privatpatienten ohnehin längst zum Statussymbol avanciert. Es gab in unserem beschaulichen Waltons Mountain kein einziges Kind, dessen Zähne nicht verdrahtet wurden. Es gibt nicht mehr genug Platz für alle Zähne, freute sich der Kieferorthopäde, der zum Beweis, dass es nie zu spät ist, selbst Brackets trug und alles gab, damit meine Kinder nicht ihrer Zähne wegen diskriminiert wurden, *gedissed*, wie sie es nannten.

Maiks Look hatte eine Portion gesetzte Unbeholfenheit, er wirkte längst nicht so erwachsen, wie es die Burschen zu meiner Jugend mimten. Sieht er vielleicht so aus, der Nachfolger des Neuen Mannes? Des zukünftigen Frauenverstehers Haare waren nicht irgendwie auf strubbelig getrimmt, sondern mit Gel kontrolliert unordentlich. Jede Strähne des halblangen Schopfes und des langen Ponys wurde bewusst platziert. Wie bei Omas Einlegefrisur. Ihre Haare durfte ich nie anfassen, seine auch nicht.

Maik trug als Zeichen seiner Ursprünglichkeit ein breites Lederarmband und als Ausdruck seines Modebewusstseins den zeitgeistigen Lagenlook: Kurzarmshirt über Langarmshirt. Und er trug jede Hose unterm Schritt. Nichts machte mich aggressiver, als der Anblick dieser Hosen. »Die Mode lehnt sich an Gefangene an«, klärte mich mal ein abgeklärter Vater auf. Wenn man den meist abgemagerten Häftlingen die Gürtel wegnahm, rutschte die Hose genau dort hin, wohin mein Sohn sie in Freiheit sorgfältig zog. Die verwahrloste Gesamterscheinung kam aus der Untergrundszene, es war der Look des modernen Steppenwolfes, der einsam durch das Global Village streifte. Der aufgeklärte Vater ergänzte noch, dass es sich locker bis 25 hinziehen könne, bis die Hose wieder richtig säße. So sei es zumindest bei seinem Sohn gewesen.

Mein Maik orientierte sich an Musikern. Sein Favorit war der Style der Gruppe *Red Hot Chili Peppers*. Da gibt es Schlimmeres, fand ich, beispielsweise den metrosexuellen David Beckham.

Während ich mich Adenauers gelebter Überzeugungen annehme, kämpft Lysa mit der Verletzung, die so alt ist wie die Vertreibung aus dem Paradies: verschmähte Liebe. Alles ist nichts ohne ihn, und sie selbst zählt auch nichts. Das Mädchen ist komplett abhängig von Patricks Blick auf sie. Dabei mischt sie Aggression und Hysterie in ihre Tränen. Meine kleine Narzisse ist nun ein Zornröschen: Sie schreit und sie tobt. Wie kann Patrick sich erlauben, sie nicht mehr zu lieben? Sie verübelt ihm, dass er ihre Pläne durchkreuzt und sie vom Podest des attraktivsten Mädchens der Welt gestoßen hat. Sie wollten doch im Sommer eine Woche in London verbringen und hatten auch schon geplant, nächstes Frühjahr ins James-Blunt-Konzert zu gehen. Lysa muss nun ihr Leben ganz von vorn anfangen, und sie ärgert sich überdies, nicht zu wissen, mit wem sie fortan auf alle Fälle die Wochenenden verbringt.

Ich schwanke zwischen tröstlichem Zuspruch und einer Ohrfeige, die sie wachrütteln könnte. Ich gehe mit ihr shoppen und bezahle klaglos alle Outfits, von denen sie sich einige unter normalen Umständen hätte selber kaufen müssen. Aber das hellt ihre Stimmung nur sehr kurzzeitig auf. Anderntags brülle ich sie an, dass sie Patrick doch endlich vergessen soll, weil einer wie der sie immer wieder hängen lassen wird. Schließlich schlage ich ihr vor, sie solle ihm einen Tausch vorschlagen: die James-Blunt-Karte, die er als Geburtstagsgeschenk für sie angekündigt, aber noch nicht überreicht hat, gegen seine Abiball-Karte, die wir ihm ursprünglich mal spendieren wollten. Das sollte ihn daran erinnern, dass er noch seine Versprechen einlösen muss. Rolf meint, ich sei kleinkariert, und rät: Laufen lassen. Das ärgert mich. Immer soll ich nichts tun.

—

Maik war auch schon einmal verliebt, in Nora, ein Mädchen aus seiner Parallelklasse. Sie war schön, klug und anspruchsvoll. Später gehörte Nora zu den zehn Besten im Abitur. Sie hatte einen ungezogenen Hund, mit dem die beiden fortan gemeinsam Gassi gingen. Sie war erst 15, aber weiter als Maik, und sie war fordernd. Ihr persönlicher Ehrgeiz und ihre kompromisslos romantischen Vorstellungen an eine Beziehung schufen ein explosives Gemisch aus emotionalen Reaktionen. Was Samstag noch in Ordnung war, war Sonntag schon falsch. Meldete sich mein Sohn zu selten, gab es Ärger, rückte er ihr zu sehr auf die Pelle, auch. Wenn sie Maik brauchte, emotional oder zur Unterhaltung, musste er da sein. Da sie aber selbst nicht so genau wusste, wann das sein würde, sollte er sich besser im Standby halten. Sie war nur liebreizend, wenn sie etwas wollte, und ansonsten sehr eifersüchtig auf seine Musik und seinen Kumpel Jannick. Glück, so empfand sie es wohl, durfte nur in ihrer Nähe stattfinden. Und ihr Recht auf ungeteilte Aufmerksamkeit wollte sie einklagen können. Sie selbst aber dokumentierte mit der kurzfristigen Absage von Verabredungen ihre Unabhängigkeit.

Zeichen der Zuneigung ohne garantiertes Widerrufsrecht fielen Nora schwer. Sie operierte, als müsste sie sich schon mal vorsorglich gegen männliche Unterdrückung schützen. Der Beziehungsfilm war in ihrem Kopf schon längst abgedreht, so als wisse sie genau, wie es zu laufen hat, wenn es überhaupt etwas werden sollte. Der junge Alltag blieb aber hinter ihrer Märchenwelt zurück, und deshalb schrieb sie jeden Tag nach Lust und Laune das Drehbuch um.

Der Druck auf meinen Jungen war enorm. Das Männchen Maik wurde zum Server, der das Betriebssystem Bedien' mich! 2.01 dem anspruchsvollen Weibchen Nora auf die Festplatte spielte. Aus einer gegenseitigen liebevollen Körperkunde wurde die Vermessung ihres und die Generalinspektion seines Körpers. Die Frage nach der Länge treibt männliche Vertreter seit jeher um. Aber mein Sohn fragte sich darüber hinaus, ob er auch lange genug hielt. Länger als der Langmut seiner Freundin. Sie erwartete das verbindliche Angebot, allabendlich in den Sonnenuntergang zu reiten, und er versprach ihr nur das unverbindliche Glück bis zum nächsten Morgen.

Nora ist ein Einzelfall, glaubte ich, so sind nicht alle. Ich musste aber feststellen, dass mindestens Noras Freundinnen auch so waren. Wenn sie eine Freundin mitbrachte, wurde es so richtig anstrengend für Maik. Im Doppelpack machten die Mädchen sich lustig über die Begriffsstutzigkeit von Jungen im Allgemeinen und deren dämliche Vorliebe für endlos lange Computerspiele im Besonderen. Zeigten sie sich tolerant, waren sie in Wirklichkeit desinteressiert, weil sie was Besseres vorhatten. Es schien ihnen egal zu sein, was die darüber dachten, über die sie ihre Witze rissen. Ihnen fiel nicht auf, dass ihre Sprüche unreflektiert männerfeindlich waren, eine Haltung, die sie nur übernommen haben konnten, möglicherweise von ihren Müttern und ganz bestimmt von der veröffentlichten Meinung. Sie kannten keine Chauvi-Sprüche mehr und auch nicht den Dummerchen-Satz: Davon verstehst du nichts. Mit den Waffen einer Frau zahlten sie den Nachgeborenen sprücheweise die Unterdrückungen und Demütigungen heim, die ihre Mütter vielleicht noch im Ansatz erlebt hatten, sie selbst aber bestimmt noch nie.

In den Augen dieser Mädels schien es lediglich zwei Typen von Männern zu geben: das Arschloch und das Weichei. Das Arschloch würde sie verletzen und das Weichei wollten sie nicht haben. Letztlich lief es immer nur auf die Frage hinaus, wer emotional oben lag.

Nach neun Monaten war Schluss mit Nora. Obwohl auch Maik Ermüdungserscheinungen zeigte, war sie es, die das Ende setzte. Als sein zartes Männerherz brach, hörte ich es kaum. Ich sah es nur an unserer Telefonrechnung, die nach Noras Ferien mit ihren Eltern auf Gomera bei uns eintrudelte. 153 Minuten abgehende Verbindungen ins Ausland ohne Billigvorwahl, in denen er versucht hatte, sie umzustimmen.

Zum Trost verdoppelte Maik morgens seine Portion Schokopops, das klebrig-süße Cornflakes-Derivat, und abends den Konsum der Alkopops, die genauso klebrigen branntweinhaltigen Limonaden. Wir Großen verstanden ihn nur zu gut, denn wir hatten in der Liebe zu Latte Macchiato und Baileys im Kakao unsere flüssigen Tröster entdeckt. Und beides wurde deshalb im Glas serviert, damit wir uns mit beiden Händen daran festhalten konnten wie einst in der seligen Räucherstäbchenzeit am aromatisierten Tee. Süßes war mal Weiberkram, Klares reine Männersache. In der modernen Kaffeekultur aber finden sogar Emanzenweiber und Bankbubies zueinander. Die gleichberechtigte Welt ist auf alle Fälle süß und klebrig.

Mit den Alkopops schoss Maik sich mehrfach ab, und mittels Shisha, der fruchtig-süßen Wasserpfeife aus Arabien, suchte er nach einer besseren Welt, selbst als die Erinnerung an Nora schon verblasst war. Mit hilflosen Appellen schafften Polizei und Gesundheitsministerium es nicht, gegenzusteuern. Erst eine saftige Steuererhöhung auf die Brause mit Umdrehungen bremste den Absatz leidlich, und ich begriff allmählich, dass die Kinder der Babyboomer schon sehr kräftig auf die Pauke hauen mussten, um sich von ihrer dynamisch-liberalen Elternelite abzusetzen.

—

Maik kann sich nun bald richtig absetzen: Endlich meldet sich die Auslandsorganisation. Eine junge Frau ruft an und möchte Maik sprechen. Eigentlich könnte sie auch mit mir alles klären, finde ich, gebe den Telefonhörer aber widerstrebend weiter. Ich höre meinen Sohn nur *Mhmh* sagen, zwischendurch kurzes Lachen und wieder *Mhmh, oke*. Fragen stellt er nicht, aber ich frage ihn Löcher in den Bauch, um überhaupt etwas zu erfahren. Er kann einen Zivildienstplatz in Irland bekommen, in Galway, einer 70.000-Einwohner-Stadt an der Westküste, also kurz vor Amerika. Seine Aufgabe wird es sein, *Homeless People* zu betreuen.

Maik zögert nicht. Dabei hätte er jetzt noch problemlos absagen können, sogar ohne Ausreden. Er hätte einfach »Nein, danke« sagen können. Aber er sagte: »Oke.« So unspektakulär sieht es also aus, wenn mein Musicboy eine große Entscheidung trifft. Jetzt muss nur ich noch damit klarkommen.

Bei Matthias erkundige ich mich nach seinen Magenschmerzen. Ein Vorwand, um ihn anzurufen und herauszufinden, ob auf *Lorelei_78* schon eine andere gefolgt ist. Er hat Kontakt zu einer *Principessa*, verrät er mir arglos, aber mit dieser Kandidatin gab es noch kein Date. Sie ist noch im Rennen und er am Ball. Doch sein Bericht klingt nicht lustvoll. Mein Freund zeigt alle Anzeichen degenerativen Jagdverhaltens. Wie ein Kater, der das Mausen nicht lässt. Als sei das seine Bestimmung und er es der Gesellschaft schuldig.

Männer wie Matthias sind längst auf dem Rückzug. Sie versprechen einer Frau gar nichts mehr und wollen auf keinen Fall noch an irgendetwas arbeiten. Sie wollen nicht mehr reden und nicht mehr erfahren, was sie beitragen können, damit es besser laufen kann. Entweder es läuft oder Auf Wiedersehen. Sie wollen eine Frau nicht mehr bedienen, sondern sich nur noch an ihr bedienen. Das will ich ja in dem Fall auch. Kleine Exkursionen, die das Weib in mir versorgen und meinen Gefühlshaushalt stabilisieren. Jetzt, da meine attraktiven Jahre knapp werden. Für die kleinen Lücken im Lebenslauf daheim habe ich ja mit meinen Alibi-Freundschaften vorgesorgt. Erotik ohne Romantik könnte gut in meine Familiensituation passen. Und ob es zu mir passt, sollte ich rausfinden.

Ich bin schlau genug, mich beim Mann für die alternative Lust anders aufzustellen als seine Internetschnecken. Ich bin eine Vertraute, hoffentlich bald auf mehreren Ebenen. Auf die Frage nach den Bauchschmerzen weicht er aus: »Kein Thema mehr.« Ich beschließe, ihn übergangsweise zu adoptieren. Jetzt, da Maik sich entfernt, habe ich Kapazitäten frei und vereinbare ohne Mandat für Matthias K. einen Termin zur Magen-Darm-Spiegelung. Ein Indianer kennt keinen Schmerz, braucht aber auch Freunde. Und die Tapfersten der Tapferen sterben, weil niemand auf sie aufpasst.

Kranke und Krankheiten kann ich gut ertragen, seitdem ich selbst Mutter bin. Ohne die Erfahrung der Geburt, bei der es nicht appetitlich zuging, und ohne die klaglose Aufopferung, wenn es einem der Zwerge schlecht ging, wäre ich wohl nie aus dem aseptischen Raum herausgetreten. Meine Ekelschwelle sank und mein Fürsorgebedürfnis wuchs. Ich war zuständig für Heftpflaster und

Hühnersuppe, dabei selbst überrascht, wie gut mir das gefiel. Und ich begeisterte mich auch für Bohrhammer und Spreizdübel, aber was ich annahm, konnte ich nicht wieder abgeben. Und alles zusammen wurde mir zuviel.

In jungen Jahren hatte ich panische Angst, mir etwas zu holen. In meine wilde Zeit Anfang der 80er fiel die Sorge, durch Aids infiziert zu werden. Die Bildzeitung warnte als erste vor der Liebesseuche, und weil wir prinzipiell gegen dieses Hetzblatt waren, beschlossen wir, es nicht zu glauben. Aber innerlich waren wir doch etwas beunruhigt. Maik und Lysa war das Thema auch präsent, sie hatten bereits davon gehört, noch bevor sie überhaupt richtig aufgeklärt waren. Die Angst trübte ihrer beider Neugier noch mehr ein als die Sorge vor einer ungewollten Schwangerschaft. Am meisten Angst aber hatte Maik vor dem Versagen. Nicht körperlich, wohl aber mental. Weiß ich genug und kann ich es auch anwenden? Fragen, bei denen ich froh gewesen wäre, er hätte sie in Mathe und Latein auch mal an seine Lehrer gerichtet.

Sex und Intimität gehörten bei meinen beiden Freizeitkünstlern wie selbstverständlich zu einer angestrengten Zerstreuung, bei der viel gezeigt und wenig gemacht wurde. Wir standen als Teenager auch schon unter Stress mit unserem sexuellen Leistungsvermögen, denn auch wir hatten viel mehr gesehen als unsere Eltern, bevor es zur Sache ging, und hatten überdies viel leichteren Zugang zur Pille. Aber irgendwann bog der eine um die Ecke, und ich verlor die Angst und bekam Lust. Bei dem fühlte ich mich nicht mehr hässlich, sondern gut aufgehoben. Als wir soweit waren, dass ich seine Narbe in der Leistengegend berühren durfte, lauschte ich ganz gespannt der Geschichte dahinter und wusste, das ist jetzt ganz privat. Es waren die wundervollen Momente im Leben, in denen sich alles fügte.

Vielleicht verklärt es sich auch in meiner Erinnerung. Die Gegenwart ist weniger gnädig. Matthias nimmt den Termin beim Gastroenterologen nicht wahr. Ich sage ihm, wie unvernünftig ich das finde. »Aber es ist ja deine Gesundheit.« Ich bin beleidigt. Wenn er meine Fürsorge schon nicht abrufen mag, hätte er sich wenigstens bedanken können. Oder mich mal zu einem romantischen Wochenende einladen. In Amsterdam war ich lange nicht und dort soll es sehr schnuckelige kleine Hotels geben.

Meine geschlechtsreifen Kids waren seinerzeit sehr gesund und schon einige Umdrehungen weiter, als ich gedacht hatte. Die Aufklärung online ergänzte meine vorbildliche medizinische Aufklärung um aussagekräftige Bilder und eindrucksvolle Lehrfilme mit interessanten bis abschreckenden Praktiken. Meine Mutter hatte Schmuddelheftchen im Zimmer meines Bruders entdeckt, Maiks Mathelehrer überraschte meinen Sohn, wie er Pornosites von russischen Servern auf dem Schulrechner markierte. Mein Bruder Falk hatte einen Satz heiße Ohren verpasst bekommen, mein Sohn einen akademischen Vortrag über die miserablen Arbeitsbedingungen osteuropäischer Prostituierter. Und ich bekam einen empörten Anruf vom Klassenlehrer.

Daraufhin wollte ich sehen, was Maik gesehen hatte und schlug vor, es gemeinsam anzuschauen, doch der Pädagoge winkte ab: »Reden Sie mit ihrem Sohn. Solch einen Schweinkram will ich mir nicht ansehen müssen.« Das bleibt also unterm Strich übrig, wenn Empfängnisverhütung selbstverständlich geworden ist und der Gedanke an die *Kommune 1* verklärte Blicke auf die Gesichter nachfolgender Generationen zaubert. Ein schlauer Lehrer hätte den Verstoß geschickter genutzt. Wäre Maiks Netzwerkrecherche ein Geheimnis unter Männern geblieben, wäre es für Maik die Verpflichtung zur Dankbarkeit gewesen, deutlich spürbar schon ab der nächsten Unterrichtsstunde. Der Pädagoge aber zog es vor zu petzen. Er zog es vor, sich selbst zu enteiern. Von den 68ern ist nicht viel Befreites in unseren Einfamilienhäusern angekommen, bei der Aufklärung nicht und im Bett auch nicht.

Soziologen bescheinigen uns seit Jahren, dass wir oversexed und underfucked seien. So viele nackte Brüste auf Plakaten und im Fernsehen, bei so viel Leere im Schlafzimmer. Und wer mal einen richtig langweiligen Abend haben möchte, dem sei der Besuch im Swingerclub empfohlen. In Wirklichkeit sind wir tief im Inneren noch genauso verklemmt, wie wir es unseren Eltern und Großeltern unterstellt haben, aber jetzt sind wir auch noch lustlos. Nur die

Männer wissen: *Use it or lose it.* Was nicht bedeutet, dass es dazu einer Partnerin bedarf. Die Zeiten, in denen wir Sex als körperliche Fitnessübung betrachteten oder zur Immunabwehr einsetzten, waren schon vorbei, als wir merkten, dass es nur den Blutdruck steigert, nicht die Lust. Sigmund Freud darf sich bestätigt fühlen: Wer unentwegt narzisstisch um den Körper kreist, hat die Libido von der Außenwelt abgezogen.

—

Der Abi-Ball wird ein schöner Abend. Maik ist glücklich und tief berührt. Seine peniblen Technikvorbereitungen haben sich gelohnt, die musikalischen Einlagen klingen gut. Lysa schielt mit feuchtem Auge auf den Platz, auf dem Patrick hätte sitzen sollen und den nun Jannick ausfüllt. Wenn Maik in der Vergangenheit auch immer wieder festgestellt hat, wie froh er wäre, wenn er doch endlich raus wäre aus dem Laden, so sehr fühlt er an diesem Abend den Abschied.

Der weibliche Nachwuchs übertrifft sich mit tief dekolletierten oder trägerlosen Ballkleidern, die mittels Push up verstärkt zur Geltung gebracht werden und mit denen das Ambiente der Aula nicht mithalten kann. Auf den hohen Absätzen laufen die Mädels virtuos wie *Germany's Next Topmodel*, einmal wöchentlich ausgebildet von der rheinischen Rohnatur Heidi Klum. Nur aus der Nähe klingt es manchmal wie *Here comes trouble.* Viele haben ihre Haare hochgesteckt und die meisten haben ein gelungenes Make up aufgelegt, das keine amateurhafte Eigenleistung ist, sondern von Meisterhand professionell erstellt wurde.

Sie sind gerüstet, die Spannteppichetagen zu erobern. Nach den ersten Wunderland-Praktika werden sie ihre niedliche Weiblichkeit weiter professionalisieren und die ursprünglichsten Lockmittel Brust und Po übertrieben betonen. Sie werden sich völlig zwanglos in High Heels zwängen und ihre Freiheit in der Brustvergrößerung ausleben. Ein bisschen Magersucht, ein bisschen Bulimie, das ist der Preis, den die Freiheit ihnen wert ist. Eine mächtige Frau soll keine männliche Frau mehr sein, und deshalb lehnen die Futuregirls die Altfeministinnen stärker ab, als Männer es je getan haben. Der moderne Feminismus ist keine soziale Bewegung mehr, politisch schon gar nicht, sondern zu einem persönlichen Ziel geworden.

Alice Schwarzer ist für die Basic-Instinct-Girls fossile Geschichte, die den Wandel ignoriert und jedes Jahr das Jahr 1972 schreibt. Sie hat in ihrem Emma-Imperium niemanden gefördert, am wenigsten eine von den Frauen, für deren Ziele sie jahrzehntelang gekämpft hat. Unter ihrer Ägide ist nichts nachgewachsen, das in ihrem oder im Sinne der jungen Frauen sein könnte. Dabei ist das Beste, was man über den Feminismus sagen kann, dass er erfolgreich war. Unser Land wird seit Jahren von einer Kanzlerin regiert, deren Ehemann sich unprätentiös in die Begleitrolle schmiegt und seit November 2009 sitzt mit Monika Herrmann eine bekennende lesbische Bundesverfassungsrichterin in Karlsruhe. Das findet Maik nur fair bei einem homosexuellen Außenminister

Dummerweise können wir Mütter heute Abend nicht darüber hinwegsehen, dass die Konservierung unserer Jugend misslingt, körperlich allemal. Im direkten Vergleich mit den jungen Aufstreberinnen haben wir uns zurückgenommen mit der Mode, die schon länger nicht mehr für uns gemacht ist, doch dank moderner Stretchfasern wenigstens bequem passt. Jetzt fällt auf, dass wir keine Vorbilder haben und voraussichtlich keine werden. Wir sehen einfach schrecklich aus in pastellfarbenen Chiffonkleidern zu hohen Schuhen und mit zu viel Schmuck.

Der männliche Nachwuchs steckt verloren in zu großen und zu weiten Anzügen. Die Krawattenknoten der Jungs sind schlecht gebunden, die ihrer Väter auch nur auf Kreisliganiveau. Selbst gestandene Männer tun sich schwer mit einem kraftvollen Knoten, den sie für ihre Karrieren nicht mehr brauchten. Sie finden die Krawatte unwichtig bis überflüssig und wissen nicht einmal mehr, warum. Die Kontroversen der Vergangenheit sind vergessen, ein Symbol geht verloren und mit ihm die Kunst der subtil signalisierten Rangordnung.

Um zwölf leuchten die Abiturienten ihre Eltern heim und feiern andernorts die eigene Party weiter. Der Paradigmenwechsel ist längst vollzogen: Aus Raider wurde Twix, aus dem Dauerlauf wurde Joggen und aus dem Mann ein Männchen.

2007: DEUTSCHLAND UND DIE WELT

ENERGIE

Weißrusslands Regierung blockiert nach Preiserhöhungen durch den russischen Energiekonzern Gazprom tagelang die Erdgas-Pipelines nach Westeuropa.

UNWETTER

Der Orkan Kyrill rast mit Spitzengeschwindigkeiten von 220 Kilometern pro Stunde über Europa. Mindestens 43 Menschen sterben, davon 13 allein in Deutschland.

MORD

In der niedersächsischen Kleinstadt Sittensen werden in einem China-Restaurant das Wirtsehepaar und fünf Angestellte Opfer eines Raubmordes.

OSCAR

Das Stasi-Drama »Das Leben der Anderen« des jungen Regisseurs Florian Henckel von Donnersmarck gewinnt einen Oscar für den besten ausländischen Film.

GESETZE

Der Bundestag beschließt die Rente mit 67 und eine Krankenversicherungspflicht, außerdem ein Rauchverbot in Bussen, Bahnen und Bundesbehörden.

AMOK

Beim blutigsten Amoklauf in der Geschichte der USA erschießt ein Student 33 Kommilitonen und Lehrkräfte der Technischen Universität in Blacksburg/Virginia.

WIRTSCHAFT

In Venezuela werden die Ölfelder ausländischer Energiekonzerne durch die sozialistische Regierung unter Hugo Chávez verstaatlicht.

VERKEHR

Nach 56 Jahren verkehren erstmals wieder Personenzüge zwischen Nord- und Südkorea.

TERROR
Bei einem Selbstmordanschlag im afghanischen Kunduz werden drei Bundeswehrsoldaten getötet, fünf weitere zum Teil schwer verletzt.

LUFTFAHRT
Mit zweijähriger Verspätung liefert Airbus den A380 aus, das weltgrößte Flugzeug.

JUSTIZ
Der 17-jährige Marco, der Vergewaltigung einer 13jährigen Engländerin verdächtigt, wird nach achtmonatiger Untersuchungshaft aus einem türkischen Gefängnis entlassen und darf nach Deutschland ausreisen.

2007: FAMILY AFFAIRS

ENTDECKUNGEN
Lysa entdeckt den Roman »Stolz und Vorurteil«, Maik entdeckt das Rauchen.

STURM
Auf der Besinnungsfahrt aller 10. Klassen in ein Kloster rennt Maik in der Sturmnacht Kyrill von seiner Herberge in das zwei Kilometer entfernte Haus, in dem seine Freunde untergebracht sind. Ich werde umgehend in die Schule vorgeladen.

FORTSCHRITT
Maik besteht den Führerschein. Nun darf er ans Steuer, wenn einer von uns ihn auf dem Beifahrersitz begleitet.

RENOVIERUNG
Wir renovieren endlich das Schlafzimmer. Ein Malermeister tapeziert neu, was wir vor 13 Jahren dilettantisch an die Wand gebracht haben.

SCHADEN
Die Hebeanlage, die unser Abwasser über Kanalniveau hebt, geht kaputt. Wir bemerken den Wasserschaden im Keller erst einen Tag später.

2008: DEUTSCHLAND UND DIE WELT

ERMITTLUNGEN

Mit spektakulären Durchsuchungsaktionen beginnen Finanzbehörden Ermittlungen gegen über hundert mutmaßliche Steuerhinterzieher, darunter Post-Vorstandschef Klaus Zumwinkel, der auf Druck der Bundesregierung zurücktritt.

VERBRECHEN

Fast 24 Jahre hielt der Österreicher Josef Fritzl seine Tochter in einem Kellerverlies gefangen. Er vergewaltigte sie fortlaufend und zeugte sieben Kinder, von denen drei bis zu ihrer Befreiung niemals das Tageslicht gesehen hatten.

PROTEST

Tibetische Mönche erinnern mit friedlichen Protestmärschen an den 49. Jahrestag des Aufstands gegen China, dessen Regierung die Demonstranten vom Militär blutig niederschlagen lässt. Im Westen wird daraufhin ein Olympia-Boykott diskutiert, an mehreren Orten der olympische Fackellauf attackiert.

VOLKSENTSCHEID

In Berlin scheitert ein Volksentscheid für den Erhalt des Flughafens Tempelhof.

UNWETTER

Der Wirbelsturm Nargis richtet im Delta des Irawadi-Flusses in Birma verheerende Schäden an, mehr als 100.000 Menschen sterben.

ERDBEBEN

Bei einem schweren Erdbeben im Südwesten Chinas kommen schätzungsweise 70.000 Menschen um.

SEEFAHRT

Die philippinische Fähre »Princess of the Stars« kentert während eines Taifuns, nur 57 von über 860 Passagieren überleben das Unglück.

FINANZEN
Der Zusammenbruch der amerikanischen Investmentbank Lehmann Brothers löst eine weltweite Finanzkrise aus. In aller Eile beschließen Regierungen Rettungsmaßnahmen zur Stützung von Banken und Versicherungen.

TERROR
Kleine Gruppen von Attentätern legen an zehn verschiedenen Stellen der indischen Metropole Mumbai Sprengsätze, schießen mit Schnellfeuerwaffen und nehmen Geiseln. 174 Menschen kommen um, darunter zahlreiche Ausländer.

WAHL
Der Demokrat Barack Obama wird als erster Afroamerikaner zum Präsident der USA gewählt.

2008: FAMILY AFFAIRS 2008

LIEBE
Lysa verliebt sich in Patrick.

MUSIK
Wir gehen in eine der letzten Vorstellungen von »We will rock you« in Köln. Maik hat das Queen-Musical in der vierjährigen Spielzeit drei, Lysa hat es zwölf Mal gesehen. Um es bezahlen zu können, nutzte sie günstige Gruppentarife für Vorstellungen am Nachmittag.

SCHULE
Lysa geht für ein Schuljahr nach Brighton, England. Sie besucht ein College, das Tanz als Hauptfach anbietet.

FORTSCHRITT
Maik wird volljährig. Anstatt zu feiern, fährt er mit vier Jungs in unserem Auto nach Köln ins Hard Rock Cafe.

HAUSTIER
Unser Kater Tom ist für drei Tage verschwunden.

CHOCO POPS
ABITUR-
ZEUGNIS

SPRACHLICHES

EIN MANN, KEIN WORT

AUSGESPROCHEN LEER GESPROCHEN

In der Partynacht schmiedet Maik den Plan, mit dem Auto nach Galway zu fahren. Weil er nicht nur längst volljährig, sondern nun auch ein echter Abiturient ist und überdies im letzten Sommer schon Erfahrungen mit einem Linkslenker im Linksverkehr gesammelt hat, sieht er keinerlei Hindernisse. Den Passat Baujahr 1991 betrachtet er als sein Eigentum, seit sein Vater ihm den Wagen zu vielen Gelegenheiten überlässt. Also, so schließt der Junior messerscharf, braucht der Alte ihn wohl nicht. Maik ist immer mobil, stellt Lysa fest und führt im Geiste eine Strichliste, um sich für ihre eigenen Ansprüche auf mein Auto zu munitionieren.

Maik liegt mit seiner Annahme richtig. Sein Vater hat keine Einwände. Er streifte in jungen Jahren durch Irland und erinnert sich gern daran.

Die Tatsache, dass er sich 1980 als Rucksacktourist mit Bussen und zu Fuß bewegte, lässt er dabei aus. Rolf hört nur Fernweh aus Maiks Bitte und rekonstruiert sein eigenes, wohl deshalb will er ihm den Passat anvertrauen. Ich höre nur Gefahr und halte den Plan deshalb für abwegig. Bloß an die Kosten denkt im ersten Moment keiner. Ich weiß nicht, ob ich mich mehr über Maiks verwegene Anfrage oder über die schnelle Zusage meines Mannes ärgern soll. Nie sind wir uns einig. Nie nimmt Rolf meine Bedenken wahr, geschweige denn ernst.

Aus dem Rheinland bis an die Westküste Irlands sind es laut Google Maps 1.317 Autokilometer, die zwei Fährstrecken nach und von England nicht eingerechnet. Die Route führt durch vier Länder und vorbei an mehreren Großstädten, die Reisezeit wird mit 16 Stunden und 30 Minuten berechnet. Dabei kann Maik sich kaum für eine Stunde konzentrieren.

Wir haben auf die Leseentwicklung unserer Kinder schon aus persönlichem Ehrgeiz viel Wert gelegt. Wir hatten alle gängigen Vorleseklassiker und kannten auch die Geheimtipps: *Nisse beim Friseur* hatte damals kaum jemand. Der kleine Junge setzt aus Versehen und zum Entsetzen seiner Mutter einen Stylingtrend. Die herrlichen Geschichten von James Krüss, Mark Twain, Leo Tolstoi, Bertold Brecht, Paul Maar, René Goscinny und vielen anderen gab es als Sammelband in »Es war eine dunkle und stürmische Nacht«, und das wurde unser Synonym für »Ich habe Angst im Dunklen«. Wie man spitzfindig und philosophisch hinterfragt, was Erwachsenen als selbstverständlich gilt, zeigten »Herr Balaban und seine Tochter Selda« unseren Kids. Das Mädchen lernt im Religionsunterricht, dass Gott sie dazu geschaffen habe, anderen zu dienen. Prompt folgt ihre Frage, wozu der liebe Gott die vielen anderen Menschen geschaffen hat.

Nach dem Vorlesen, das besonders Rolf bestritt, kamen wir nicht umhin, der Hauptströmung zu folgen, und haben mit den *Drei Fragezeichen* und den *Wilden Hühnern* nachgelegt. Als bewusste Bildungsbürger sind wir weiterhin pädagogisch wertvollen Empfehlungen gefolgt, die Kinder uns aber immer seltener. Mit *Caius' Abenteuern im alten Rom* konnte ich bei Maik nicht mehr landen und Lysa trug den Klassiker *Angelique und der König* immer wieder ins Schlafzimmer zurück. Ich glaube, wir haben alles richtig gemacht, doch heute lesen Sohn und Tochter kaum noch.

Die Mengen Text aufzunehmen, die der Leistungskurs Geschichte ihm abforderte, fiel Maik sichtlich schwer. Er nahm sich die Mediathek des ZDF zu Hilfe, in der Historyman Guido Knopp alle wichtigen Ereignisse in unterhaltsame Erzähldokumentationen verpackt hatte, oder er bediente sich schlüsselfertiger Zusammenfassungen aus dem Internet. Dennoch: Er stöhnte und stöhnte. Die letzten Bücher, die er auch nicht gerade verschlungen, aber immerhin noch freiwillig gelesen hatte, waren die Harry-Potter-Geschichten gewesen. Kurz bevor der Hype um den Zauberlehrling in Deutschland losbrach, hatte mein Bruder Maik seine alten Bände von Karl May überlassen, »Winnetou I–III«, »Der Schatz im Silbersee«, »Durch das wilde Kurdistan«. Mit melancholischem Blick an die Erinnerung seiner Jungentage und einer großzügigen Geste, die dem Jungen bedeuten sollte, dass zwischen diesen Buchdeckeln ein Vermächtnis stecke.

Maik schaute nur ratlos auf die angestaubten Abenteuer der rot-weißen Blutsbrüder. Die Schrift klein, die Sätze lang, der Seiten viele. Na ja, später vielleicht, dachte ich und räumte sie in sein Regal. Ich finde immer noch, dass die dunkelgrünen Bücher ziemlich cool aussehen. Aber Maik sah das anders. Er hat sie nie gelesen, nicht ein einziges, auch nicht seinem geliebten Onkel zuliebe.

Winnetou kam ungelegen. Der stolze Indianer funktionierte nur noch als schwuler Kinoheld in »Der Schuh des Manitu«. Wir alle lasen »Harry Potter und der Stein der Weisen« und abwechselnd der damals achtjährigen Lysa vor. Selbst wenn wir dasselbe lasen, war es nicht das Gleiche. Während Rolf und Maik sich von der fantasievollen Ausstattung, Lord Voldemorts bösen Absichten und Hagrids guten Taten faszinieren ließen, verwunderte mich, dass Harry neben all seinen Zauberkräften viel Mädchenhaftes in sich trug. Er war kein starker, kein jugendlicher Supermann. Er war lieb, zurückhaltend, duldsam. Ein Mündel, das bei Verwandten aufwuchs, die ihn nicht mochten, und erst im Alter von elf Jahren erfuhr, dass er ein magischer *Muggel* ist. Er war ein vorbildlicher Teamplayer, obwohl er allen anderen haushoch überlegen war und eigentlich ein Anführer hätte sein können. Er hörte auf den Rat von Freundin Hermine, weil er auf Freund Ron nicht bauen konnte. Der war ein sympathischer Loser: rothaarig mit Sommersprossen und dem Panik-P in den Augen. Bei fünf älteren Brüdern litt er ständig darunter, zu kurz zu kommen, und sein Talent im Schach half ihm nicht gegen seine große Angst vor

Spinnen. Hermine war pfiffig, mutig und wurde schließlich auch schön, als ihr im vierten Buch endlich die auffällig großen Vorderzähne gerichtet wurden.

Dieses Szenario beunruhigte mich nicht im Hinblick auf die Entwicklung meines Sohnes, es war vielmehr meine persönliche Erklärung dafür, warum ich selbst für die Welt in Hogwarts nicht geeignet war. Die Figuren wurden in ein gleichberechtigtes Licht gesetzt, das weibliche Verhaltensweisen bevorzugt. Damals konnte ich damit nichts anfangen, heute finde ich es schädlich, weil es den Jungs als Leitbild implantiert wird, bevor sie ihre eigene Durchsetzungskraft testen dürften.

—

Jetzt zweifele ich stark, ob jemand, der nie durchs wilde Kurdistan ritt, sich aber auf den ausgebauten Straßen im Rheinland genau so verhält, mit einem gleichaltrigen Auto über tausend Kilometer bewältigen kann. Überhaupt muss die Karre erstmal durch den TÜV, und seine Tempo-Knöllchen soll Maik zukünftig selbst zahlen.

Nur diesmal habe ich mich schwer vertan. Mein Mann hat sich mit Maik verbündet. Seine Zustimmung ist unwiderruflich, und ich bin mit meinen Ängsten allein. Unser Sohn ist happy und verabredet sich fröhlich mit seinem Jannick, der im Chat nur aus der Ziffernfolge 1x744xxX besteht. Maik nennt sich !irxK0. und schreibt mit zehn Fingern.

!irxK0 19:43
was geeeeht alta?

1x744xxX 19:43
Lol

1x744xxX 19:44
grad sms geschrieben

!irxK0 19:45
Was

!irxKO 19:45
was man was

!irxKO 19:45
ja komm doch

!irxKO 19:45
endlcih1!

!irxKO 19:45
wie die mich alle nerven hier

1x744xxX 19:45
ja ne mom ... essen hier noch -.-

!irxKO 19:46
jajajaa ojk

1x744xxX 19:46
Sry

!irxKO 19:46
Nopnjp

!irxKO 19:46
Kor, sollte NP heißen No Problem

1x744xxX 19:50
okeoke

Über ihre verstümmelte Sprache konnte ich nur den Kopf schütteln, aber die Alten zu provozieren, war wohl zu jeder Zeit Sinn und Zweck des Jugendcodes. Im Chat entwickelten die Kinder der kreativen Freizeitelite ihre eigene Lautschrift, die nie falsch ist, weil es keine verbindlichen Regeln gibt. Kein Punkt, kein Komma, kein groß und klein. Für uns war es nur verständlich, wenn wir den Text laut lasen. Den Linguistikern erleichtert es ihre Arbeit, denn alles ist schon mal aufgeschrieben.

1x744xxX 20:28
ich hab

1x744xxX 20:28
ethe book of eli runtergeladen ... sollen wa den gucken? is aber nicht sooo die cranke quali

!irxKO 20:29
is das horror oder waaaos

!irxKO 20:29
Oo

!irxKO 20:29
oder psychoo

1x744xxX 20:29
Nene

1x744xxX 20:29
kA was das genau fürn film is

1x744xxX 20:30
bissl action oder so

!irxKO 20:30
asu

1x744xxX 20:30
aber schon bissl deeper

Wir bestückten jeden Satz mit ey und fügten zwischendurch ein cool ein. Es gab Typen, Kerle und Knacker, Tussen, Trullas und Schnallen. Wir wollten Kohle und noch mehr Knete. Wir waren auf abgefahrenen Feten und hatten aldiweil null Bock auf Zoff. Wow! Wir laberten die ganze Zeit, motzten über alles und den Rest fanden wir nur geil. Wer geil im normalen Sprachgebrauch benutzte, ohne rot anzulaufen, war auf gutem Wege, ein Großer zu werden.

Dann wurde der Geiz geil, als wir schon groß und der Jugendsprache längst entwachsen waren. Deshalb hörten wir darüber bigotte Wertediskussionen im Fernsehen, was aber nichts daran änderte, dass der Slogan uns als Kunden anzog. Wir fanden nur ein bisschen blöd, dass einer ausspricht, was ja stimmt und merkten lange nicht, dass die meisten Artikel bei Saturn gar nicht besonders günstig waren.

Die Jugendsprache hat sich im Inhalt nicht verändert, vielleicht ist noch ein bisschen mehr Englisch ins Deutsche gekommen, hat nur ein Monitor die Tafel ersetzt, die man wie die in der Schule schnell wieder sauber wischen kann. Auf derselben Fläche kann man Briefe, ein Buch oder seine Examensarbeit schreiben, professionelle Layouts erstellen oder nur mal eben ins Unreine texten. Alles in einem und auf beliebiger Arbeitshöhe.

In der Schriftsprache mussten wir uns noch Mühe geben. Es gab nur Papier, das wir entweder mit der Hand oder mit der Schreibmaschine beschreiben konnten. Wir hielten es für Dokumente, und je verdrehter und länger der Satz war, desto schlauer musste sein Absender sein. Das passte in die Zeit, in der Filme, die keiner verstand, den Grimme-Preis bekamen.

Wir bekamen noch den Universaldonner auf das Fernsehen ab, als die öffentlich-rechtlichen Sendeanstalten noch keine Konkurrenz, aber ihren Programmauftrag kannten. Um den Beiträgen in der Wirtschaftssendung Bilanz folgen zu können, war ein BWL-Studium Voraussetzung. Intern nannte man das Redakteursfernsehen, weil es am großen Publikum vorbeiging: von Redakteuren für Redakteure. Daraus ist WiSo geworden, für dessen Verständnis man nur die Faxnummer, besser noch die eMail-Adresse notieren muss, unter der sich ein vorformulierter Verbraucherschutzbrief abrufen oder die Steuer-CD bestellen lässt. »Die Sendung mit der Maus« war einfach nur eine Kindersendung am Sonntagvormittag, damit Mutti in Ruhe den Braten vorbereiten konnte, der Tatort ein realitätsnaher Krimi im Ersten, und Volksmusiksendungen wurden nur dann und wann ausgestrahlt. Dennoch war bis auf das Wort zum Sonntag und die 100 Meisterwerke in den Augen unserer

Pädagogen alles schlecht, was aus der Glotze kam. Nur Lesen war gut.

Da sind die jungen Kollegen entspannter, wie sie es von sich selbst sagen. Sie haben nichts dagegen, Massenunterhaltung in den schulischen Alltag einzubinden. Die modernen Pädagogen gehen mit der Zeit und vor allem mit den Medien. Dass sie mit ihren Klassen am Vormittag in den ersten Potter-Film liefen, stieß mir sauer auf, weil sie uns den schönen Familienausflug wegnahmen. Später ärgerte ich mich noch mal, dass die Lehrer den Film nicht vorher geprüft hatten, sondern sich arglos erstaunt äußerten, wie ziemlich brutal die Szenen aus dem Zauberinternat sind. In der Generation Golf haben moderne Zugänge viel mit Bequemlichkeit zu tun.

Die Erneuerung der TÜV-Plakette ist unbequem für Maik. Daran hängt sein ganzer Plan und meine Hoffnung, dass der Wagen für tot erklärt wird. Aber den Gefallen tut mir der Prüfer nicht. Der Wagen fällt zwar im ersten Anlauf durch, bekommt aber ein anerkennendes: »Eigentlich Tip-Top!« . Nur ein paar Verschleißteile wie die Bremsbeläge und Staubmanschetten sind hinüber, die Reifen abgefahren und die geforderten Abgaswerte nicht zu erreichen. Doch es muss weder geschweißt noch gelötet werden. Die Beifahrertür klemmt, die Scheibe lässt sich nicht mehr herunterkurbeln und die Gurte rollen nicht zurück, aber das irritiert außer mir niemanden. »Der schafft locker noch mal 100.000«, meint der Herr Experte. Echt? Nun, natürlich stecke er nicht drin.

Wir investieren 1.650 Euro in die Reparatur und 120 Euro Gebühren für drei Vorstellungen beim Technischen Überwachungs-Verein. Die Abgassonderuntersuchung erweist sich als die schwerste Hürde. Schließlich übergeben wir das Problem einem kleinen Gebrauchtwagenhändler auf dem Lande und bekommen die Plakette.

Mit einem Anruf bei der Versicherung stellt sich heraus, dass der Wagen nicht das ganze Jahr über in Irland bleiben kann, ohne umgemeldet zu werden. Nur 156 Tage sind erlaubt. Maik meint, dann könne er den Passat im Frühjahr zurückbringen. Das wird ja immer besser! Aber ich kann mich auf den Kopf stellen, der Deal läuft zwischen Vater und Sohn.

—

Alle Eltern betrachten Einflüsse von außen erstmal kritisch, aber wir Golf-Eltern können uns gar nicht vorstellen, dass unsere Kinder sich überhaupt entwickeln, wenn wir es nicht veranlasst haben. Dadurch gerieten wir allerdings in einen Konflikt, weil unsere Erziehung ja nur ein Angebot war, und was unsere Kinder daraus machten – ihre Sache. Darauf beruft Maik sich nun und schickt mit wohl überlegter Verachtung den Elternteil – aktuell mich – vom Platz, der seinen Ideen im Weg steht. Gerade soviel, es mich büßen zu lassen, aber diszipliniert genug, dass ich meine erzieherischen Pflichten nicht zu offensichtlich hervorkramen muss. Dass ich vieles nicht wusste, was Maik wusste, verdrängte ich theoretisch und beunruhigte mich praktisch. Ich war zu aufgeregt, um zu bemerken, dass im Internet jenseits des Castingtrubels die ersten intelligenten Stars heranwuchsen, die kaum älter als Maik und sehr selbstbewusst waren. Ihre Beliebtheit wurde mit Clicks demokratisch gemessen und Maik wurde durchaus ein kritischer Beobachter

So entdeckte er mit 16 Jahren noch einen anderen Harry Potter. *ColdMirror,* eine 22-jährige Studentin, die mit der Persiflagesynchronisation *Harry Potter und ein Stein* bei Youtube auf sich aufmerksam machte. Sie schrieb im Vorspann: »Tatsächlich ist dieser Film total schwul und ganz schön behindert. Oder, um es politisch korrekter auszudrücken: Dieser Film praktiziert einen alternativen Lebensstil und hat besondere Bedürfnisse.«

ColdMirror stürzte sich schamlos frech auf den Potter-Mythos und war das Einstiegsgeschenk für Maiks kritische Medienbetrachtung. Dann kam Klaas Heufer-Umlauf. Eigentlich ist der junge Mann ein Friseur und Maskenbildner aus Oldenburg, aber jetzt arbeitet er als Fernsehmoderator bei MTV. Er probiert aus, wie Twitter ohne Strom funktioniert. Er geht an öffentliche Plätze und zeigt Bilder von seinem Kätzchen und seinen Füßen, die er bei seinem letzten Thailand Urlaub fotografiert hat. Und er erzählt, dass er gerade das After Shave gewechselt hat und dass er am Abend vorhat, die Gilmore Girls zu schauen. Er teilt sich mit und offenbart die Banalität der Information.

Maik beschloss, sich nur noch auf das Wesentliche zu konzentrieren, und deshalb schaute er bis auf eine Serie gar nicht mehr fern. Nur die Politsatire *South Park* fand noch seine Gnade. Sie lief spät abends auf *MTV* und wurde zu seinem persönlichen Sandmännchen. Der Junge kugelte sich vor Lachen, wie die vier frühreifen Grundschüler heikle Gesellschaftsthemen aggressiv humorig angingen, und wusste plötzlich Bescheid über die Mohammed-Karikatur, den Oberscientologen Tom Cruise und die Klimaschutzsorgen von Al Gore. Ich hörte deftige Fäkalausdrücke der TV-Großmäuler und überhörte den Anspruch der Serie. Wie die *Pokémon* waren sie technisch rückwärtsgewandt, ganz bewusst simpel gezeichnet. Und sie wurden mit der uralten Legetrickmethode zum Leben erweckt, bei der jede Bewegung einzeln abfotografiert wird. Ich stellte meinem Sohn auch eine uralte Frage: »Muss das denn sein?« Er wusste nicht, was ich meinte. Zu später Abendstunde hallte die dreckige Sprache überlaut in mein Ohr. Ich konnte es noch schwerer ertragen als tagsüber, wenn ich mich besser ablenken konnte, und fühlte mich dabei wie eine alte Spießerin.

Mir erschien Maik politisch ignorant. In der Schule interessierte ihn die Schülervertretung kein bisschen, den Namen des Bürgermeisters hatte er nicht parat und von der Grünen Jugend wusste er nicht einmal, dass es sie gab. Er mutete sich weder *Spiegel* noch *Focus* zu, und seine eigene Sprache kam mit 500 Wörtern aus. Mehr habe Adenauer auch nicht, behauptete sein Kontrahent Kurt Schumacher und meinte es abfällig. Erst nach dem Tod des Kanzlers wurde daraus eine herausragende rhetorische Qualität konstruiert. Die konnte ich bei meinem Sohn nicht erkennen. Für mich verfestigte sich der Eindruck, dass Gymnasiasten mit dem Deutschunterricht, der stets die Kreativität über die Grundlagen hob, nicht mehr viel deutsche Sprache brauchen um durchzukommen. Und ich ärgerte mich sehr darüber.

Dabei stehen die *Buddenbrooks* immer noch in den Lehrplänen. Auf Thomas Manns frühen Roman über den Niedergang einer großbürgerlichen Familie der Biedermeierzeit möchten die Väter der Rahmenrichtlinien auch im 21. Jahrhundert nicht verzichten. Die 700 Seiten sind Ferienhausaufgabe von Weltgeltung, die sich allerdings kaum ein Schüler vornimmt, und jeder Lehrer weiß das. Filmfassung und Internetquellen reichen, um Test und Arbeit gut zu bestehen. Solange niemand offen darüber spricht und den Lehrer zum Handeln zwingt, bleibt die Welt der neuen Intellektuellen in Ordnung; die Suche nach Alternativen zum schicken Monumentalwerk erledigt sich von allein.

Aber die Generation Maik setzt sich durch einen überlegenen Umgang mit der Kommunikation im Internet von uns ab und sie folgt anderen Autoritäten. Mein Junge hatte kein Bedürfnis, mir mitzuteilen, wer ihn beeindruckt und wen er für schlau hält. Und weil seine Lehrer als immerwährende Totalverweigerer des realen Lebens nicht als Vorbilder taugen, es hier keinen Dorfpolizisten und auch keinen Bademeister mehr gibt, der einem Bengel im Zweifel die Ohren langziehen, musste ich davon ausgehen, dass ihm die Orientierung verlorenging. Und so war ich mit jedem Jahr mehr geneigt zu glauben, dass die höhere Schule verschwendete Zeit ist und eine berufliche Ausbildung die bessere Investition gewesen wäre. Aber was ist schon noch handfest in rosa Kuschelzeiten?

Der Tag von Maiks Abreise steht nun fest. Morgens um sieben macht er sich auf zur grünen Insel. Die Vögel zwitschern schon lange, das Nutellabrötchen hat er kaum angerührt. Ihm ist etwas flau im Magen, und mir ist schlecht. In seiner Nervosität wirkt er fahrig, ich wirke hysterisch. Wir küssen und herzen uns, Rolf haut ihm auf die Schulter und Lysa sagt: »Ich komme mal vorbei.« Um 13 Uhr muss er spätestens am Fähranleger in Dünkirchen sein. Das sind 458 Kilometer, da darf kein einziger Stau dazwischenkommen. Der junge Mann hat knapp kalkuliert.

Ich drücke ihm die voll gepackte Kühltasche in die Hand, eine Irland-Straßenkarte für den Fall, dass die Navigation seines Handys ausfällt, und *High Fidelity* von Nick Hornby. »Da hast Du was zu lesen auf der Fähre.«

Die Geschichten von Rob, dem 35-jährigen Musikfreak, der sich an das CD-Zeitalter nicht gewöhnen kann und auch nicht an die Eigenarten von Frauen, werden Maik gefallen, bin ich überzeugt. Wir winken nicht lange, denn die erste Kurve kommt nach 50 Metern, und dann können wir das Auto schon nicht mehr sehen.

Hoffentlich mag er den zehn Jahre alten Bestseller. Bestimmt mehr als den Abituraufsatz von Günter Gaus aus dem Gründungsjahr der Bundesrepublik 1949, mit dem ich Maik noch zu seiner Schulzeit quälte, weil ich ihn mit Macht davon zu überzeugen versuchte, wie beeindruckend dieser präzise und würdevolle Sprachstil ist. Doch Maik wusste nicht, wer Günter Gaus ist, und der Sprachstil war für ihn nicht präzise und würdevoll, sondern abstrakt und abgehoben. Er glaubte nicht, dass der Text aus der Feder eines Gleichaltrigen stammte, der erst Journalist wurde und später als Politiker und Diplomat in vorderster Reihe die Geschichte des geteilten Deutschlands mitgestaltete. Für ihn war der Verfasser schon als junger Mann steinalt. Ich hatte den Aufsatz in Gaus Buch *Was bleibt, sind Fragen* entdeckt und behauptete nun, dass es gut sein könne, dass so ein Aufsatz, vielleicht sogar dieser, im Abitur analysiert werden würde. Das war plausibel für Maik, denn wir haben ausreichend viele Lehrer im Freundeskreis, die mich durchaus mit heißen Insiderinformationen hätten versorgen können. Also las Maik, nicht lustvoll, aber aufmerksam, was der junge Gaus zum Thema: »Die Geschichte und wir« schrieb:

»... Mein Vater weinte am Tische. Er hatte Maria nie geschlagen, nie getadelt und nie geliebt. Sie waren gutmütig aneinander vorbeigegangen. Plötzlich sagte Mutter: Vielleicht hat sie einen Brief zurückgelassen. Maria. Wir suchten sogleich. So oft wir auf ein Teil stießen, das eine Verbindung mit Maria besaß, hielten wir ein. Da hatte Mutter oder Vater oder ich dann ein Wäschestück, ein Buch oder ein Bild in der Hand, und wir sprachen von ihr. Wir sprachen nicht gut oder schlecht über sie, wir sagten Alltägliches. Morgens holte sie Milch. Sie kochte essen. Sie hatte Freunde. In der Schule war sie sehr gut. Das sagte Mutter, denn sie war stolz

auf Maria. Und schließlich hatte sie Recht, schließlich war Maria eine Schreibmaschinenkraft gewesen. Schreibmaschinenkraft, so hieß das in ihrem Betrieb. Ich lachte, als sie es erzählte, mein Vater hatte dunkle Augen vor Schmerz.

... Leider fanden wir keinen Brief von Maria ...

... Am Tage darauf kam das Mädchen zurück. Die Geschichte war zu Ende. Ich kann versichern, dass meine Eltern und ich uns fast genau so verhielten wie an allen Tagen. Niemand fragte: warum? Und keiner bemerkte die Unterlassung. Wir fragen nicht; wir verstehen nicht zu fragen, da uns niemand fragt. Wir leben, fraglos leben wir.«

Unter dem Eindruck von Naziherrschaft und Krieg wandte sich der junge Herr Gaus gegen unheilvolle Gruppenzwänge: »Für die meisten Leute, für mich und Sie, gilt, dass sie nur Geschichte machen, wenn man Geschichte mit ihnen macht.« Er plädierte für die Hinwendung zu den Bedürfnissen des Individuums. Dieses Ziel scheint erreicht zu sein. Der Mensch des 21. Jahrhunderts kümmert sich vornehmlich um sich selbst, individuelle Befindlichkeit ist zum höchsten Gut geworden. Es geht nicht mehr darum, was man tut oder lässt, sondern, wie man sich dabei fühlt. Die gefühlte Temperatur ersetzt das geeichte Thermometer.

Gaus hatte es so nicht gemeint und war als alter Mann unter anderem auch deswegen resigniert. Er war ein linker Konservativer, der sich seiner privilegierten Situation zeitlebens bewusst gewesen ist. Ihm wäre es nie in den Sinn gekommen, dass sich eine große Gesellschaft in so flexible Kleinstgruppen aufspalten könnte. In seiner Welt war das System König, in unserer sind es die persönlichen Beziehungen, die man hat oder zu haben glaubt oder gern hätte. Das leugnen wir kraftvoll und wiederholen wie ein Mantra die Bedeutung gerechter, durchlässiger Strukturen. Gleiche Chancen für alle. Aber nur weil wir das ausgiebig beteuern, wird es noch nicht wahr. Der Finger liegt in der Wunde.

Meine beiden wuchsen auf mit medialen Superlativen und mit alltäglichen Konjunktiven, und sie erfuhren: Entweder es stimmt nicht oder ist nicht zu gebrauchen. Großspurig angekündigte Exklusivität erwies sich als Massenware, während die meisten Erwachsenen nur mit quasi, gewissermaßen, eventuell hantieren. Viele Optionen bedeuten große Freiheit, und die wollen wir uns natürlich nicht nehmen lassen. In meinem Supermarkt ist ab Oktober kein Durchkommen mehr: Kürbisköpfe für Halloween, Weckmänner für den Martinszug und etliche Weihnachtsnaschereien liegen in Sonderständern und versperren mir den Weg zum Joghurt. Es geht nichts mehr nacheinander, ich muss mich an allen Ecken gleichzeitig freuen. Aber überall fehlt die klare Kante. Auch das Gequatsche ist allenthalben leer. Das »Schönen Tag noch!« vom Verkäufer ersetzt das altmodische »Der Nächste, bitte!« und ist die Aufforderung, Platz zu machen für den nächsten Kunden. »Tut mir leid!« ist nichts anderes, nur ohne Umsatz. Kleinigkeiten, aber immer seltener sagt einer, was er meint. Wir haben die Sprache ausgesprochen leer gesprochen.

Lysa erfährt Entrüstung, von Lehrern und Mitschülern gleichermaßen. Sie sei zynisch und herzlos, wirft man ihr vor, als sie nach dem tragischen Unfall bei *Wetten, dass?...* bemerkt, dass es immer noch besser sei, vor laufender Kamera in die Querschnittlähmung zu stürzen als unbeobachtet auf der A3. Es gelingt ihr nicht, klarzustellen, dass sie nicht meinte, dem jungen Mann geschähe es recht, sondern, dass er so wenigstens eine erstklassige Versorgung und Rente bekäme. Sie weint daheim wütende Tränen einer Unverstandenen, nur ich freue mich über den Ausbruch, weil er endlich mal nicht Patricks wegen ist. Ganz offenbar kommt sie wieder in Form.

Die Generation Gaus hatte einen uneinholbar großen Vorteil: Die ganze Welt brauchte sie, fast egal, wo. Das meiste war kaputt, es konnte nur besser werden. Politisches Engagement war Ehrensache, und ansonsten gab es nicht besonders viel Zerstreuung. Wenn Herr Gaus mal *chillen* wollte, hatte er die Wahl zwischen *Der Dritte Mann* mit Paul Hörbiger in der Hausmeisterrolle und Laurence Olivier in *Hamlet*. Und bestimmt hatte er als Abiturient *Mississippi* von Literaturnobelpreisträger William Faulkner längst gelesen. Man musste es schon ziemlich dumm anstellen, nicht schlau zu werden.

Ich verfolge Maiks Route auf Google Maps:
115 km bis Aachen, 1 Std, 9 Min.
256 km bis Brüssel, 2 Std 21 Min.
Kleine Pause?
201 km bis Dünkirchen, 2 Std 37 Min.
Fähre nach Dover: 36,1 Seemeilen, 1 Std 9 Min.
Große Pause.

Und dann kommt bestimmt der erste Anruf oder eine Kurznachricht; ich habe ihm die Handykarte aufgeladen. Aber bis ein Uhr höre ich nichts. Um zwei nicht, um vier nicht und um sechs Uhr halte ich es nicht mehr aus. Jetzt rufe ich ihn an: *The person you have called is temporary not available.* Mir bricht der Schweiß aus.

Maik müsste längst durch London durch sein, schon Birmingham passiert haben. Er müsste sogar bald die zweite Fähre in Holyhead erreicht oder sich in Liverpool ein Hostel gesucht haben. Auf der Insel sind sie eine Stunde zurück. Es hat nichts mit den abgeleisteten Kilometern zu tun, und doch bin ich zufrieden, dass es im United Kingdom noch früher am Tag ist. In einer Stunde probiere ich es erneut.

Wieder nichts. Ich checke meine Mails nun alle zwei Minuten. Vielleicht was von der Organisation? Rolf sitzt im Büro, mit ihm habe ich schon zigmal telefoniert. Er beruhigt mich mit Sätzen, die mich nicht beruhigen: »Ach, der packt das schon. Sei froh, wenn du nichts hörst!«

Ich rufe Matthias an. Der ist Journalist und weiß, wie man recherchiert. Er wird meinen Jungen finden. »Ich rufe bei Scotland Yard an«, meint er mit spöttischem Unterton, »die werden sofort eine Ringfahndung auslösen.« Das ist nicht witzig! Ich fange an zu weinen, vor Wut und vor Enttäuschung. »Stell dir doch mal vor, es wäre dein Paule?«, versuche ich einen neuen Anlauf, aber er lässt mich abtropfen: »Nun werd mal nicht hysterisch. Wenn

Maik verunglückt wäre, wüsstest du es schon längst.« Ich werde meine Gefühle für ihn überdenken müssen.

Wieder und wieder schaue ich mir bei Google Maps die Strecke an, und mit Google Earth verschaffe ich mir ein Bild vom Straßenzustand auf der Insel: Die Straßen sind lange nicht so gut ausgebaut wie hier, da kann man schnell in den Graben gedrängt werden, mit einem Linkslenker sowieso. Oh, Himmel, was habe ich da zugelassen!

Um 21 Uhr bin ich ganz sicher: Mein Sohn ist tot. Er hatte einen schweren Unfall, der Rettungswagen hat getrödelt und dann konnten sie nichts mehr tun. Mir wird speiübel bei der Vorstellung, und ich verspreche dem lieben Gott, mich nie mehr über Maiks seltsame Peilung und mangelnden Ehrgeiz aufzuregen oder mich in seine Angelegenheiten einzumischen. Ich biete Gott einen Pakt an: Wenn mein Kleiner doch noch heil ankommt, erkläre ich ihn für groß.

Ich probiere mich mit Fernsehen abzulenken. Eine Tatort-Wiederholung. Nein, jetzt nur keine Leichen. Als ich weiterzappe, höre ich leise Musik und dazwischen eine vertraute Stimme. Patrick ist wieder da. Er ist bei Lysa auf dem Zimmer. Sie flüstern und kichern. Zwischendurch höre ich eindeutige Bettgeräusche. Ich zögere anzuklopfen. Ich möchte ihn unbedingt sehen, wissen, ob er jetzt wieder öfters kommt. Doch ich warte besser, bis sie beide rauskommen und setze mich auf die oberste Treppenstufe. Regungslos sitze ich da mit dem Rücken an die Wand gelehnt und lausche nach weiteren Informationen, die mir helfen könnten, die Situation einzuordnen. Aber sie sprechen zu leise. Durch das Oberlicht kann ich wahrnehmen, wie sich das Tageslicht verändert, immer schwächer wird und schließlich dunkel.

Ich bin wohl eingeschlafen. Auf meinem Telefon ist es halb drei. Dann ist es in England halb zwei. Die Nachtfähre nach Dun Laoghaire geht um 2:40 Uhr englische Zeit, also in einer guten Stunde. Ich könnte dort anrufen und fragen, ob Maik an Bord gegangen ist. Bis dahin versuche ich es immer wieder auf seinem Handy. *The person you have called is temporary not available.*

Ich werde noch wahnsinnig. Wo ist eigentlich Rolf? Typisch! Immer, wenn ich ihn brauche, ist er nicht da. Ich klopfe an Lysas

Tür und trete ein, ohne auf ein Zeichen zu warten. Patrick und Lysa liegen aneinandergekuschelt im Bett und schauen einen Film, in dem eine Säuglingsschwester zeigt, wie man ein Baby badet. Die beiden Kuschelhasen strahlen mich an und meine Tochter sagt: »Wir bekommen ein Kind.« Ohne meine Reaktion abzuwarten, plappert sie weiter. »Das ist gar kein Problem. Ich krieg's erst nach dem Abi, und dann ziehen wir in eine Wohngemeinschaft, wo die anderen Studentinnen auch Babys haben. Da haben wir ein polnisches Au Pair angestellt, das sich ums Kind kümmert, wenn ich in der Vorlesung bin. Mama, wir freuen uns so riesig.« Ich will schreien, aber es geht nicht.

Ich sehe Lysa, wie sie Tag und Nacht lernt und am Wochenende arbeiten geht, während der junge Vater das Kind im Wald spazieren fährt und schon mal vorsorglich Blätter zum Trocknen sammelt. »Hey, das gibt extra Studigeld«, sagt Patrick, der auch mal was sagen möchte. »Kind! Was tust du?« Lysa lacht und reicht mir ihre Hände und tanzt mit mir im Kreis. »Mama! Es wird ein Junge! Freu dich doch auch!«

»Meine Kleine, du bist doch noch meine Kleine«, presse ich heraus. »Mama! Ich kann das!« Lysa sieht keine Schwierigkeiten. Sie ist so glücklich, dass Patrick wieder da ist, und alles andere schafft sie auch, wenn er nur bei ihr bleibt. Sie haben an alles gedacht, auch an gemeinsame Freizeit ohne Kind, die ihnen wichtig ist, damit sie auch mal an sich denken können. Eigentlich immer dann, wenn ihnen danach ist.

Solch einen Stress, wie wir ihn hatten, das wollen sie nicht. Fußläufig zur Uni haben sie ein Kinderhaus ausfindig gemacht, in dem nicht polnische, aber tschechische Kindermädchen die Studentenbabys auf Wunsch rund um die Uhr betreuen. Die Kinderpflegerinnen haben Pädagogik studiert und eine Sprachprüfung nach dem europäischen Referenzrahmen auf Level B2 abgelegt. In Patricks und Lysas Leben wird sich kaum etwas ändern. Geld bekommen sie auch. Von uns, denn wir sind, so klärt mich meine Tochter auf, nach dem Bildungsförderungsgesetz für leistungsstarke Studenten mit Kind verpflichtet, einen Bachelor- und Masterstudiengang zu finanzieren. Und vom Staat kriegen sie auch was. Die Regierung möchte die Mutterschaft junger gebildeter Frauen fördern. Ich studiere Business Administration, juchzt Lysa. Müssen Patricks Eltern auch zahlen? Nur, wenn er studiert. Was wird er studieren? »Ich mache die 13 noch mal.« sagt er, als habe er gerade ein Stipendium erhalten und nicht versagt. Er wird kein bisschen rot dabei: »Die Lehrer waren voll blöd.«

Die Säuglingsschwester aus dem Lehrfilm badet den Puppenjungen immer noch. Vielleicht bringt sie ihm direkt das Schwimmen bei, weil sie findet, dass die Badezeit zu schade ist, um nur sauber zu werden. Dann kommt Roger Cicero ins Bild. Mit seinem Hut auf, dem Mikrofon in der Hand und tänzelnden Bewegungen singt er dem Baby seine Botschaft vor: »Zieh die Schuh' aus, bring den Müll raus, pass aufs Kind auf und dann räum hier auf ...« Dann weiß das der Kleine auch schon mal. Mit dem Seepferdchen und dem richtigen Briefing wird er vielleicht jetzt endlich abgetrocknet werden.

»Willst du nicht mal ins Bett gehen?« Rolf ist zurück von seinem Go-Abend und dem anschließendem Besuch der langen Museumsnacht in Bonn. Ich war tatsächlich vor dem Fernseher eingeschlafen. Mein Gatte hält mir mein aufgeklapptes Handy hin. »Hier, dein Sohn.«

Ich lese nacheinander vier SMS von Maik:

3:16
Die geihmzahl für die db ist doch 2531 odee? Weil ich kein cash mehr habe nur euro....

3:29
ja der akzeptiert eurooo coole sache...bin in 20 mins an ferry miki ...

4:16
Och joaa, Aku war ler habn Adapter gekauft ...VI nacher mehr ich chill hier jetzt erstmal. Kannst ja schon schlafen gehen hier is ja alles jut soo ...

4:57
ich stell mir aber npoch nen weckeer bis daaan naaachtxx

Ich renne schnell nach oben in Lysas Zimmer. Sie schläft ganz friedlich, ein Fuß über der Bettdecke. Im Papierkorb liegt ein zerrissenes Bild von Patrick.

Erleichtert antworte ich Maik: Mein Junge, du bist großartig!

2009: DEUTSCHLAND UND DIE WELT

FEUER
Bei einem Großfeuer in einem Nachtclub kommen in Thailands Hauptstadt Bangkok mindestens 61 Gäste um, fast 250 werden verletzt.

UNFALL
Der thüringische Ministerpräsident Dieter Althaus verursacht beim Winterurlaub in Österreich einen Skiunfall, bei dem eine Frau stirbt und er selbst schwer verletzt wird.

NAHOST
Israelische Bodentruppen rücken in den Gazastreifen vor, von wo aus die radikal-islamische Hamas monatelang Raketen ins Grenzgebiet abgefeuert hatte.

SELBSTMORD
Als prominentes Opfer der Finanzkrise wirft sich der schwäbische Unternehmer Rudolf Merckle vor einen Zug.

LUFTFAHRT
Eine Notwasserung auf dem Hudson River in New York überstehen alle 150 Passagiere und Besatzmitglieder an Bord eines Airbus A320 unverletzt. Vier Monate später stürzt eine A330 der französischen Gesellschaft Air France im nächtlichen Gewittersturm über dem Atlantik ab, 228 Menschen sterben.

EINSTURZ
Verursacht durch Mängel in einer U-Bahn-Baustelle stürzt in Köln das Historische Stadtarchiv ein, zwei Menschen können nur noch tot aus den Trümmern geborgen werden.

AMOKLAUF
Ein 17-jähriger Schüler läuft an der Albertville-Realschule im württembergischen Winnenden Amok und erschießt mit der Sportwaffe seines Vaters 15 Menschen.

POP
In seiner kalifornischen Villa stirbt der Popsänger Michael Jackson an Herzversagen.

WIRTSCHAFT

Der ehemals weltgrößte Automobilhersteller General Motors geht in Konkurs, in Deutschland der Warenhauskonzern Arcandor und sein Tochterunternehmen Quelle.

KRIEG

Der deutsche Oberst Georg Klein befiehlt in Afghanistan einen Luftangriff auf von Taliban entführte Tanklastzüge, bei dem 142 Menschen sterben, darunter zahlreiche Zivilisten.

VERTRAG

Der Vertrag von Lissabon tritt in Kraft: Die internen Koordinationsmechanismen der EU werden ausgebaut und die Vetomöglichkeiten einzelner Mitgliedstaaten reduziert.

2009: FAMILY AFFAIRS

KONZERT

Maik veranstaltet mit seiner Band Drive On das erste große Konzert im Dorfgemeinschaftshaus

HEIMKEHR

Lysa kehrt aus England zurück und sagt, dass sie nie wieder in einer Gastfamilie wohnen möchte.

REISE

Mit Jannick und Luki fährt Maik in den Sommerferien im Auto für drei Wochen nach Nord-England. Aus Belgien kommt fünf Monate später eine königliche Verwarnung wegen übertretener Geschwindigkeit.

KINO

Kurz vor der Bundestagswahl nötige ich die Kinder zum Zwecke der politischen Bildung sich Hape Kerkelings »Isch kandidiere« anzuschauen. Sie sind begeistert.

just freed

EPILOGISCHES

VIER ZU MIR
JETZT SPRICHT DER SOHN

Nein, ist die Antwort, die mir am leichtesten von den Lippen geht, wo es doch eigentlich schwerer ist, sich gegen jemanden zu stellen als ihn zu befürworten. Ich habe viel Übung darin, Nein zu sagen. Wie habe ich also als Sohn meine Mutter erlebt? Nun, um ehrlich zu sein war ich froh, wenn ich sie denn mal nicht erleben musste. Und jetzt weiß ich schon wieder, dass ich mir die Welt durch Aussagen wie diese unnötig schwer mache.

Aber ich habe es immer abgelehnt, wenn jemand anderes für oder über mich gesprochen hat, und jetzt schreibt meine Mutter gleich ein ganzes Buch. Also werde ich auch was dazu sagen. Am besten der Reihe nach.

Mich haben vier Parteien erzogen: meine Eltern, meine Lehrer, das Internet, die Mädchen.

Eltern

Meine Mutter hat mich immer getrieben. In die Schule, zum Fußball und zum Klavierunterricht. Sie wollte immer, dass ich beschäftigt bin und bloß nicht zuviel vorm Computer hocke. Ich war genervt, aggressiv und unausgeschlafen. Ich wurde immer müde, wenn ich etwas tun musste, was nicht mein eigener Antrieb war, und ich über Dinge reden musste, die mir unangenehm waren, irgendwie. Und die Schule machte ich bestimmt nicht aus eigenem Antrieb. Ich gähnte mich nachmittags durch die Hausaufgaben und wurde erst abends wach.

Die einfachsten Ratschläge sind am schwersten zu befolgen. In der Schule habe ich die Autoren solcher Floskeln immer gehasst, und das war Grund genug, denen meiner Mutter oft nicht zu folgen. Und wenn meine Mutter mich Hase nannte, wurde ich richtig wütend, obwohl ich wusste, dass es witzig gemeint sein sollte. Ich fand es einfach nur widerlich. Manchmal wollte ich ihr ja auch gern helfen, wenn sie ein Problem mit ihrem Rechner hatte oder so, aber sie wusste es ja dann doch immer besser und hat meinen Lösungen nicht vertraut. Na, dann bitte schön, kann ich ja auch gehen.

Je heftiger die Auseinandersetzung mit meiner Mutter wurde, desto besser verstand ich mich mit meinem Vater. Mir schmeckte auch das Essen immer besser, wenn er kochte. In Sachen Schule war mein Vater entspannter als meine Mutter und riet mir eher, eine andere Laufbahn einzuschlagen, als mich mit Latein und Französisch herumzuquälen. Mit anderen Worten: Ich hätte auch abgehen können.

Mein Vater war auch großzügiger mit dem Auto. Meine Mutter hat immer krampfhaft nach Ausreden gesucht, mir die Schlüssel nicht zu geben. Aber ich konnte sie nur theoretisch verstehen. Der Sprit zahlt sich nicht von allein, der Junge soll sicher sein. Am liebsten wäre ihr gewesen, ich wäre gar nicht gefahren. Und manchmal wusste ich nicht, ob sie sich nicht mehr Sorgen ums Auto als um mich machte. Trotzdem hätte sie es mir öfters geben können, schließlich bin ich ein guter Fahrer.

Ich möchte später keine Kinder haben. Wenn die so werden wie ich selbst war, dann auf keinen Fall. Wenn die nicht so werden, wie ich es war, dann erst recht nicht. Und falls doch: keine Rosensträucher im Garten, kein Cottoboden im Haus und kein Schotter in der Einfahrt. Das gibt nur Schmerzen und Ärger!

Schule

Zur Schule bin ich immer gern gegangen. Das glaubt mir keiner, aber es war tatsächlich so. Leider habe ich in den Pausen wohl mehr gelernt als im Unterricht. Nur doof, dass man Große Pause nicht als Leistungskurs belegen konnte! Ich konnte auch leider nicht wirklich viel mit den meisten Lehrern anfangen, und die wohl auch nicht mit mir. Meine Hauptwissensquelle hieß Wikipedia. Dort überprüfte ich den Lernstoff, weil ich morgens nicht zugehört hatte oder es nicht verstand. Und meine erste 6 verdiente ich mir durch Abschreiben. Das war in der 6. Klasse. In der 9. Klasse hatte ich einen Zeugnisdurchschnitt von 4,0 und bekam vier blaue Briefe. Nein, es war bestimmt nicht leicht mit mir. In erster Linie hatte ich Musik im Kopf.

Dass ich in der Schule nicht mit den Lehrern klar gekommen bin bedeutet nicht, dass ich ein grundlegendes Problem mit Autoritäten habe. Eigentlich ist auch das ganz einfach. Wenn jemand eine Autorität ist und nicht nur spielt, dann habe ich damit kein Problem.

Ich hatte genauso wenig Lust, die Sonaten russischer Komponisten zu erarbeiten, wie meine Hausaufgaben zu machen. Doch irgendwie konnte meine Klavierlehrerin aus Moskau mir bewusst machen, dass die Sonaten wichtig sind.

Ich halte Hausaufgaben bis heute für unnötig, anders gesagt: Ich habe immer noch nicht verstanden, wozu sie gut sein sollen. Kann es mir noch mal einer erklären? Die Fächerwahl in der Schule ist auch völliger Mist. Ich musste mich zwischen Fächern entscheiden, die ich alle nicht kannte. Dann wählte ich Latein. Pardon, meine Mutter meinte, es wäre die richtige Wahl. Warum wissen die Pädagogen nicht, was gut für uns ist?

In meiner 13-jährigen Schullaufbahn hatte ich sehr, sehr viele Lehrer. Erinnern werde ich mich an wenige. Manche fehlten so oft, dass ich sie für Vertretungslehrer hielt, wenn sie mal kamen.

Was auch immer mich davon abhielt, ein guter Schüler zu sein, hat mir geholfen, mich in der Gesellschaft außerhalb der Klassenräume zurechtzufinden. Und das war nicht nur die Gesellschaft, in der man in Codeschnipseln spricht, 2bh – to be honest!

Internet

Für mich ist Facebook eine unabdingbare Plattform. Zuerst um den überseeischen Kontakt aufrecht zu halten zu Freunden, die aus unseren Partnerstädten kamen und mal eine Weile auf unsere Schule gegangen sind. Doch Facebook sagt mir auch, wo ich zu feiern habe und wen ich da so treffen werde. Facebook erleichtert mein Leben ungemein, denn plötzlich lässt sich die Planung einer ganzen Nacht für andere nachvollziehen. So muss ich nicht befürchten, dass jemand den Plan für die Nacht nicht mitbekommt und auch nicht, dass ich ihn nicht mitbekomme. Und was sonst manchmal so drin steht, muss man ja nicht immer ernst nehmen.

Auch muss ich nicht mehr selbst entscheiden, ob ich etwas gut oder schlecht finde, denn ich lasse einfach andere urteilen. Und da alles öffentlich geschieht, ist es umso wichtiger, welcher Meinung man angehört. Das Beste ist jedoch, dass ich dank 3G, der dritten Generation des Mobilfunksstandards, überall auf Facebook zugreifen kann. Ist Facebook also Teil meines Lebens geworden? Ja, und der einer ganzen Generation.

Waren es früher noch die Mädchen, die mich mit Freundschaftsbüchern penetriert haben, sind jetzt beide Geschlechter gleich auf, wenn es darum geht, ein Online-Freundschaftsbuch zu pflegen. Soweit, so Facebook! Ach, und sollte ich doch Kinder haben: Bis 12 Jahre werden sie selten fotografiert und kriegen kein Handy.

Mädchen

Mädchen sind echt cool. Mädchen sind voll klasse. Mädchen sind so süß. Ein paar mehr, ein paar gar nicht. Die eine, die ich gestern noch geliebt habe, ist die, die ich ab heute hasse. Und die ihren Beziehungsstatus auf Facebook zu Single geändert hat. Mit den Mädchen war es bislang immer wie auf einer unebenen Straße mit Schlaglöchern: Es geht immer auf und ab, und stets irgendwie weiter. Die Liebe ist ein schmutziges Spiel mit Multiplayermodus, doch ich spiele es immer noch gerne.

Warum ist es ein Spiel? Es gibt Regeln, an die sich beide Beteiligten eigentlich halten sollten, aber wie das bei einem Spiel so ist, wird manchmal geschummelt, und manchmal kann man Lösungswörter benutzen, die einen weiterbringen. Ich lerne ständig dazu.

Ein beachtlicher Teil der Jugend hat die unglaublich witzige Fähigkeit entwickelt, sich selbst zu erziehen. Ich zähle mich dazu. Sich selbst zu erziehen, heißt nichts anderes, als einfach mal die Augen offen zu halten. Deshalb glaube ich, dass ich mich in dieser Gesellschaft behaupten werde, anstatt in ihr unterzugehen.

That's it.

Maik

2010: DEUTSCHLAND UND DIE WELT

ERDBEBEN
Bei einem Erdbebeb in Haiti sterben über 200.000 Menschen, über eine Million werden obdachlos.

KIRCHE
Nach einer Alkoholfahrt im Dienstwagen tritt die hannoversche Bischöfin Margot Käßmann als Ratsvorsitzende der Evangelischen Kirche in Deutschland zurück.

LUFTFAHRT
Aschewolken nach dem Ausbruch des Vulkans Eyjafjallajökull auf Island beeinträchtigen tagelang den Flugverkehr über Europa.

UMWELT
Bei einer Explosion auf der Bohrinsel Deepwater Horizon sterben elf Arbeiter, das ausströmende Öl verursacht im Golf von Mexiko eine Umweltkatastrophe.

MUSIK
Die deutsche Schülerin Lena Meyer-Landrut gewinnt überraschend den Eurovision Song Contest.

POLITIK
Nach öffentlicher Kritik an seinen Äußerungen zum Afghanistan-Krieg erklärt Bundespräsident Horst Köhler überraschend seinen sofortigen Rücktritt.

UNGLÜCK
Bei einer Massenpanik während der Loveparade sterben in Duisburg 21 junge Menschen, über 500 Teilnehmer werden zum Teil schwer verletzt.

ABZUG
7 Jahre nach der Invasion verlassen die letzten US Truppen den Irak.

AUSWEIS
Der elektronische Personalausweis wird bundesweit eingeführt.

ATOMMÜLL

Der 12. Castor-Transport startet von Nordfrankreich Richtung Gorleben.

UNRUHEN

Die Jasminrevolution in Tunesien beginnt. Auslöser war die sich rasch verbreitende Nachricht über die Selbstverbrennung eines Gemüsehändlers als Symbol gegen die schlechten Lebensbedingungen.

2010: FAMILY AFFAIRS

FORTSCHRITT

Lysa wird 18 und fährt mein Auto jetzt ohne mich.

JOB

Maik hat einen Nebenjob. Für 6,50 Euro die Stunde beflockt er im Dorfladen von »Karlos T-Shirt Welt« zweimal in der Woche bunte Hemdchen. Eines Tages kommt er mit einem neuen Shirt heim; es dauert eine Weile, bis mir der Aufdruck auffällt: Muttersöhnchen.

ABSCHLUSS

Mit dem Motto »Abios Amigos! 13 Jahre siesta, endlich fiesta!« und einem schönen Ball verabschiedet sich Maiks Jahrgang von der Schule.

AUTO

Maik kann das Auto in Galway nicht kostenfrei parken, jeder Tag kostet ihn 5 Euro. Rolf fliegt rüber, um das Auto zu holen.

GEFÜHLE

Maik fehlt uns allen.

ZUTRÄGLICHES

NEUN MONATE SPÄTER

FAMILY AFFAIRS

Neun Monate später...

... hat Maik in Irland an einer Demo gegen Shell teilgenommen, erstmals ein Kochbuch benutzt und sich von seinem ersten Lohn eine gebrauchte Gitarre gekauft.

... hat Lysa die Armbanduhr, die sie Patrick zum Geburtstag geschenkt hatte, zurückgefordert, damit einen beachtlichen Preis bei Ebay erzielt und mit einem hervorragenden Notendurchschnitt ihr Abitur bestanden.

... hat Rolf seinen alten Irland-Rucksack vergeblich gesucht, als Ausgleich ein neues Go-Brett angeschafft und sich für ein Turnier in Holland angemeldet.

... kann Silke morgens länger schlafen, weil sie keine Schulbrote mehr schmieren muss und unbeobachtet zum *Sövenrock* gehen, ein Amateurfestival für Cover-Bands mit Musikern ab 50.

... darf Matthias seinen Sohn jetzt jeden Tag aus dem Kindergarten abholen, will sich aber trotzdem um ein Ausbildungsprojekt für Journalisten in Afrika bewerben. Von der Flirtbörse hat er sich abgemeldet.